企业与产业集群协同进化机制研究

王 慧◎著

中国财经出版传媒集团
中国财政经济出版社
·北京·

图书在版编目（CIP）数据

企业与产业集群协同进化机制研究 / 王慧著.
北京：中国财政经济出版社，2025. 6. --ISBN 978-7
-5223-4014-2

Ⅰ. F279.23；F269.23

中国国家版本馆CIP数据核字第2025XA8445号

责任编辑：郁东敏　　责任校对：胡永立
封面设计：中通世奥　　责任印制：党　辉

企业与产业集群协同进化机制研究
QIYE YU CHANYE JIQUN XIETONG JINHUA JIZHI YANJIU

中国财政经济出版社 出版

URL：http：//www.cfeph.cn
E-mail：cfeph @cfemg.cn

社址：北京市海淀区阜成路甲28号　邮政编码：100142
营销中心电话：010-88191522
天猫网店：中国财政经济出版社旗舰店
网址：https：//zgczjjcbs.tmall.com
涿州汇美亿浓印刷有限公司印刷　各地新华书店经销
成品尺寸：170mm×240mm　16开　19.25印张　263 000字
2025年6月第1版　2025年6月河北第1次印刷
定价：68.00元
ISBN 978-7-5223-4014-2
（图书出现印装问题，本社负责调换，电话：010-88190548）
本社图书质量投诉电话：010-88190744
打击盗版举报热线：010-88191661　QQ：2242791300

前言

产业从诞生之初，甚至在远古手工业时代，就已经存在朦胧的产业聚集效应。随着市场竞争的加剧和技术的快速进步，产业集群在促进地方经济和提升区域竞争力方面发挥了不可替代的作用。伴随着经济全球化，产业集群在各国经济活动中的重要地位日益凸显。企业作为经济活动的基本单位，其发展一直是学术界研究的重点。在传统的企业理论中，更多地关注企业内部的资源、能力等要素以及外部的市场竞争。然而，产业集群环境下的企业发展却有其独特之处。研究企业与产业集群的协同进化机制，能够有效弥补传统企业理论在这方面的不足，从更为系统和动态的视角深入理解企业成长与发展的规律。了解企业与产业集群的协同进化机制，可以帮助企业管理者更好地把握外部环境的动态变化，明确自身在集群中的定位。企业与产业集群的共演耦合不仅可以提高产业集群的能力，还能够促进产业集群系统内企业之间以及与其他相关机构之间有效的适度联结，达到互动、合作、竞争与共生，提升资源效率和自组织能力，改善系统的有序性，从而保证产业集群生态系统的协调和稳定，实现企业与产业集群在整体上的可持续发展。

本书综合运用了企业成长理论、产业集群发展理论、组织生态学及协同进化理论等多个学科的理论与研究方法，深入分析了企业与产业集群之间的协同进化机制及其关键影响因素。通过对企业与产业集群协同演化一般规律的研究，旨在为促进企业的持续成长、产业集群的转型升级以及区域经济的发展提供理论依据。同时，本书也为我国企业及产业集群的发展提供了理论启示与实践指导。本书共分为6章内容。

第1章：绪论。包括研究背景、研究意义、研究方法与研究思路和主要创新之处。

第2章：研究企业成长要素、产业集群网络结构与企业成长绩效的关系。通过理论分析构建了企业成长要素、产业集群网络结构和企业绩效之间的概念模型。通过对12个产业集群的问卷调查，获得460份有效问卷，采用结构方程模型方法，对以下三个问题进行实证检验：（1）企业成长要素对企业成长绩效的影响；（2）产业集群的网络结构对企业成长绩效的影响；（3）企业成长要素与产业集群网络结构的相互影响。

第3章：研究核心企业的成长对产业集群的影响。研究从三个方面展开：（1）分析核心企业的成长变化对产业集群内部组织形态的冲击以及对产业集群竞争力的影响；（2）通过产业集群中的网络中心性和媒介性来衡量核心企业对产业集群的影响程度；（3）案例验证核心企业的成长对产业集群的影响。

第4章：研究企业资源获取、企业能力与产业集群发展绩效的关系。以企业资源理论、企业能力理论和产业集群发展理论为依据，通过对15个产业集群进行问卷调查，共获得482份有效问卷，采用层次回归模型分析法对企业资源获取与产业集群发展绩效的关系进行了实证研究，主要包括：（1）企业资源获取、企业能力与产业集群发展绩效之间的关系；（2）企业资源获取与产业集群发展绩效分量之间的关系；（3）企业感知能力在企业资源获取与产业集群发展绩效分量之间的中介效应；（4）企业整合能力在企业资源获取与产业集群发展绩效分量之间的中介效应；（5）企业重构能力在企业资源获取与产业集群发展绩效分量之间的中介效应。

第5章：案例分析。选取河南省安阳市汤阴县产业集聚区作为典型案例，从产业集聚区的发展过程、形成的结构层次、核心企业在产业集聚区发展中的作用以及产业集聚区的发展演化路径来分析和验证企业与集群之间的协调进化与共同发展的关系。

第6章：促进企业与产业集群协同进化的对策建议。根据以上理论分析和实证研究结果，从企业、产业集群和政府三个层面提出促使企业可持续成长、产业集群升级以及区域经济良性互动的对策建议。

作　者

2025年1月

目录

第1章 绪论

1.1 研究背景

1.1.1 产业集群已成为我国区域经济持续发展的重要组织形式

产业从诞生开始，甚至在远古的手工业时代，就存在着朦胧的产业聚集效应，产业一般情况下以一个地区相对集中，以地理区域形成集群，如矿山区以开采业为主，草原区以牧业养殖为主，农业区以农副食品加工为主，城镇区以加工制造业为主。随着经济全球化和网络经济的发展，社会分工日益专业化，产生了更加专业化的产业集群，比如玻璃制造业产业集群、皮革箱包加工产业集群、信息技术高新技术产业集群、红枣深加工产业集群、纺织服装产业集群、铝制品加工产业集群、生物医药产业集群、乳制品加工产业集群等。产业集群经历了一个复杂的演化过程，目前正在发展的有虚拟产业集群和数字产业集群。产业集群作为劳动人民的智慧结晶，在人类历史长河中摆脱贫穷、抗击灾害、战胜自然、生存发展、走向富强以及赢得美好生活的伟大实践中发挥了重要的作用。随着市场竞争的加剧和技术的快速进步，产业集群不仅在资源配置、创新能力、抗风险能力和市场拓展方面显现出巨大的优势，而且在促进地方经济、提升区域竞争力方面发挥了不可替代的作用。产业集群通过形成特定的产业生态圈，能够有效地提高生产效率和降低交易成本，从而增强企业的市场竞争力。随着经济全球化，产业集群的发展在各国经济活动中的重要地位日益凸显，它不仅成为推动当地经济增长最具有前景的商业战略，也逐渐成为地方政府及经济学家在制定区域经济政策时的重要依据和参考框架（Meyer，1998）。

1.1.2 集群内企业的成长与产业集群升级具有互动作用

产业集群在形成和演进过程中，表现出一个复杂系统具有的开放性、非线性、不确定性和多样性等特点。产业集群是一个由多种要素、多个行为主体、错综复杂的联系形成的集合体，是一种介于企业与市场之间的中间组织，是相关行业多个生产相同或相似产品的企业在某一区域聚集的现象，并配套有为企业提供支持的相关机构和组织，包括科研机构、高等院校、金融机构、中介机构、政府机构与管理部门等，这些企业、机构和组织作为集群主体在交流过程中相互作用、相互依存、协同创新，围绕技术、人才、产品和服务，构成一个复杂的社会生态系统。集群内的企业发展通过技术创新、人才交流、产品创新和专业性服务机构的外溢效应而优化产业集群的环境，为群内企业资源配置获得了显著的经济外部性。企业作为产业集群的主体，积极引入新技术和新工艺，对传统生产流程进行改造和优化。这不仅提升了自身的生产效率，降低了成本，增加了产品的附加值和增强了市场竞争力，还引发了产业集群内的技术扩散效应。同时，企业之间的互动演化通过技术创新、市场拓展以及获取和整合外部资源，提升了企业的创新能力和成长能力，极大地促进了整个集群的技术进步和产业结构优化。产业集群把企业成长从个体层面延伸到群落层面，其竞争优势也相应地从个体层面延伸到群落层面，表现为集群基于企业、资源和关系整合在效率、创新和外部性等方面表现出的整体优势。集群主体的多元化和关系的复杂性，使产业集群的竞争优势来自更为广泛的要素系统，而不是依赖于某种资源或能力。产业集群的升级意味着集群内部环境的全面优化，其中知识溢出效应显著增强。各类科研机构、高等院校与企业之间的知识交流与互动变得更加频繁，使得企业能够更便捷地获取前沿技术知识和市场动态信息等外部知识资源，从而拓宽创新视野，加速技术迭代与产品创新。与此同时，产业集群的升级也推动了金融服务体系的完善。银行和风险投资机构等金融机构为集群内企业提供多元化的融资渠道和精准的金融服务，满足企业在不同成长阶段的资金需求，助力企业扩大生产规模和开拓市场，为企业的成长注入持续动力。这两者之间的相互交织与协同共进，为区域经济发展提供了源源不断的动力。

因此，本研究的目的是采用企业成长、产业集群、组织生态学和协同进化理论等学科的最新理论和研究方法，探讨企业成长与产业集群升级协同演进的实现路径、影响要素和关系结构；探究企业与产业集群协同进化的关键影响因素；剖析企业成长和产业集群升级协同进化的内在机制，揭示企业与产业集群协同演化的一般规律，提出实现企业成长和产业集群升级演进及两者协同进化的对策建议，为促进企业成长、产业集群升级和区域经济发展等问题提供理论依据，对我国企业和产业集群的发展提供一些启示。

1.2　研究意义

本研究具有一定的理论意义。通过对文献研究发现，国内外学者们将企业和产业集群视为生态系统进行了大量研究，突破了以往企业发展研究的机械思维观和线性思维观，突破了传统产业集群理论把焦点集中于产业集群的经济效应，从空间聚集、交易成本、社会资本和优势创新等视角来发现产业集群对区域社会、集群内企业、相关行业协会和组织机构发展的影响，为企业和产业集群能适应环境变化提供了新的思维方式和逻辑视角。从认识企业成长和产业集群的形成机制来看，现有的研究至少在两个方面还有待深入：第一，缺乏对企业与产业集群协同进化发展的系统研究，尤其是对一个企业及企业种群的发展对产业集群升级影响的研究；第二，对“企业与产业集群”之间的动态关系（制约或促进）和交互影响的研究尚在起步阶段，对产业集群内企业之间的相互作用影响的研究还比较薄弱。因此，本研究把企业和产业集群看作一个生态系统，研究两者相互耦合与相互影响以及共同生存、协同进化的过程，突破了就企业研究企业、就集群研究集群的思路，实现了研究内容的创新。本研究通过深入探究企业和产业集群生态系统的形成原因、结构层次和演进路径，探讨企业与产业集群之间动态制约、交互影响机制，进而识别企业与产业集群协同进化的关键影响因素，揭示了企业与产业集群“协同进化”的内在机制，基本掌握了企业与产业集群协同进化的一般演进规律，拓展了企业成长理论、产业经济理论和区域经济发展理论，对既有的进化机制进行了补充和完善。同时为我国其他类似相关研究提供参考。

本研究具有一定的实践意义。本研究进行了大量的实证调研，围绕企业与产业集群交互影响进行的分析和检验，实证结果支持了本研究的理论假设，研究成果可操作性强，为相关机构制定企业、产业集群和区域经济的发展决策提供经验数据支持，寻找出实现企业成长与产业集群升级以及区域经济发展的新思路，为相关机构制定发展战略提供理论依据和技术支持。

本研究实现了研究方法系统集成的创新。采用了问卷调查分析方法、多元统计分析方法、综合分析方法和典型案例分析法等多种方式相互佐证，使研究结论更具有合理性和科学性。

1.3 研究方法与研究思路

1.3.1 研究方法

本研究采用了以下分析方法。

第一，问卷调查分析方法。根据相关理论分析，本研究设计了三个调查方案，对中部地区采用类型抽样方法选取产业集群，发放调查问卷，获取调研资料，用SPSS 23.0和AMOS 23.0软件分析处理数据。

第二，多元统计分析方法。利用调查所获取的样本，本研究采用验证性因子分析、结构方程模型方法和层次回归分析方法，来检验影响企业与产业集群之间协同进化各种因素交互作用的大小和作用方向。

第三，综合分析方法。本研究采用实地调查、典型调查和专题讨论等，来考察企业与产业集群之间共同生存、协同进化、共同繁荣的形成机理和实现途径，揭示企业和产业集群协同进化的发展变化规律。

第四，典型案例分析法。选择中部地区产业集群中的典型案例，对企业、企业种群和产业集群的生态特征、层次结构、演化路径与进化机制等进行了专题研究。该研究分析了核心企业在产业集聚区发展中的作用，揭示企业与产业集群是微观、中观和宏观三个层级相互适应、相互依存和相互作用的协同进化过程，从而验证了企业与集群之间的协调进化与共同发展的关系。

1.3.2　研究思路

本研究的技术路线图见图1–1。

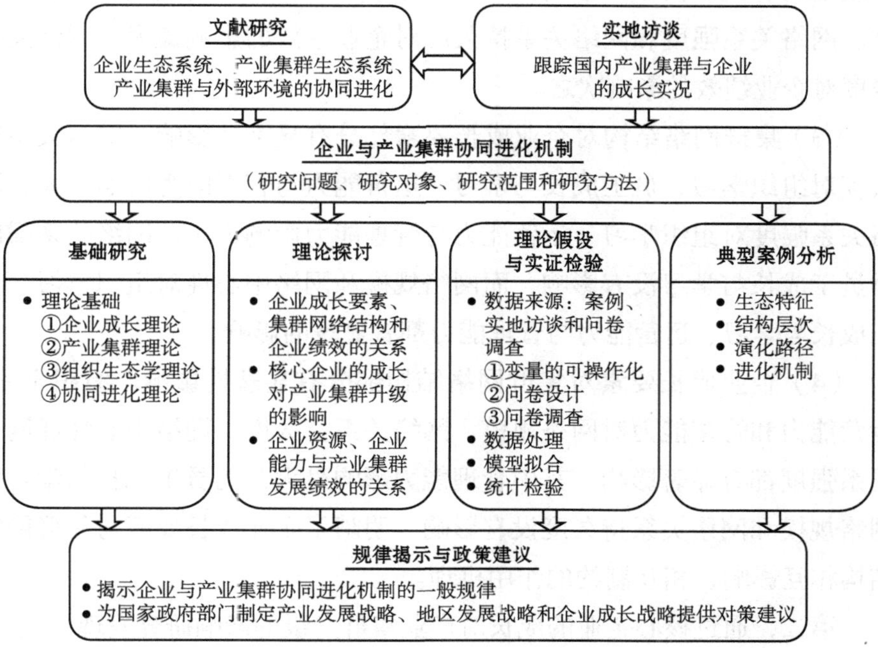

图1–1　研究技术路线图

1.4 主要创新之处

本研究的主要创新之处有以下几点。

第一，借助于理论分析构建了企业成长要素、集群网络结构和企业绩效的概念模型，通过对12个产业集群区问卷调查获得460份有效问卷，采用结构方程模型的方法对提出的理论假设进行了检验，得出了如下结论：

（1）组织学习、员工成长与学习、运营能力和管理能力对企业绩效具有显著的正向影响，其中组织学习对企业绩效的影响最大，运营能力次之。

（2）网络规模、网络中心性、网络关系强度和网络关系持久度对企业绩效具有显著性正向影响，从标准化系数来看，网络规模较网络中心性、网络关系强度和网络关系持久度对企业绩效的影响最大，网络关系强度对企业绩效的影响次之。

（3）集群网络结构对企业成长要素部分有显著性影响。网络关系持久度对组织学习、员工成长与学习、运营能力与管理能力影响最大，网络关系强度对组织学习、运营能力与管理能力影响最小，网络关系强度对员工成长与学习没有影响，而网络规模和网络中心性对组织学习、员工成长与学习、运营能力与管理能力都有显著的影响。

（4）企业成长要素对集群网络结构部分有显著性影响。组织学习、运营能力和管理能力对网络规模、网络关系持久度、网络中心性和网络关系强度都有显著影响，其中管理能力影响最大，而员工成长与学习对网络规模和网络关系持久度没有影响。明晰了企业成长要素与集群网络结构相互影响、相互制约的作用机理。

第二，通过核心企业的成长对产业集群升级的影响研究发现：

（1）核心企业是产业集群发展的中坚力量。核心企业通常是行业内的知名企业，不仅在技术、市场份额和品牌影响力等方面具有显著优势，而且在产业集群的整体运行中逐渐成为支柱。随着核心企业实力的不断增强，它们在产业链中的地位愈加突出，逐渐形成了超越其他企业的趋势。这种实力的提升使得核心企业在获取信息、开拓市场渠道和获取人力资源等关键方面展现出了更为明显的优势。当核心企业能够站在产业集群中心位置时，它们与集群内部其他企业的业务联系会更为紧密，进而愈发扮演产业集群内部分工的协调者与引领者，改变集群内的产业结构及竞争方式。此时，核心企业不仅是产业链的参与者，更是集群内部各企业间协同与合作的引领者与协调者。通过这种角色的转变，核心企业能够有效影响整个产业集群的内部结构与竞争方式，进而推动集群内的资源优化配置与产业升级。同时，由于产业集聚产生的外部经济性带来的边际社会效益，降低了集群内核心企业在运营管理和市场投入方面的成本，企业综合费用下降，生产成本降低，从而增强了企业在市场上的竞争力。随着产业集聚效应的不断增强，核心企业在市场中的表现愈发出色。核心企业凭借其雄厚的研发能力和创新意识，不断推出符合市场需求的新产品，进一步巩固了其在产业集群中的核心地位。

（2）核心企业的成长与整个产业集群的演化升级是双向互动的。经过一定时间的发展，核心企业与地理上邻近的其他企业，以及集群外部的企业和机构之间的有效协作，形成了相对于本地集聚区内其他企业的不对称实力和资源。这使核心企业成为整个产业集群名副其实的核心，产业集群的演进成长开始受到核心企业的主导。驱动产业集群不断演化与升级的核心因素包括核心企业在科技创新、市场营销渠道建设、品牌价值提升、商标知名度增强、独特经营模式、智力支持提供，以及企业家所具备的管理经验和能力等多种专属特质。此外，核心企业还拥有丰富的外源性资源，这些资源的整合与运用在集群发展中发挥了关键作用。核心企业凭借雄厚的实力、广泛的产业影响力以及敏锐的市场洞察力，能够有效地对资源分布作出决策。在核心企业的主导下，产业集群内其他企业获得了在竞争有序和高度合作的高效机制下发展的机会。这种环境不仅为产业集群内其他企业的发展创造了机会，还形成了一种反馈机制，即良好的协作环境反过来对核心企业自身的发展产生积极影响。这一机制有助于为核心企业的持续发展营造有利的外部条件，促进其进一步优化产品与服务体系、提升技术研发能力和拓展市场份额，从而巩固并强化其在产业集群中的领先地位，形成产业集群与核心企业相互依存、相互促进和协同发展的正向循环。

（3）网络中心性与网络媒介性是核心企业对产业集群产生影响的主要途径。网络中心性使核心企业在产业集群的信息交流和资源配置中占据关键节点位置。凭借其信息汇聚、处理与分发的优势，核心企业能够高效引导各类资源在集群内合理流动，从而优化资源配置效率。网络媒介性则依托现代信息技术搭建的沟通协作平台，打破了企业间的组织边界与地域限制，助力核心企业实现人力、物力、财力以及技术等资源的跨组织调配，促进集群企业间的协同合作。这两者相互配合，从根本上影响产业集群的发展走向。在产业集群中，那些具有超凡企业家精神的创业者所具有的异质性能力是核心企业产生和发展的关键，一旦产业集群中产生机遇，这些企业家能够很好地处理危机、抓住机遇，从而使产业集群中的核心企业逐步显现，数量方面有可能是一个，也有可能是几个。核心企业的产生，引来了银行、外部研发机构和行业协会等多样化的集群成员，带动产业集群规模的不断壮大，一些小微企业或者大中型企业开始不断地与核心企业产生业务联系，并逐步成为核心企业的稳定非核心业务供应商，从而成为我们称之为的配套企业，核心企业在产业集群中逐步形成了不对称的实力，对相关配套企业产生一定程度的控制力，通过给他们施加压力和刺激竞争对手，迫使配套企业转型升级，从而带动产业集群升级。

（4）核心企业的行为和成长模式在产业集群内具有引领作用、示范效应和追赶效应。核心企业依托其强大的学习和知识转化能力，能够迅速开发新产品和开拓新市场，是承载整个产业集聚区战略及创新活动的实施主体。核心企业在产业发展过程中取得的突出成就与成功的实践经验，通过政府、高校等第三方组织的产业研讨会、专题研究报告发布，以及企业实地考察学习等多元化途径进行推广和宣传，成为集群内其他企业竞相效仿的标杆典范。在集群发展过程中，核心企业起到了榜样的作用，是产业集群生态演进中不可或缺的系统动力。核心企业不仅通过自身持续发展壮大为产业集群注入经济增长动力，推动产业集群规模扩张；还凭借在技术、人才和市场等关键资源上的集聚与辐射效应，优化产业集群的资源配置格局，促进产业集群内企业间的协同合作、知识共享与优势互补，加速产业集群的生态进化进程。

（5）核心企业与产业集群之间的关系是相辅相成的。核心企业是在产业集群中萌生、成长和发展壮大起来的。核心企业通过把产业集群的资源内化吸收和优化，培植了自身的竞争优势。核心企业的存在不仅为产业集群提供了战略引导，还为其他企业提供了学习和模仿的标杆，推动整个集群的进步。反过来，产业集群借助核心企业的知名度、影响力等而逐渐形成了具有自身特色的集群品牌，同时集群品牌的知名度也提升了核心企业的竞争优势。这种相互促进的关系，使核心企业与产业集群之间形成了良性的循环，推动了整个产业生态的健康发展。在这一过程中，核心企业不仅仅是产业集群的受益者，更是推动者和引领者。它们通过不断地创新与优化，提升了自身的核心竞争力，同时也为产业集群的其他企业提供了技术支持、市场开拓与资源共享的机会。这种协同效应使得产业集群能够在激烈的市场竞争中立于不败之地，形成了独特的产业优势。

第三，通过对15个产业集群问卷调查获得482份有效问卷，采用层次回归模型分析法研究企业资源获取、企业能力与产业集群发展绩效的关系，实证结果显示：

（1）企业资源获取对产业集群发展绩效有显著的正向影响；企业资源获取对产业关联具有正向影响；企业资源获取对主体交互具有正向影响；企业资源获取对集群创新具有正向影响。

（2）企业感知能力分别对产业关联、主体交互和集群创新有显著的正向影响。企业整合能力分别对产业关联、主体交互和集群创新有显著的正向影响。企业重构能力分别对产业关联、主体交互和集群创新有显著的正向影响。

（3）企业能力分别在企业资源获取与产业集群发展绩效之间、在企业资源获取与产业关联之间、在企业资源获取与集群创新之间起着部分中介作用。企业能力在企业资源获取与主体交互之间起着完全中介作用。企业感知能力分别在企业资源获取与产业集群发展绩效之间、在企业资源获取与产业关联之间、在企业资源获取与主体交互之间、在企业资源获取与集群创新之间起着部分中介作用。企业整合能力在企业资源获取与产业集群发展绩效之间、在企业资源获取与产业关联之间、在企业资源获取与主体交互之间、在企业资源获取与集群创新之间起着部分中介作用；企业重构能力在企业资源获取与产业集群发展绩效之间、在企业资源获取与产业关联之间、在企业资源获取与主体交互之间、在企业资源获取与集群创新之间起着部分中介作用。

总之，产业集群内企业资源获取和企业能力对产业集群发展绩效直接效应、间接效应和总效应具有显著性关系。因此，产业集群内企业之间的竞争实际是集群内资源占有程度的竞争，集群内资源的多寡制约着产业集群的发展，企业对资源的获取能力、整合能力、感知能力和重构能力等影响着产业集群发展。

第四，通过对汤阴县产业集聚区的研究发现，企业与产业集群协同进化互动系统分为微观、中观与宏观三个层级，即微观层级是企业内部成员之间以及与外部环境之间的协同互动，中观层级是单个企业与所在企业种群之间的协同互动，宏观层级是企业种群与产业集群之间的协同互动。企业与产业集群的发展是一个微观、中观和宏观三个层级相互适应、相互依存和相互作用的协同进化过程。只有当各层级之间通过多重交叉和互联互通产生协同互动效应时，才能实现企业和产业集群整体意义上的可持续发展。

第五，根据以上理论分析和实证研究结果，从企业、产业集群和政府三个层面提出促使企业可持续成长、产业集群升级以及区域经济发展良性互动的对策建议。为企业可持续成长提出的对策建议：一是要提升企业技术创新能力；二是要加大企业研发经费的投入；三是要建立利益共享的合作竞争关系；四是核心企业要提升集群内配套企业的能力。为产业集群区升级提出的对策建议：一是要加强产业集群自主创新；二是要建立健全产业集群发展的支撑体系；三是要利用区域比较优势发展特色产业集群；四是要保持产业集群的适度规模。为促进区域经济发展给政府提出的对策建议：一是政府要着力培育核心企业；二是要强化政府在产业生态调整中主导作用；三是要发挥政府对知识的引导力；四是要通过政策引导与扶持实现产业集群升级；五是要大力扶持地方行业协会的建设与发展。

第2章
企业成长要素、产业集群网络结构与企业成长绩效的关系研究

本章通过理论分析与实证检验，探讨产业集群内企业成长要素的提升如何对企业成长绩效产生影响，以及对产业集群网络结构产生影响；同时也分析产业集群网络结构如何影响企业成长绩效，并探讨其对企业成长要素的作用。

2.1 理论分析和模型假设

2.1.1 产业集群网络中的企业成长机理

集群内企业的成长依赖于企业所拥有的内部资源和所处集群网络的资源，集群网络结构的不同在很大程度上影响着企业可获得资源的数量、便捷性、质量、广度（即范围大小）以及深度（即资源持续发展的能力）等。Marshall（1981）指出，集群内的网络有利于技术、信息、关键技术和新思想在集群内企业之间的传播和应用，集群内企业间相互作用、相互联系和相互依赖所形成的协同创新环境，促进了企业的创新。Porter（1998）认为，集群网络能够让企业通过相互学习和交流达到改进生产流程和提升服务市场理念，从而提升集群内企业的创新能力和成长动力。产业集群网络在企业成长过程中发挥了重要作用。在产业集群中，企业的成长不仅依赖于内部资源的优化配置，还受到外部环境及网络结构的影响。对于在网络组织中运营的企业来说，其运营效率取决于

资源依赖性和资源约束（Ma et al.，2020）。一般来说，网络组织中企业的运营能力取决于其采取行动的权力和网络结构的中心地位（Yang et al.，2019）。成熟的集群网络能够为企业提供一个稳定的环境，使其在长期合作中建立信任关系，从而更容易获得关键资源和信息。

在产业集群中，企业之间的协同作用不仅体现在资源的共享与互补上，更在于通过网络关系所形成的知识传播和技术创新机制。地理集中带来了知识的外部性，企业能够在集群中获得来自周边企业的创新灵感和技术支持。集群内的企业通过密切的合作关系，加速了信息的流动和技术的转移。Bathelt 和 Turi（2011）指出，集群内的企业能够利用地理上的接近性来促进非正式的交流与合作，这种互动不仅增强了企业的竞争力，也推动了新产品与服务的开发。因此，集群网络成为了企业创新的温床，为企业提供了丰富的外部知识来源。

集群网络的结构不仅影响企业资源的获取方式，还对企业创新的速度和质量产生深远的影响，增强了其市场竞争力。集群网络中的参与者通过相互作用与合作，形成多样化的知识和资源共享机制，这种机制能够加速创新过程。Porter（1998）指出，集群的存在使企业能够更有效地利用外部资源，提升创新能力，从而在竞争中占据优势。Granovetter（1985）强调了社会网络强度对信息流动与创新的重要性，指出强关系网络能够促进信息的快速传播，而弱关系网络则提供获取新信息的渠道。此外，集群网络的多样性和复杂性也直接影响企业的资源获取能力和创新。

同时，集群内的多样性为企业提供了丰富的资源和机会，促使企业不断调整自身战略，应对快速变化的行业环境。这种多样性不仅体现在产业类型上，更体现在企业文化和管理模式上，促进了集群内企业的共同成长。集群内不同背景的参与者能够带来多样化的视角和知识（Fleming，2001），这种多样性促进了创新思维的碰撞，从而提高了创新的质量。集群内的多样性企业能够通过不同背景与专业知识的交融，激发出更多的创新思维和解决方案（Zeng et al.，2010）。不同类型企业的相互合作能够形成互补资源，这种跨界合作不仅促进技术的进步，也推动了市场需求的多样化，进一步促进了集群内企业的成长。在多样化的合作关系中，企业不仅能够获得更多资源，还能通过创新提高市场的适应性。

因此，集群内企业的成长离不开资源的内外结合，网络的协同创新机制及多样性的积极作用，这些要素共同构建了企业发展的良性循环。集群网络的优化与企业之间的协同合作促进了企业的成长与创新。在这一过程中，知识流动、技术转移、治理结构、合作关系及政策环境等因素相互交织，共同影响着集群内企业的竞争力和可持续发展。

（1）集群网络有利于促进企业资源的获取与整合。

企业的持续竞争优势来源于其战略资源在数量、质量及使用效率上的综合表现。产业集群的出现为企业在战略资源的有效配置与利用方面提供了良好的环境与机遇。集群内企业之间的交流与互动能够促进战略资源的共享与互补，进而推动新型战略资源的形成。在特定的网络组织中，企业的成长不仅依赖于自身的内部资源，很大程度上取决于所处网络所能提供的资源。企业网络化的成长机制是指个体企业通过与其他企业及组织建立正式或非正式的合作关系，以此迅速获取和共享网络资源。网络资源与企业内部资源的有效整合，成为推动企业持续增长的根本动力。

集群网络结构是在供应链合作伙伴、产业链合作伙伴及金融服务提供商之间，通过特定的活动如资产投资、联合投资以及资源互补等方式，形成的多层次协作体系。这些合作伙伴之间不仅相互联系，还与各自的网络环境紧密相连。集群网络能够通过制度安排、营造创新环境和建设要素市场等途径，打破创新资源分割的约束，加速人才、技术和金融等创新要素的聚集、整合及流动，从而实现网络内企业成长的有效资源配置（邬爱其和贾生华，2007）。集群网络通过建立良好的制度环境、政策支持和行业规范，促进资源的快速流动，能够为企业提供稳定的外部环境，使资源的获取与整合更加顺畅。企业通过网络联接可以充分利用外部网络资源，并借助这些资源激活内部冗余，提高资源的利用率（吴玉凤，2010）。在集群网络中，企业不仅可以通过直接的资源交换获得所需的创新要素，还可以通过网络内的合作与竞争，促进资源的整合与优化配置。集群网络能够有效降低交易成本，提高信息透明度，从而增强企业对外部资源的获取能力（Jiménez & Sarai，2014）。在当前数字经济背景下，集群网络的作用愈加凸显。数字技术的普及使信息流动更加迅速，这种信息流动的加速进一步增强了企业的创新能力，使企业在集群网络中能够更好地获取市场反馈，并对产品和技术进行快速迭代（Porter，1985）。此外，网络结构的多样性为企业提供了更丰富的资源获取渠道，创造了更多合作机会，使企业在资源整合过程中拥有更多选择。这种多样性不仅体现在合作伙伴的行业背景、规模及技术水平上的异质性，还体现在合作模式的适应性和动态调整能力上。借助多样化的网络生态，企业能够在资源获取过程中实现更高的效能转化，确保其运营策略具备更强的灵活性和应变能力。企业通过集群网络获得的资源越多，其成长动力就越强。

（2）集群网络有利于企业获得知识外溢效应。

产业集群网络内供应商、生产厂家、金融机构、中介机构、大学或科研机构、政府部门、客户以及支持产业和相关产业，在某个地理空间上的集聚，为网络成员之间的交流创造了条件，它们可能共有同一家雇主、同一个供应商，它们的高级管理人员可能同参加一个俱乐部、同进一家餐厅，它们的职员、技术人员之间的频繁接触与交流，促进了知识、技术与资源等方面的频繁互动与流动，增加集群内企业经营的透明度。网络内的每一个成员都能够因为知识溢出效应的普遍性，而从其他企业处得到异质性知识（冯文娜，2010）。通过产业集群网络，企业不仅能获取行业前沿知识和新技术，能够吸收外部的创新理念，推动自身的技术升级，还能建立起与高校和研究机构的合作关系，进一步促进了知识的转移与应用，推动知识的创新与应用。集群网络通过要素的流动、主体间的协作和组织间学习性的外溢效应等形成区域优良的创新氛围（傅首清，2010）；集群知识网络的开放性越大，集群内企业越容易获得更多的新知识；集群成员间的知识获取、知识转移和知识利用显著地推动集群企业的成长（何小兰，2014）。因此，集群网络为集群内企业提供了一个良好的知识生态系统，使其能够在知识的流动与共享中实现更高的价值创造。

（3）集群网络有利于增强企业间的信任关系。

由于集群网络结构具有集聚系数较高和平均路径较短的特征，集群内生产厂家、供应商、科研院所、政府部门、金融和中介服务机构等行为主体建立了各种正式或非正式关系，这有助于增强各行为主体间的信任关系；集群网络为企业间建立信任关系提供了良好的基础，集群网络中的信任关系不仅来自单纯的商业交易，更是在长期的合作过程中，通过相互的了解和支持而逐步形成的（Gulati，1995）。集群内企业通过共同参与项目与活动，增强了彼此之间的互动与交流，能够获得来自其他企业的支持和资源，这种频繁的交流与合作有助于降低信息不对称，提升信任水平，使企业更加愿意在未来进行合作。集群的网络结构对网络中行为主体起到了监督作用，有利于增强网络信任度。集群网络内部存在着一种基于信息共享的监督体系（Gilsing et al.，2008）。由于企业在地理上的临近性以及行业联系的紧密性，信息能够在网络节点间迅速传递。一旦某个行为主体出现违背契约精神或质量标准的行为，消息会快速扩散，这使得潜在的违规成本大幅提升，进而约束企业规范自身行为，有效维护了网络信任环境。与此同时，Maskell et al.（2019）指出，产业集群网络中的行业协会、商会等组织作为关键的网络节点，发挥着正式监督的功能。它们通过制定统一的行业规范、质量检测流程，并定期对成员企业进行审查，不仅保障了产品与服务的整体质量，还强化了网络内的信任纽带。随着产业集群的深入发展，本地区的政治、经济和社会风俗等特点逐渐融入产业集群网络内，这种社会文化环境为网络内各行为主体之间长期合作提供了良好的环境，增强了企业之间的信任度（简真强，2013）。网络内企业之间的相互信任与合作，降低企业之间的信息不对称，减少交易成本，有利于创新的推动和知识的传播，能进一步为网络内的企业成长创造机会（邬爱其和魏江，2007）。

（4）集群网络能够实现企业间的协同创新。

在技术日益飞速发展的背景下，协同创新已经成为大多数企业采取的创新模式。集群网络将集群内供应商、生产厂家等各类创新主体纳入创新体系之内，改变了企业独立、分散的创新局面，使企业间形成良好的学习与合作机制。集群网络中的企业通过建立合作关系以及互动与交流，能够有效地整合和利用外部资源，降低创新过程中的不确定性，促使企业间形成知识共享机制，从而激发集体智慧，实现技术的快速迭代，增强创新活动的效率。从网络观点看，网络中的各个结点都有可能发生创新，企业通过与网络其他节点间广泛开展合作和交流，加大对市场信息的获取，实现技术创新，提高对市场的快速反应与决策效率，占领市场先行优势，赢得技术优势。集群内企业通过非正式的交流和正式的合作机制，得以快速获取和吸收外部知识、新技术和新理念，并将其转化为自身的竞争优势。集群网络中的企业通过形成创新联盟，联盟伙伴为联盟带来了不同但互补的资源，从而产生了协同效应，在这种效应下，综合资源禀赋更有价值、更稀缺和更难以模仿（Zheng et al.，2013）。在此过程中，企业不仅能从其他企业获取技术支持，还能通过协同开发，降低市场风险。在协同创新的过程中，集群网络中的协调机制有效地减少企业间的摩擦，提高协同创新的效率。通过建立高效的协调机制，集群内企业能够积极并有效地从外部获取有价值的知识资源。同时，这一机制还确保了企业各部门及员工能够迅速分享和交流这些知识，从而显著提升知识的搜索和获取效率，进而提高整体组织的绩效表现（窦红宾和王正斌，2011）。通过合理的组织安排，企业之间能够形成高效的协作模式。集群网络的协同创新效应得到了政策层面的支持。政府在推动集群发展时，通过制定相关政策和提供资金支持等方式，鼓励企业间的合作与创新。政策环境的优化进一步激发了企业的创新活力，促进了集群内资源的高效配置。因此，集群网络通过资源整合、知识流动、协同机制和政策支持等多种途径，促进了企业间的协同创新。

2.1.2 企业成长的影响因素

企业成长理论一直是学术界研究关注的热点之一，围绕影响企业成长中的关键因素，国内外学者进行了较多的相关研究，不同研究者从不同角度探讨了影响企业的成长因素。屈燕妮和孙晓光（2012）把影响企业成长的要素归为：创业战略、商业模式、商业机会、资源、创业者或创业团队和创业学习。宋克勤和刘国强（2012）认为，影响高科技创业企业成长的内部要素包括创业者与创业团队、技术创新、资本与商业模式，外部要素包括经济、政策、人才与文化环境。魏华飞和尹兴科（2013）研究表明：企业成长要素主要有创业行为、组织学习、创业者拥有的资源要素和产业吸引力（机会价值）等。吴家曦（2015）的研究表明：企业经营战略政策与行业背景、企业网络与资源、企业家素质和企业制度与结构是推动中小企业成长的五个重要影响因素。何毅（2015）认为，互联网企业成长的关键影响因素是网络技术应用的领先性、物流设施支持程度、团队创新能力、品牌推广力度、用户口碑和售后服务能力六个方面。张鲁秀等（2016）将影响科技型中小企业成长性的要素归纳为：企业规模、营运能力、盈利能力、成长潜力和生存状态五个方面。李爱玲和冯佺光（2018）指出，企业成长路径依赖的主要因素包括规模经济、协同效应、学习效应和适应性预期等。罗利华和高小惠（2021）认为，企业的成长主要受到人力资本、关系资本、市场资本和结构资本的影响。吴保林和龙海军（2023））将影响企业成长的因素归类为企业家、企业生态和企业等三个层面。这些层面包括企业家精神、企业家特质、企业资源、企业文化、企业网络、企业战略与发展、外部环境、宏观政策和行业状况等9个主要因素。总之，学者们普遍认为，企业能够持续成长并不是由单一因素支撑的，而是由一系列因素的组合推动的。在面对内外部环境不断变化的情况下，企业成长的要素相互作用、相互影响和相互制约，共同推动企业的持续发展。影响企业成长的因素既包括外部环境的变化，也包括企业自身资源和能力的动态调整。

学者Bourgeois（1980）、Moore（1993）、Baum（1994）、Redding（2005）、王缉慈（2002）、马小雅（2018）认为，良好的外部环境是企业生存和发展的基础，把影响企业成长的外生因素大体归纳为政策资源、制度环境、法律环境、金融环境、科技环境、市场环境、经济环境、信息环境、全球环境、创新环境、社会文化环境和自然环境系统等。政策支持和市场需求的变化能够直接影响企业的创新能力与市场定位。国家对科技创新的支持政策能够有效激励企业加大研发投入，进而提升其核心竞争力；完善的制度环境有助于吸引外资并推动企业成长；灵活的金融环境能够帮助企业在关键发展阶段获得必要的资金支持，使其能够更灵活地应对市场挑战，加速其成长。科技环境的快速演变也在推动企业的创新和转型，企业面临的技术挑战和机遇在不断变化，能够有效利用科技资源的企业将更具竞争优势；市场需求的多样化和消费者偏好的变化要求企业不断调整其产品和服务，以适应新的市场趋势；社会文化环境的变化也在塑造企业的创新氛围，进而影响其市场竞争力。

在影响企业成长的内生因素方面，学者Wernerfelt（1984）、Grant（1991，2004）、金培（2003）、杜慕群（2004）、Barney（2018）、马小雅（2018）等认为，企业所拥有的资源和能力是企业生命力的源泉，企业资源的稀缺性、不可模仿性和不可替代性是企业持续成长的关键，并把影响企业成长的内生因素大体归纳为企业占有的资源和企业具备的能力。企业资源包括：人力资源、组织资源、财务资源、物力资源、技术资源、声誉资源和资金资源。企业能力包括：组织学习能力、技术能力、创新能力、运营能力、管理能力、生产能力、盈利能力、客户服务能力、产品开发能力、市场营销能力、配置资源能力和整合资源能力等。

综上所述，企业成长受到外生因素和内生因素的共同影响，政策环境、金融环境、科技环境以及企业自身的资源、组织学习能力、创新能力和客户服务能力等多重因素相互作用，共同决定了企业的成长路径。本研究从组织学习、员工成长与学习、运营能力和管理能力四个方面来探讨它们是如何影响集群企业成长的。

（1）组织学习。

组织学习是指企业为了长期生存和稳定发展，不断对内外部的技术、知识和经验进行学习，并随外部环境的改变进行快速调整的过程，同时能够有效改善组织的绩效（Dodgson，1993）。组织学习理论认为，产业集群内的各成员之间通过合作可以产生学习效应。组织学习的形式包括跨网络的学习和集体学习。赖红波等（2011）研究提出，在全球化的进程中，产业集群网络不是孤立存在的，许多企业处于全球价值链中。不同产业集群网络的企业之间也存在相互学习，企业沿着全球价值链的链条，跨出产业集群网络的边界，向价值链的不同方向发展或学习，以获取新的知识。集体学习是一种更高层次的知识社会化过程，涉及知识流动、知识整合以及创新的动态过程。产业集群内的企业由于彼此之间的信任，容易形成创新环境和集体学习氛围。集体学习可能是增强企业创新行为的一个原因，并被认为是在快速变化的技术环境中减少不确定性的一种机制（Longhi，1999）。

企业内部的知识共享与学习能力直接影响其创新和市场表现。通过有效的知识管理和学习机制，企业能够更好地整合资源，提升综合竞争力。作为一种动态能力，组织学习能够帮助企业在快速变化的市场环境中保持竞争优势（Zahra & George，2002）。集群内的企业还可以利用区位优势，与其他企业进行相互交流与学习，从而实现技术和知识的有效流动，增加创新活力，提高创新能力。在产业集群中，企业之间的合作与信息共享不仅能加速学习过程，还能通过集体智慧提高整体绩效。通过合作，企业能够获得他人的经验教训，从而减少试错成本，提升决策的有效性。

在动态的环境中，组织对外部和内部知识的获取、运用和积累及整合能促进创新的观念产生（Gupta et al.，2009）。知识的获取、解码、运用和积累不仅是影响组织创新能力的关键性要素，也是促进工艺和产品持续创新的推动力，最终使企业有持续竞争的优势。尽管每个组织都在学习，但学习能力的强与弱却存在很大差异。组织学习是由包括对知识的搜寻、创造、获取、转化、解释、整合以及组织记忆等一系列相互作用的过程构成的，是一种对知识进行管理的能力。那些善于学习的合作伙伴会提高其在组织内外的地位，而学习最快的合作伙伴则会主导整个关系，并随时根据所掌握的最新资源，调整相应的组织战略和行为，从而实现组织绩效的提升。企业通过组织学习能够增强自身创新能力，所获得的创新成果不仅可以提高产品质量，还能推动服务创新。组织学习还促进了企业的战略灵活性，使其能够在快速变化的市场环境中迅速调整战略，抓住新的机遇。企业通过灵活应对和持续学习，实现了更高的适应性和持续性增长，从而推动其成长和绩效的提升。可见，企业的组织学习能力对企业的绩效有着很大的影响。

因此，提出假设：

H1：企业组织学习能力对企业成长绩效有正向影响。

（2）员工的成长与学习。

员工的成长与学习不仅是个人能力提升的过程，更是企业创新能力和竞争力增强的基础。员工的成长与学习与企业有着直接的关系，企业的生存与发展都要求员工职业技能不断提高，员工学习不仅让个人得到成长和发展，而且也促使了企业快速发展。员工的成长和学习不仅提高了个人的工作效率，还促进了团队的协作与创新，从而推动了企业整体绩效的提升。

面对快速变化的市场环境，企业需要不断调整战略以适应外部挑战，而具备学习能力的员工能够迅速掌握新知识，适应新变化，从而加速企业的战略转型。员工职业技能是企业的巨大财富，企业的成长是建立在每个员工学习能力充分发挥的基础上，同时员工职业技能的提升也离不开企业对员工的培养和员工自身持续不断地学习。当员工能够综合运用通过培训与发展获得的能力和技能时，他们的绩效能够促进企业的成长。如果员工获得更多发展和成长的机会，他们将对工作更加满意，对组织更加忠诚，更有可能取得更好的绩效。企业员工的职业道德、职业技能、文化素质以及心理素质等直接影响着企业各项管理规章制度和战略规划的实施和效果，影响着企业的成长绩效。一个重视员工学习和成长的企业文化会吸引更多优秀人才，增强员工的归属感和忠诚度，进而提高企业的稳定性和长期绩效。员工的学习与成长也与企业的创新能力密切相关。创新是企业保持竞争优势和实现可持续发展的关键，而员工的知识和技能直接影响创新的效率与效果。一个有较强学习能力的员工，更加地善于在工作中提出新思想和新理念，主动思考，能够为企业的发展献计献策，敢于挑战不可能与冒风险，会通过个人的努力使创新能够持续和常态化，实现技术创新、产品更新、工作流程改善以及服务质量提高，有效提升企业创新的层次、质量与效益。员工的成长与学习直接影响着企业的成长绩效。

因此，提出假设：

H2：员工成长与学习对企业成长绩效有正向影响。

（3）运营能力。

运营能力不仅包括使企业财务数据增长的能力，还包括制定企业生产运营战略和实施效果的综合能力，主要体现在运用现代管理方法、员工素质、技术水平以及设备的先进程度等方面。企业围绕核心技术有计划地开展选址与设施布置、作业计划与调度控制、精益生产和六西格玛管理等生产运营系统的业务流程优化与再造，可以帮助企业识别和消除生产过程中的浪费，通过持续改进提高效率和质量。通过实施精益生产和六西格玛管理等现代管理方法，企业能够有效降低生产成本，提高生产效率，从而在竞争中占据优势。企业围绕核心业务，组织和控制等一系列管理制度的规范和完善，可以确保各项运营活动的规范化和标准化，使企业具备对内和对外的柔性，实现经营目标，提高生产效率，保证产品质量。这种系统性的管理方法可以使企业在运营过程中保持高效，从而提升整体成长绩效。

企业的运营能力不仅体现在产生财务收益的能力上，更体现在快速变化的市场环境中灵活应对的综合能力。当企业面对市场需求波动时，能够通过高效的生产调度和灵活的资源配置，快速调整生产计划，确保产品及时交付，从而赢得客户的信任和满意。这直接推动了企业的销售增长和市场份额的提升。随着数字化转型的加速，企业若能有效利用大数据分析、人工智能等现代技术，实施智能化生产系统，便能够实时监控生产过程，及时发现并解决问题，避免资源浪费和生产延误，从而大大增强运营效率和决策能力。良好的运营能力为企业提供更多的资源和信息支持，从而加速创新流程。因此，运营能力不仅是实现财务增长的工具，更是推动企业成长和创新的重要驱动力。

因此，提出假设：

H3：运营能力对企业成长绩效有正向影响。

（4）管理能力。

管理能力是指企业在产品开发、生产和营销等活动过程中，企业家对物力资源、人力资源和财力资源等生产要素合理有效地配置和整合，将生产要素以更高的质量投入或更高效率转为产品或服务，从而提高组织效率的能力。企业的管理能力不仅涉及资源的配置与整合，还包括对组织内部流程的优化和对外部环境的适应。管理能力的提升能够有效推动企业的创新能力和市场反应速度，具备强大管理能力的企业更能有效地识别市场机会，整合创新资源，加速产品开发和市场推广的过程，从而显著提升企业的成长绩效。企业成长状况并不简单地取决于某些个体生产因素，而是由企业内部资源与外部资源之间的非线性综合作用决定的。卓越的战略型企业家对企业的成长和形成持续竞争优势具有决定性的作用，企业家通过对企业内外部资源和能力在空间与时间上的有效整合、衔接与融合，将诸如经验、文化、技术等隐性知识的这类稀缺资源消化吸收，融入企业自身的资源体系中，使企业内外资源的配置得到充实与优化，提高资源的效能和效率，造就了企业的异质性资源，为企业成长注入持续发展的“基因”。

此外，企业管理能力还涉及人才管理和团队建设。企业需要在管理过程中重视对人才的选拔、培训与激励，进而形成强大的团队协作能力。人才是企业最重要的资源，管理能力的提升能够帮助企业更好地挖掘和发挥人才的潜力，增强员工的参与感和归属感，通过良好的激励机制和沟通渠道，提高团队的合作效率，进而促进企业的整体业绩。随着全球市场的开放和竞争的加剧，企业管理团队需要具备跨文化管理的能力，以便在不同的市场中有效地配置资源和进行业务拓展。因此，管理能力与企业成长绩效之间的关系是多维度的，通过管理能力的提升，企业不仅能够实现短期的增长，更能在长期内保持竞争优势，实现可持续发展。

因此，提出假设：

H4：管理能力对企业成长绩效有正向影响。

2.1.3 产业集群的网络结构

区域创新网络理论是在新制度经济学理论成熟之后逐渐兴起的，“社会网络”“网络组织”等概念常被引入区域产业集群的研究中。产业集群的网络结构是网络中的企业、研究机构、政府部门以及中介组织等相互联结形成的总体结构，网络成员的创新行为和特征与网络成员互惠互信的密切程度有着重要的关系，企业间的创新合作关系形成了网络基本连接机制（Freeman，1991）。产业集群内部企业与其他企业、高校和科研院所、中介服务、政府等机构相对集中在特定的地理空间，存在着紧密的联系，形成了互相作用、互相依赖的空间集合体。集群内的企业基于利益互补机制与其他企业和相关机构彼此间形成一种互动性的关联共生机制，网络中节点的相互作用会形成一个相对稳定的创新系统。因此，产业集群就是一个关系结构网络。

Carnovale et al.（2016，2019）认为，企业可以利用网络特性获取资源，网络关联性越强、凝聚力越紧密，企业获取融资资源的能力就越强，从而提高财务绩效。本研究根据Granovetter（1985）提出“关系—结构”范式的研究，从产业集群网络的“结构”维度方面，选取网络规模和网络中心性两个变量；在产业集群网络的“关系”维度方面，考察了集群网络中节点间关系质量和关系疏密的特征，选取网络关系强度和网络关系持久度两个变量。

首先，产业集群网络结构的规模和强度不仅影响企业的资源配置效率，还决定了信息和知识的传播速度。网络的规模直接关系到可获取资源的种类和数量，规模较大的集群网络能够提供更广泛的资源和市场信息。网络为企业提供了开放交流和互动的平台，促进了技术和知识的扩散和传播，有效减少了信息的重复性，企业双方利用集群网络开展互惠互利的合作，获取和整合各自所需的资源，增强了企业识别和获取知识和资源的能力，提高了创新能力。网络规模越大，企业所接触到的信息和资源越多，就越能够获得更多的合作机会，并通过合作实现资源的互补，从而更好地应对市场变化和技术进步，进而提升绩效。因此，企业拥有的网络成员数量越多，其绩效越好（朱秀梅和费宇鹏，2010）。

其次，网络关系的强度决定了企业间的协作深度。强度高的网络关系往往建立在信任和长期合作的基础上，这种深层次的合作关系能够减少信息传递中的摩擦，提升资源配置的效率。Gulati（1995）指出，强度较高的合作关系能够在企业面对不确定性时，提供更为稳固的支持和资源保障。在企业间的协作中，网络关系强度的高低直接影响了资源的流动和利用效率。特别是在知识密集型产业集群中，高强度的网络关系可以加速知识的深度交流和技术的迅速传播。实现不同企业之间知识的互补、推动技术的进步及促进集群的创新和进步（Lin，2001）。

再次，网络的中心性是影响企业获取资源能力的重要因素。中心性高的企业通常能够在网络中占据信息和资源的枢纽地位。依托于这种中心性，企业可以更有效地调动周边资源，形成以点带面的资源整合效应。网络中心性较高的企业由于具有丰富的外部协作关系，将主导网络中创新资源的流动，从而降低创新风险，缓冲外部环境对企业自身的干扰，促使合作伙伴间具有更加紧密的协作关系，实现企业跨越式发展（Kreiser，2011；Arregle et al.，2015）。位于中心位置的企业通过其网络位置，往往能够更好地控制、整合以及优化资源配置，减少资源冗余，提升企业的创新效率。此外，网络中心性还可以增强企业在行业内的影响力，吸引更多的合作伙伴，从而进一步提升企业的成长潜力。

最后，网络关系的持久度反映了企业间关系的稳定性。持久的网络关系不仅能增强信任，还能促进信息的有效传播。企业在长时间合作中形成的默契和信任能够降低交易成本，提高合作效率。稳定的合作网络关系能够增强企业的互信度，促进资源的流动和长期整合，从而提高企业的成长绩效（Dyer & Singh，2021）。

因此，产业集群网络结构的网络规模、网络关系强度、网络中心性、网络关系持久度等特征通过企业间的协作和资源配置来提升企业的成长绩效。由此，提出以下假设：

H5：产业集群网络结构对企业成长绩效有正向影响。

具体描述如下：

H5a：网络规模对企业成长绩效呈正向影响。

H5b：网络关系强度对企业成长绩效呈正向影响。

H5c：网络中心性对企业成长绩效成呈正向影响。

H5d：网络关系持久度对企业成长绩效呈正向影响。

在产业集群网络结构中，企业之间通过频繁和紧密接触，逐渐增加了相互之间的信任，双方在合作过程中逐渐熟悉、了解对方所掌握的核心技术和专业技能，促进了双方积极互动的愿望。而提升网络成员相互交流信息的意愿，能够为成员间共享知识创造良好的氛围，丰富的网络资源给组织学习带来了便利条件，因此集群网络结构有助于提升企业的组织学习能力（张霞蓉，2005）。

企业所处的网络规模越大，即随着网络中企业数量的增加，企业从外部获取知识资源、技术信息以及创新理念也愈加丰富（王晓娟，2008）。这种网络规模的扩张为企业提供了多元化的外部知识获取渠道，使其能够与更多的合作伙伴建立联系，从而拓宽了组织学习的广度和深度。更大的网络规模不仅意味着企业能够获取更多的前沿技术和创新资源，还促进了跨组织的知识流动与整合，这有助于企业提升其组织学习能力（Ahuja，2000）。

Todo et al.（2016）指出外部关系网络是新知识和新思想进入企业的主要渠道。强关系在传递复杂信息和隐性知识方面具有独特优势（Uzzi，1997）。强关系往往意味着互动双方之间存在着深厚的信任，这种信任确保了信息实现高效流动，激发了合作双方有更强的合作意愿，促进知识与信息的深度共享。因此，相较于弱关系，强关系在影响企业获取和整合外部知识方面更具优势，这种基于强关系的互动不仅加速了企业对新知识和新思想的吸收，还提升了企业对复杂信息的处理能力，从而增强其组织学习能力。

占据网络中心位置的企业能够更好地控制信息流动和资源分配（Burt，1983），这种战略性位置使其能够优先接触和获取关键知识、技术以及创新资源。通过与网络中其他节点的紧密连接，中心企业能够更高效地协调生产、研发等活动，降低知识转移的交易成本，从而提升组织学习的效率。此外，网络中心性还为企业提供了更多的合作机会和影响力，使其能够更广泛地吸收外部知识并与合作伙伴进行深度互动。这种优势不仅加速了企业对前沿技术和创新理念的吸收与整合，还增强了其在复杂信息环境中的学习与适应能力。因此，网络中心性不仅是企业获取外部资源的重要途径，也是提升其组织学习能力的关键驱动因素。

稳定持久的网络关系为企业提供了长期合作的基础，这种持续性有助于企业间建立深厚的信任和默契（Gulati，1995），从而为知识的深度共享与传递创造良好的环境。在长期合作中，企业能够共同积累知识和经验，形成独特的学习机制和知识库，提升知识吸收与转化的效率。此外，网络关系持久度使企业能够制定长期的战略规划和投资决策，为其在技术创新和知识积累方面提供持续的动力。通过这种长期的知识互动与整合，企业能够不断优化其组织学习能力，形成独特的竞争优势。

因此，提出假设：

H6：产业集群网络结构对组织学习能力有正向影响。

具体描述如下：

H6a：网络规模对组织学习能力呈正向影响。

H6b：网络关系强度对组织学习能力呈正向影响。

H6c：网络中心性对组织学习能力呈正向影响。

H6d：网络关系持久度对组织学习能力呈正向影响。

集群的不同网络结构给企业员工带来不同的学习环境和氛围。在网络结构中，员工通过与员工之间以及与其他企业之间的相互学习，从而提升自身的能力和综合素质（陈国权，2008）。在此过程中，产业集群的网络规模、网络关系强度、网络中心性、网络关系持久度均会对员工成长与学习产生影响。

较大的网络规模意味着更多的企业参与其中，员工拥有更广泛的学习资源和交流对象。网络规模的扩大能够促进知识的传播与共享，进而增强员工的创新能力和解决问题的能力（Gulati，1999）。网络规模的扩大为员工提供了更多与不同背景和技能的同行交流的机会，拓宽了员工的视野，激发了他们的创新思维。在大规模的产业集群网络中，员工可以接触到来自不同企业的先进技术、管理经验和工作方法，通过学习和借鉴，不断丰富自己的知识储备，提升解决问题的能力。

强网络关系意味着员工之间的互动更加频繁和深入，信息和知识的传递更加高效。在高强度的网络环境中，员工之间建立了深厚的信任基础，他们更愿意分享自己的经验、见解和隐性知识。这种深度的知识共享有助于员工快速掌握复杂的技能和知识，提升自身的专业素养。强网络关系不仅增强了合作的可能性，还提升了员工在集群中的归属感和认同感，促进个人成长。同时，强网络关系还能为员工提供更多的情感支持和鼓励，增强他们的学习动力和积极性。

中心性高的企业通常能够获取更多资源和信息，处于中心位置的企业能为员工提供更好的职业发展路径和学习机会（Gulati，1999）。员工在这些企业工作时，往往处于信息传播的枢纽位置，能够最早接触行业内的前沿知识、最新动态、技术创新和市场需求变化，拥有更多的学习机会。这使他们在学习过程中具有先发优势，能够及时调整自己的学习方向和重点，提升自身的竞争力（Hahn et al.，2015）。此外，中心位置的员工还能通过与更多的人建立联系，积累丰富的人脉资源，为个人的职业发展和学习提供更多的支持。

稳定持久的网络关系为员工提供了一个持续学习和成长的良好环境。持久的网络关系能够促进企业之间形成长期稳定的合作关系，员工在这种环境下可以参与到持续的项目合作、培训交流等活动中，不断深化自己的专业知识和技能。而且，长期的合作关系使得员工之间的了解更加深入，能够形成良好的学习默契和团队协作精神，进一步促进其职业成长。因此，产业集群的网络结构特征对企业员工的学习与成长具有深远的影响。网络规模、网络关系强度、网络中心性和网络关系持久度等因素共同决定了员工所处的学习环境及其发展机会。

因此，提出假设：

H7：产业集群网络结构对员工成长与学习有正向影响。

具体描述如下：

H7a：网络规模对员工成长与学习呈正向影响。

H7b：网络关系强度对员工成长与学习呈正向影响。

H7c：网络中心性对员工成长与学习呈正向影响。

H7d：网络关系持久度对员工成长与学习呈正向影响。

运营能力是企业经营者综合配置内部技术、产品、人才、财务和掌控外部市场环境的内生能力。表面上反映的是企业产品的市场认可度、占有率和经营财务状况，实质上是企业技术和产品市场生存能力的体现，是企业在市场可持续发展的竞争优势和潜在能力。在产业集群的环境下，企业需要通过网络获得有价值的资源，集群的网络结构直接影响着企业产品营销网络的结构，进而影响着企业运营能力的大小。

较大的网络规模意味着企业处于一个资源丰富且信息多元的环境中。与本地嵌入式联系强度较高的企业相比，拥有全球网络的企业具有更高的创新数量（Eraydin & Armatli，2005）。随着产业集群网络规模的持续扩大，企业可以接触到更多潜在的客户、供应商和合作伙伴。这不仅扩大了企业的市场渠道，增加了产品的销售机会，同时还为企业在采购原材料时提供了更多选择，从而降低了采购成本。此外，规模庞大的网络为企业获取先进技术和管理经验开辟了更多路径，促进了企业优化生产流程和提高生产效率，全面提升运营能力。

强网络关系意味着企业与合作伙伴之间的互动频繁、信任度高，信息和资源的流动更加顺畅。在强大的网络环境下，企业与上下游企业能够进行深度协作，实现生产和销售等环节的紧密对接。这种协同效应可以有效减少库存积压、缩短交货周期，提高企业对市场需求的响应速度。此外，强网络关系还能促进企业间的知识共享和创新合作，推动企业不断推出新产品、改进服务，提升市场竞争力，从而增强企业的运营能力。

处于网络中心位置的企业往往能够更好地掌控信息和资源的流动，具备更强的影响力和话语权。中心性高的企业更容易获取关键信息，能够提前洞察市场趋势和机会，从而及时调整企业的战略和运营策略。同时，它们还可以利用自身的中心地位吸引更多优质资源和合作伙伴，整合产业链上下游的优势资源，实现资源的优化配置。这种资源整合能力和战略决策的及时性，使处于网络中心的企业在运营过程中更具优势，能够有效提升效率和效益。

稳定持久的网络关系为企业提供了可预测和可依赖的运营环境。长期稳定的网络关系有助于企业与合作伙伴建立深厚的信任基础，形成稳定的合作模式和业务流程。企业在运营过程中能够降低交易成本、减少不确定性风险，提高运营的稳定性和连续性。此外，持久的网络关系还能促进企业间的长期投资与合作，共同开展研发创新、市场拓展等活动，为企业的可持续发展提供强有力的支持，从而不断提升企业的运营能力。因此，产业集群网络结构的多重特征共同作用，显著影响着企业的运营能力。集群规模的扩大、强度的增强、中心性的提升以及持久度的保障，使企业在复杂多变的市场环境中能够更有效地获取资源、进行创新和提升竞争力。

因此，提出假设：

H8：产业集群网络结构对运营能力有正向影响。

具体描述如下：

H8a：网络规模对运营能力呈正向影响。

H8b：网络关系强度对运营能力呈正向影响。

H8c：网络中心性对运营能力呈正向影响。

H8d：网络关系持久度对运营能力呈正向影响。

在激烈的市场竞争中，企业作为竞争的主体，目标是企业扩大产品的市场占有率并具有持续的竞争优势，企业必须创新经营战略、更新管理理念和培育优势产品，建立以市场为导向的集约型和开放型为一体的符合现代企业特点的管理模式。集群网络环境给集群内企业提供了一个相互交流和学习管理能力的平台，在不同网络结构的环境下，集群内的企业可以相互交流和学习管理方法和模式，进而提高企业的管理能力和增加企业的管理经验。

大规模的产业集群网络聚集了众多不同类型的企业，这意味着丰富多样的管理实践在此汇聚（Giuliani，2018）。以中国深圳的电子信息产业集群为例，该集群内汇聚了大量企业，涵盖了从零部件制造到终端产品研发等各个环节。如此庞大的网络规模促使企业管理者频繁接触到各种前沿管理模式，例如敏捷项目管理和数字化供应链管理等。通过不断借鉴和融合这些先进的管理理念，企业得以拓宽管理视野，丰富管理策略库，从而全面提升规划、组织、领导与控制的能力。

高强度的集群网络联系促进深度的知识溢出与协同创新。管理者在频繁的面对面交流与合作项目中共担责任，不仅能够快速获取同行在成本控制、品质管理等方面的最新经验，还能在遇到管理难题时迅速获得外部支援与建议。这种紧密的互动关系使管理决策更加精准和高效，同时推动管理流程的持续优化。此外，高强度网络关系中的信任与合作机制为管理者提供了实践磨砺的机会，使其在资源整合、战略执行以及组织协调等方面的能力得到稳步提升。

处于网络中心位置的企业，作为信息与资源的汇聚节点，其管理者拥有得天独厚的优势（Coleman，1990）。依托高中心性，管理者能够优先接触和获取关键信息、资源以及外部知识，实时洞察上下游企业的动态，精准把握市场趋势和行业变化，率先引入精益生产、智能制造等先进管理理念，推动组织管理模式的创新与优化。同时，管理者可以利用其在网络中的核心地位，快速识别市场机会和潜在风险，增强对信息流动和资源分配的控制力，使其能够更有效地协调内外部合作，优化资源配置，提升组织整体运营效率。因此，网络中心性是提升管理者战略决策能力和组织管理效能的关键因素。

长期稳定存续的集群网络孕育了深厚的信任文化与成熟的合作生态。网络关系持久度使管理者能够依托长期的合作关系，积累丰富的管理经验，通过与合作伙伴的深度互动不断优化决策能力与领导力。这种持续性的网络关系不仅降低了信息不对称和交易成本，还增强了管理者在资源配置、战略规划以及组织协调等方面的效能。同时，管理者在长期合作中形成对行业趋势的敏锐洞察，并通过知识共享构建独特竞争优势。因此，网络关系持久度是企业管理者提升战略视野、决策能力以及组织领导力的关键驱动因素。

因此，提出假设：

H9：产业集群网络结构对管理能力有正向影响。

具体描述如下：

H9a：网络规模对管理能力呈正向影响。

H9b：网络关系强度对管理能力呈正向影响。

H9c：网络中心性对管理能力呈正向影响。

H9d：网络关系持久度对管理能力呈正向影响。

组织学习能力在产业集群网络结构优化中发挥着深层次的驱动效能。卓越的组织学习能力能够有效打破企业之间的知识壁垒，促进知识在网络中的顺畅流动。在产业集群网络结构中，企业在从外部网络获取知识的同时，依据互信互惠的对等性原则，兼顾合作伙伴的需求，为网络成员提供适配的相关知识（谢洪明等，2014）。具备强大组织学习能力的企业通常更愿意分享知识与经验，从而促进集群内部的信息流动。这一知识共享机制不仅提升了集群的整体创新能力，还导致网络结构的重新配置，形成更加开放与合作的生态环境（Dyer & Nobuko，2019）。企业在开发新产品、新技术和新商业模式时，相关成果会在产业集群中传播与扩散，激发其他企业的学习与模仿，进而推动整个集群的技术升级与产业结构调整。同时，具备较强组织学习能力的企业能够敏锐地感知外部环境的变化，当市场需求、技术趋势及政策法规等发生变动时，能够及时调整自身的战略、合作伙伴关系及优化业务流程，从而促使产业集群网络结构的动态演化。

较强的组织学习能力使集群内的企业更积极主动地从外部获取知识，包括行业前沿技术、市场趋势以及先进的管理经验等。通过与高校、科研机构及其他企业等外部主体的合作，企业能够拓展知识来源渠道，并在产业集群网络中建立更多的连接关系。通过不同企业之间的相互学习和组织学习能力的不断提升，集群内的资源将日益丰富，企业之间的合作紧密度和依存关系将不断增强，从而吸引并扩大新成员的聚集，增加网络节点，扩大网络规模，同时也将促进网络结构的变化。组织学习确保了网络高效运行的能力。例如，在美国硅谷的高新技术产业集群中，企业凭借强大的组织学习能力不断吸纳外部知识，跨界融合创新，催生了诸如人工智能与医疗、新能源与交通等新的业态。这一过程促使原本单一的产业网络向多元化方向拓展，吸引了大量跨领域的新成员融入。新的合作关系与网络节点不断涌现，从根本上改变了网络的拓扑结构，提高了整个集群对市场的应变能力。

当企业具备高效的组织学习机制时，能够将隐性知识转化为显性知识，并更积极地在集群网络内进行知识共享，包括关键工艺和技能技巧等的外化，从而使上下游企业能够迅速吸收和应用。这种积极的学习态度和行为有助于增强彼此之间的信任程度，促进产业集群网络关系的加强。具备较强学习能力的企业还会主动与高校和科研机构合作开展研究项目，与上下游企业建立紧密的合作关系，并参加行业协会组织的活动，以与其他同行企业交流经验。随着知识共享与交流的频繁进行，企业之间的相互了解不断加深，合作机会也日益增多。这不仅加强了产业链各环节之间的联系，还使网络结构更加紧密且富有韧性，推动了网络结构的优化与演化，进一步增强了产业集群网络关系的强度。

组织学习能力不仅能够催生创新氛围，还能重塑产业集群的网络布局。具备强大组织学习能力的企业，往往擅长在内部建立有效的知识共享机制，使得所获得的知识能够在企业内部迅速传播和应用。同时，这些企业也更愿意与集群内的其他企业分享知识。这种知识共享行为有助于加强企业之间的联系与互动，提高集群整体的知识流通效率，从而提升企业在产业集群网络中的中心性。结果是，它们在网络中的地位发生了变化，从原本较低的层级上升至较高层级，或与原有的同级企业拉开差距，形成新的层级关系，逐渐发展成为集群中的核心企业。这些核心企业凭借其卓越的学习能力，在知识获取和创新研发等方面处于领先地位，吸引了众多企业与之建立联系，从而增加其在网络中的连接数量和质量，提升其网络中心性，最终形成以核心企业为中心的星型网络结构，进而改变产业集群网络的层次结构。同时，这些企业的创新成果也可能通过技术扩散和知识溢出等方式，推动集群内其他企业的发展，进一步巩固其在集群网络中的影响力和中心地位。

组织学习能力强的企业能够更好地理解合作的重要性，并具备更强的合作能力。它们能够准确识别与自身资源和能力互补的企业，主动寻求合作机会，共同开展研发、生产和营销等活动。在合作过程中，学习能力强的企业能迅速适应合作模式，与合作伙伴协同工作，及时解决合作中出现的问题。例如，在共同开发新产品时，学习能力强的企业能够快速掌握合作伙伴的技术特点和优势，充分发挥各自的专长，从而提高合作的效率和成功率。这种良好的合作体验使得企业更愿意与合作伙伴保持长期稳定的合作关系。持续提升的组织学习能力有助于强化网络成员之间的信任关系，集群内企业共同学习的经历能够增进彼此之间的情感信任与认知信任。在合作、交流和研讨等活动中，参与各方能够深入了解彼此并相互认可。在面对市场波动和原材料供应短缺等困境时，企业更倾向于携手共克时艰，而非轻易中断合作关系，从而减少网络中节点的流失与连接的断裂，保障产业集群网络在复杂环境下的稳定性与持久性。

因此，提出假设：

假设H10：组织学习能力对产业集群网络结构有正向影响。

具体描述如下：

假设H10a：组织学习能力对网络规模呈正向影响。

假设H10b：组织学习能力对网络关系强度呈正向影响。

假设H10c：组织学习能力对网络中心性呈正向影响。

假设H10d：组织学习能力对网络关系持久度呈正向影响。

员工是企业的重要组成部分，企业发展与员工的成长和学习密不可分。员工的学习能力对集群网络结构的影响，体现在知识势能梯度差异所形成的网络动力学机制。员工通过丰富的网络资源，在更广泛的领域获得多样化、专业化且非冗余的有价值新知识，这将推动企业技术产品的变革，增强自主创新能力，加速新产品的开发速度，扩大市场份额，延伸产品与服务的市场领域，进而提升企业绩效。员工成长所激发的创新思维，能够有效促进集群网络的多元化发展。在员工成长与学习过程中涌现的创新灵感，构成了企业突破边界的内生动力，促进了企业在业务领域的扩展、合作模式的创新以及技术的迭代升级，推动集群网络向多维度和深层次延伸。根据Burt（1992）的结构洞理论，高学习效能的员工通过持续获取异质性知识，在组织间构建知识桥梁，推动网络结构从封闭式层级体系向开放式模块网络的演化。这种结构性变革具体表现为知识节点的多样性显著提升、连接方式发生质变、网络动态性增强。同时，数字化工具加速了这种结构演化。更为关键的是，学习型员工所构建的模块化知识体系，使网络具备弹性重组的能力。当员工成长与学习能力成为网络结构演进的核心变量时，企业竞争优势已从规模经济转向连接经济，集群网络正演化为具有自组织和自适应特征的创新生态系统。

员工学习能力对集群网络规模的影响，体现在产业集群通过知识流动加速网络节点的数量增长。吴志玲（2022）的研究表明，员工在知识获取、整合与重构过程中形成的动态知识库，本质上构成了网络规模扩张的“数字基因”。这种知识资本的持续增值不仅提升个体能力，更通过组织间知识交互产生网络增值效应。高学习能力员工通过参与国际展会、技术峰会等跨界活动，构建起以知识交换为纽带的弱连接网络。这些员工在技术对接中形成的“知识桥接”能力，使每新增1个核心节点可带动5~8个次级节点接入网络，形成独特的网络增殖模式。当学习型员工组建跨组织创新团队时，其异质性知识结构的碰撞会产生超线性协同效应。这种知识驱动的网络扩张呈现典型的“创新漩涡”特征，即每项核心技术的突破可带动3~5个关联领域的企业接入网络。当前，这种学习能力驱动的网络规模扩张正在引发集群生态的深层变革。在数字经济时代，员工学习能力正取代传统生产要素，成为决定集群网络规模与竞争力的核心变量。

员工的成长与学习对网络关系强度的强化作用，体现在知识转化与协同创新的演进过程中。员工的学习能力与成长潜力直接影响知识的流动性及创新能力的提升，进一步加深企业之间的相互依赖与合作。员工的知识融合能力是关系强度升级的关键催化剂，通过系统化的知识管理，员工不仅能够提升个体的知识势能，还能通过结构化的共享机制将隐性知识转化为组织资产，这种知识的流动显著增强了各节点之间的技术依存度。此外，数字化工具进一步放大了员工学习能力对关系强化的效应。当具备多元知识背景的员工组建跨组织攻关小组时，异质性知识结构的碰撞会产生“1+1>2”的创新效应。这种深度协作催生出联合实验室和技术联营等强关系载体，形成知识共生的创新生态。良好的互动与知识共享不仅能够增强团队的凝聚力，还能进一步推动和加强集群内企业之间的合作关系。

员工成长与学习能力的提升对网络中心性的影响，实际上是知识权力在集群网络中再分配的过程。根据Granovetter（1985）提出的嵌入性理论，员工通过持续的知识创造形成的“结构洞”优势，使企业逐渐演化为网络中的核心枢纽节点。学习型员工所构建的知识资本产生了“磁吸效应”，而数字化知识管理工具则增强了中心节点的控制力，动态知识联盟的建立则重塑了网络的权力结构。这种中心性的演化带来了双重效应：一方面，知识枢纽企业通过技术认证和标准制定等机制获得网络控制权；另一方面，边缘企业为了获取知识资源，主动增强与处于核心节点的企业连接。这种由员工知识势能驱动的中心性重构，正催生出多极化和弹性化的新型网络结构。

员工成长与学习所提升的专业素养能够增强集群网络的稳定性与持久性。员工的专业能力确保了企业的运营效率和产品质量，从而使上下游企业的合作更加顺畅，信任关系更为稳固。信任被视为合作伙伴之间维持稳定关系的重要基础和保障（王生年与赵爽，2020）。社会信任的作用体现在其通过降低合作过程中的感知风险与不确定性，促进信息的有效共享，并增强合作伙伴之间的协调性和一致性（毛斯丽等，2024）。即使在面临原材料价格波动或突发公共事件的冲击时，凭借员工的专业应对，企业间仍能够保持紧密的协作，确保集群网络架构不松散，持续稳健地运行。

因此，提出假设：

假设 H11：员工成长与学习能力对产业集群网络结构有正向影响。

具体描述如下：

假设 H11a：员工成长与学习能力对网络规模呈正向影响。

假设 H11b：员工成长与学习能力对网络关系强度呈正向影响。

假设 H11c：员工成长与学习能力对网络中心性呈正向影响。

假设 H11d：员工成长与学习能力对网络关系持久度呈正向影响。

企业运营能力是指企业在日常经营活动中，通过合理配置资源、高效组织生产和有效管理流程等手段，实现企业目标并提升竞争力的综合能力。产业集群中的不同企业之间的运营能力差异显著，这种差异促使产业集群网络呈现出多样化的连接模式。高运营能力的企业往往在集群网络中占据核心地位。它们凭借高效的流程和优质的产品或服务，吸引更多的上下游企业与之合作，从而强化以其为中心的网络连接密度，形成类似星形结构，使得资源迅速向核心流动。与此同时，低运营能力的企业为谋求发展，积极寻求与高运营能力企业的连接，主动嵌入集群网络。这一行为促使网络中的弱连接增加，这些看似薄弱的联系却能为企业带来新颖的信息与潜在机会，拓宽整个集群网络的信息传播边界，使不同企业接触到多元知识，推动集群网络向复杂且富有活力的结构演变（Granovetter，1973）。随着企业运营能力的动态变化，集群网络结构也在持续调整。运营能力提升的企业可能会突破原有的合作圈层，与远距离和跨领域的企业建立新联系，引发集群网络的节点扩张与连接重构。因此，企业运营能力通过改变企业间的合作关系和信息流动路径，不断塑造并优化集群网络结构。

企业运营能力对集群网络规模的扩张具有多维驱动效应。首先，高效运营的企业凭借其资源整合优势，形成了网络中的“磁极效应”。通过低成本获取资金、技术等生产要素，这些企业能够有效地吸引上下游企业及科研机构的聚集。其次，运营能力卓越的企业通常具备较强的技术创新能力。它们通过不断推出新产品、新工艺和新技术，引领集群内企业的技术升级与产品迭代。同时，集群内企业间的人员流动、合作交流及技术示范等渠道促进了知识的溢出。这种创新示范效应和知识溢出效应吸引了更多企业加入集群，以获取创新资源，寻求技术合作与创新机会，从而扩大集群网络的规模。例如，硅谷地区的高科技企业之间频繁的人才流动和技术合作，使得知识在集群内迅速传播，吸引了全球的创业者、投资者和科技企业持续涌入，保持了硅谷产业集群的繁荣与规模扩张。最后，在集群网络中，运营能力强的企业通常展现出多元化的业务布局和较强的综合服务能力。它们能够与其他企业形成业务互补，通过合作实现资源共享与优势互补，进一步拓展业务领域。这种业务互补性吸引了更多企业加入集群，丰富了集群的业务生态，进而扩大了集群网络的规模。例如，在杭州的电商产业集群中，阿里巴巴作为核心企业，不仅提供电商平台服务，还推动了物流配送、金融服务、数据分析和营销推广等一系列配套服务企业的发展，各企业之间相互协作、业务互补，共同促进了杭州电商产业集群规模的不断扩大。

运营能力强的企业通过技术突破或商业模式创新，带动上下游企业的协同创新，形成以自身为核心的子网络。在这一过程中，企业不仅在技术层面上推动了产品和服务的迭代升级，同时在管理和运营模式上实现了更高效的资源配置。通过与上下游企业的紧密合作，企业建立了信息共享机制，增强了各方的互信与合作意愿，促进了知识的传播与积累，从而形成了良性的创新生态圈。企业之间的频繁互动导致了知识的交叉融合，催生出新的创意和解决方案。这种创新溢出使集群网络由松散型向紧密型演化，网络关系强度显著提升。

运营能力强的企业通过高效的供应链管理和资本运作能力，能够迅速整合集群内外的技术、资金和人才等各类资源，促进集群网络中心性的形成。例如，华为凭借持续的研发投入和全球供应链优化，在5G技术集群中成为技术扩散的核心节点，其专利授权及标准制定的主导权显著提升了其中心性。运营能力强的企业在集群网络中的中心性不仅依赖于资源整合能力，还与其创新能力和市场适应性密切相关。这些企业通常具备敏锐的市场洞察力，能够及时捕捉行业趋势和客户需求的变化，从而引领技术创新和产品升级。运营能力强的企业通过建立战略合作伙伴关系，整合上下游企业资源，实现产业链各环节的高效协同，形成紧密的供应链网络，它们通过与供应商和分销商等建立紧密的合作关系，优化供应链流程，降低成本，提高整体竞争力。同时，这种高效的供应链管理模式为企业的资源配置提供了更大的灵活性，使其能够快速响应市场需求。这些因素共同作用，使得运营能力强的企业在集群网络中形成更加牢固的中心性。

企业运营能力强有助于维护集群网络的稳定性和持久性。运营能力强的企业在面对市场波动、政策变化和自然灾害等风险时，往往具备较强的风险抵御能力和应对机制。它们能够通过多元化经营、风险管理和成本控制等手段，降低风险对企业的影响，保持企业的稳定发展。这种抗风险能力使企业在集群网络中更具吸引力，其他企业愿意与这样的企业合作，以降低自身经营风险。这些企业通常积极参与行业协会活动和集群治理，制定行业标准，协调企业间关系，维护集群的良好秩序，推动建立公平合理的合作规则和利益分配机制，从而促进企业间的信任与合作，保持了集群网络的长久繁荣。

因此，提出假设：

假设H12：运营能力对产业集群网络结构有正向影响。

具体描述如下：

假设H12a：运营能力对网络规模呈正向影响。

假设H12b：运营能力对网络关系强度呈正向影响。

假设H12c：运营能力对网络中心性呈正向影响。

假设H12d：运营能力对网络关系持久度呈正向影响。

管理能力是影响集群网络结构形成、演化及效能发挥的重要核心要素之一。通过资源整合、关系协调和战略引导等机制，管理能力直接影响集群内部的连接模式、节点角色及整体韧性。具备较强管理能力的企业能够有效整合内部与外部资源，促进企业间的合作与资源共享，并在集群中构建良好的关系网络。具备强大管理能力的企业更易于建立和维持良好的合作关系，从而扩大其在集群中的影响力与连接度，进而在集群网络中占据更为有利的位置。企业的管理能力能够帮助其在集群中形成独特的竞争优势。通过优化内部管理、提升产品质量与服务水平，企业能够在集群中脱颖而出，推动集群整体向高质量发展。此外，增强的管理能力提升了企业对市场变化的适应性与灵活性，使集群内的企业能够快速响应市场需求的变化，及时调整战略与运营模式，从而增强集群的韧性。因此，企业管理能力是集群网络结构优化的“隐形引擎”。通过资源整合、关系协调和战略引导等机制，管理能力不仅促进了合作、增强了创新，还提高了信息流动效率，深层次地渗透到产业集群网络结构的各个维度。

管理能力较强的企业在资源利用方面的效率明显高于管理能力较弱的企业。卓越的管理能力使这些企业能够更加高效地整合内外部资源，并在集群网络中展现出显著的辐射效应。这类企业依托精准的战略规划和精细化的流程管理，不仅实现了对自身资源的深入挖掘与优化配置，取得了高绩效的产出，还吸引了周边企业的积极参与，从而显著拓展了集群网络的规模。它们如同强大的磁石，将供应商和经销商等不同环节的企业紧密吸附，使集群网络的边界不断向外延伸。

高管理能力的企业注重维护与合作伙伴的长期稳定关系。高管理能力的企业能更高效地识别、匹配集群内外部资源，通过技术联盟和联合采购中心等搭建共享信息平台，通过建立标准化的协作流程等手段，增加企业间合作机会；通过建立信任机制和冲突调解机制，降低企业合作中的交易成本，促进更多隐性合作关系的形成；它们与上下游企业频繁互动和深度协同，极大增强了彼此间连接的紧密度，进而提升了整个集群网络关系强度（Porter，1998）。

高管理能力的企业能够通过技术外溢和标准制定等手段，成为网络中的“结构洞”节点，连接不同细分领域的企业，形成“核心–外围”的异质性网络。例如华为在5G产业集群中的角色。具备卓越管理能力的龙头企业往往自然而然地成为集群网络的中心。这些企业掌握核心技术、品牌及市场渠道，凭借管理优势主导产业发展方向，成为信息汇聚与分发的枢纽，塑造出以自身为绝对核心的星型网络结构，并对集群资源分配和规则制定拥有关键的话语权（Gereffi et al.，2005），从而促进集群网络中心性的形成。

高管理能力的企业关注长远发展，通过签订长期协议和设立共同基金等方式，增强企业之间的相互承诺。这些企业会投入资源，提供管理咨询、技术培训和经验分享等服务，以帮助上下游企业提升管理水平。这种互助行为能够增强集群网络内企业的抗风险能力，即使在市场波动和技术变革的冲击下，整个集群网络也能凭借紧密而稳固的企业关系维持其韧性。

因此，提出假设：

假设H13：管理能力对产业集群网络结构有正向影响。

具体描述如下：

H13a：管理能力对网络规模呈正向影响。

H13b：管理能力对网络关系强度呈正向影响。

H13c：管理能力对网络中心性呈正向影响。

H13d：管理能力对网络关系持久度呈正向影响。

2.2 变量选择

根据前面的理论分析，我们从影响企业成长的主要因素组织学习、员工成长与学习、运营能力和管理能力四个方面着手，综合分析集群网络内的企业成长绩效，构建了企业成长要素、产业集群网络结构与企业成长绩效关系概念模型（见图2–1）。本研究所涉及的变量包括：企业成长绩效，影响企业成长的因素，产业集群的网络结构。控制变量为企业规模和企业成立年限。

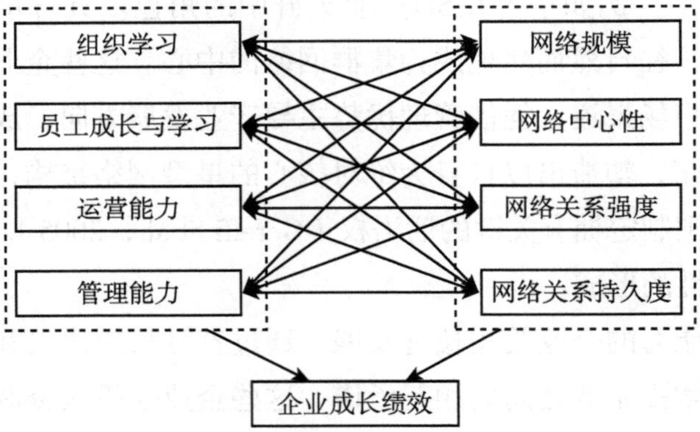

图2–1 企业成长要素、产业集群网络结构与企业成长绩效关系概念模型

2.2.1 企业成长绩效

企业成长绩效指企业在一定时期内实现的业绩增长和发展成果，它是企业经营成果的直接体现，反映了企业战略实施的效果和竞争力水平。Davidsson（2002）和Hart（2003）用净销售额增长、期间销售额平均变化、期间雇员数量变化率和企业净资产等指标来衡量企业的成长绩效；慕静等（2005）用营业总额成长速度、净利润增长速度、销售净利率、总资产净利率、净资产报酬率、总资产周转率、净资产周转率和人均营收额等指标来衡量企业的成长绩效；李延喜等（2006）用总资产回报率、净资产收益率、总资产增长率、资产周转率、流动资产增长率、每股收益和存货周转率等指标来衡量企业的成长绩效；宋竹芳（2019）用销售收入增长、员工数量增长、市场份额提升和客户满意度来衡量企业成长绩效；杨保军（2020）用营业收入增长率、品牌市场占有率、顾客忠诚度和民族文化传承度来衡量企业成长绩效；王坤（2021）用主营业务收入增长率衡量企业成长绩效；谷盟等（2021）用销售额增长率、净利润增长率和市场份额增长率来衡量企业成长绩效；申军强（2021）用销售额增长率、资产增长率、市场份额提升率和行业排名上升来衡量企业成长绩效；丁彬等（2022）用销售额增长率、资产增长率、市场份额提升率和社会知名度提升程度来衡量企业成长绩效；王晓明等（2022）用利润增长率和用户规模增长率来衡量企业成长绩效；熊文明和沙勇（2023）用销售额增长率、利润增长率、员工数量增长率和企业声誉提高来测量企业成长绩效；杜晶晶等（2024）用销售额增长速度、净利润增长速度和员工数量增长率衡量企业成长绩效；李武威和李洋豪（2024）用销售收入增长率测度企业成长绩效；张羽飞等（2024）用销售收入对数增长率衡量企业成长绩效。

企业成长是一个过程，因此企业成长绩效的过程需要考虑时间因素。设定较短的时间往往不能有效地反映企业成长绩效，从而严重影响研究结论。一些研究利用5年内销售额增长率反映企业增长绩效（Dunne & Hughes，1994），也有用3年内工人数的相对增长来衡量企业增长（Cooper et al.，1994；Donckels & Lambrecht，1995；Zahra，1993）。本研究在企业成长测度设计上定为较为常用的3年，根据李延喜等（2006）、王坤（2021）、谷盟等（2021）、李武威和李洋豪（2024）的研究，选用与集群外同行相比，近3年销售收入增长率、主营业务收入增长率、市场份额增长率、净资产收益率、净利润增长率和总资产回报率6个测量条目来衡量企业成长绩效，见表2–1。

表2–1 企业成长绩效变量测度

变量名称	简称	测量条目	依据与来源
企业成长绩效	Y1	1.与集群外同行相比，近3年内销售收入增长率	李延喜等（2006），王坤（2021），谷盟等（2021），李武威和刘洋豪（2024）的研究
	Y2	2.与集群外同行相比，近3年内主营业务收入增长率	
	Y3	3.与集群外同行相比，近3年内市场份额增长率	
	Y4	4.与集群外同行相比，近3年内净资产收益率	
	Y5	5.与集群外同行相比，近3年内净利润增长率	
	Y6	6.与集群外同行相比，近3年内总资产回报率	

2.2.2 影响企业成长的要素

（1）组织学习的测度。

由于不同的学者对组织学习的理解与定义不同，其所采取的组织学习的测量方法也不相同。本研究根据Gomez et al.（2005）和张霞蓉（2012）的研究，选用能够为员工提供培训以提高员工的专业技能、经常进行有助于提高管理效率的改革、经常学习讨论同行业其他企业的成功经验及通过小组团队讨论等方式交流分享新观点和新方法4个测量条目来衡量组织学习，见表2–2。

表2–2 组织学习的测度

变量名称	简称	测量条目	依据与来源
组织学习	B1	1.能够为员工提供培训以提高员工的专业技能	Gomez et al.（2005）和张霞蓉（2012）的研究
	B2	2.经常进行有助于提高管理效率的改革	
	B3	3.经常学习讨论同行业其他企业的成功经验	
	B4	4.通过小组团队讨论等方式交流分享新观点和新方法	

（2）员工成长与学习的测度。

本研究根据陶永梅（2013）和王达明（2014）的研究，选用员工学习的意愿与主动性程度、员工提出的工作建议能够得到管理者的关注和采纳、员工敢于创新并具有首创精神和员工与组织的配合度4个测量条目来衡量员工的成长与学习能力，见表2-3。

表2-3　　员工成长与学习的测度

变量名称	简称	测量条目	依据与来源
员工成长与学习	C1 C2 C3 C4	1.员工学习的意愿与主动性程度 2.员工提出的工作建议能够得到管理者的关注和采纳 3.员工敢于创新并具有首创精神 4.员工与组织的配合度高	陶永梅（2013）和王达明（2014）的研究

（3）运营能力的测度。

本研究根据王彦勇和苏奕婷（2013）的研究以及通过访谈与预调查，选用新技术或新产品开发速度、能够更快地满足已有市场客户对产品功能改进的需求、能够及时响应市场主要客户群体的技术维护需求和与主要客户群体间具有更为多样和畅通的交互渠道4个测量条目来反映企业的运营能力，见表2-4。

表2-4　　运营能力的测度

变量名称	简称	测量条目	依据与来源
运营能力	D1 D2 D3 D4	1.新技术或新产品开发速度 2.能够更快地满足已有市场客户对产品功能改进的需求 3.能够及时响应市场主要客户群体的技术维护需求 4.与主要客户群体间具有更为多样和畅通的交互渠道	王彦勇和苏奕婷（2013）的研究以及本研究访谈和预调查

（4）管理能力的测度。

本研究根据张焕勇（2007）和董莹（2013）等的研究以及通过访谈

与预调查，选取了重视原材料及能源利用率、应对突发事件的方案及时程度、能够坚持在既定的战略框架下配置各种资源、能够及时调整部门及其工作流程的效率4个测量条目来反映企业的管理能力，见表2-5。

表2-5　　管理能力的测度

变量名称	简称	测量条目	依据与来源
管理能力	M1 M2 M3 M4	1.重视原材料及能源利用率 2.应对突发事件的方案及时程度 3.能够坚持在既定的战略框架下配置各种资源 4.能够及时调整部门及其工作流程的效率	张焕勇（2007）和董莹（2013）等的研究以及本研究访谈和预调查

2.2.3　产业集群网络结构

本研究为了测量集群的网络特征：网络规模、网络中心性、网络关系强度和网络关系持久度四个维度，在文献研究的基础上、通过实地调研和专家意见进行各变量的设定和选取。

（1）网络规模。

网络规模指网络的节点之间关系数量的总和（Burt，1983），一定程度能够体现出网络异质性的特征。有的学者采用测量合作的成员间多样性来衡量网络规模（Burt，1983；Marsden，1990）；另有学者用和企业直接相联系伙伴数量来测量网络规模（王晓娟，2007）；而还有学者用与本地企业关系的种类数目（邬爱其和魏江，2007；陈学光，2007）、企业家的个人关系数量（Aram，1995）、企业与科研院所和高校合作的项目（Uzzi，1997）等不同的方法来测量网络规模。本研究采用邬爱其和魏江（2007）、陈学光（2007）和解雪梅与左蕾蕾（2013）等的研究，结合实地调研和专家意见选用与集群内企业合作交流数量较多、与集群外企业合作交流数量较多、与科研院校合作交流数量较多、与中介机构合作交流数量较多和与政府机构合作交流数量较多5个测量条目来衡量网络规模，见表2-6。

表2-6　　网络规模的测度

变量名称	简称	测量条目	依据与来源
网络规模	N1 N2 N3 N4 N5	1.与集群内企业合作交流数量较多 2.与集群外企业合作交流数量较多 3.与科研院校合作交流数量较多 4.与中介机构合作交流数量较多 5.与政府机构合作交流的数量较多	邬爱其和魏江（2007）、陈学光（2007）和解雪梅与左蕾蕾（2013）等的研究，结合企业实地调研和专家意见

（2）网络中心性。

网络中心性是评价网络中的某一个体的重要程度。不同的学者采用不同的方法来衡量网络中心性，如焦点企业的联结数目（Powell et al., 1996）、焦点企业直接指向的合作伙伴总数（Giuliani & Bell，2005）、焦点企业与其他企业间的最短路径（Gilsing et al.，2008）等。本研究根据上述研究提出的测度方法，参考王晓娟（2008）、彭新敏（2009）和项玉卿（2015）的研究，结合企业实地调研和专家意见，选用其他企业容易与我们建立技术联系的程度、其他企业经常通过我们牵线进行技术或经验交流的程度、大多数本地企业都知道我们的名字的程度、本地其他企业经常希望得到我们的帮助的程度和与合作伙伴相比，本企业更能影响合作项目决策的程度5个测量条目来衡量网络中心性，见表2-7。

表2-7　　网络中心性的测度

变量名称	简称	测量条目	依据与来源
网络中心性	G1 G2 G3 G4 G5	1.其他企业容易与我们建立技术联系的程度 2.其他企业经常通过我们牵线进行技术或经验交流的程度 3.大多数本地企业都知道我们的名字的程度 4.本地其他企业经常希望得到我们的帮助的程度 5.与合作伙伴相比，本企业更能影响合作项目决策的程度	Gilsing et al.（2008）、王晓娟（2008）、彭新敏（2009）和项玉卿（2015）的研究，结合企业实地调研和专家意见

（3）网络关系强度。

本研究基于Eisingerich et al.（2010）的研究成果，参考Bell（2009）、杨菊萍和贾生华（2009）以及项玉卿（2015）的研究，结合企业实地调研和专家意见，以及变量测度的真实性和便捷性，选用该企业经常与其他企业进行经验与技术交流的程度、经常与科研院校进行技术交流的程度、经常与政府联系的程度、经常与中介机构联系的程度、经常与其他企业资源共享的程度5个测量条目对集群网络关系强度进行测度，见表2–8。

表2–8　网络关系强度的测度

变量名称	简称	测量条目	依据与来源
网络关系强度	H1	1.经常与其他企业进行经验与技术交流的程度	Eisingerich et al.（2010）、Bell（2009）、杨菊萍和贾生华（2009）以及项玉卿（2015）的研究，结合企业实地调研和专家意见
	H2	2.经常与科研院校进行技术交流的程度	
	H3	3.经常与政府联系的程度	
	H4	4.经常与中介机构联系的程度	
	H5	5.经常与其他企业资源共享的程度	

（4）网络关系持久度。

网络关系持久度主要指网络成员间保持关系的时间长度。一些学者用企业跟其他的网络成员联系时间的长短来衡量网络关系持久度。本研究根据Mitchell（1969）、邬爱其（2006）和项玉卿（2015）的研究，结合企业实地调研和专家意见，本研究从本企业与集群内企业能保持长时间的技术交流与合作、与科研机构能保持长时间的技术交流与合作、与政府紧密联系能维持较长时间、与中介机构间的联系能维持较长时间、与集群外企业能保持长时间的技术交流与合作5个测量条目来测量网络关系持久度，见表2–9。

表2-9 网络关系持久度的测度

变量名称	简称	测量条目	依据与来源
网络关系持久度	K1 K2 K3 K4 K5	1. 与集群内企业能保持长时间的技术交流与合作 2. 与科研机构能保持长时间的技术交流与合作 3. 与政府紧密联系能维持较长时间 4. 与中介机构间的联系能维持较长时间 5. 与集群外企业能保持长时间的技术交流与合作	Mitchel（1969）、邬爱其（2006）和项玉卿（2015）的研究，结合企业实地调研和专家意见

2.3 样本的描述性统计

2.3.1 数据收集与样本基本特征

本研究根据问卷前测的结果对问卷进行修改后，采用Likert 5点计量尺度，形成调查问卷。选取郑州高新技术产业集聚区、安阳市新东区产业集聚区、林州市产业集聚区、汤阴县产业集聚区、郑州市白沙产业集聚区、洛阳市先进制造业聚集区、巩义市豫联产业集聚区、新密市产业集聚区、登封市产业集聚区、洛阳市洛新产业集聚区、荥阳市产业集群和内黄县产业集聚区12个产业集聚区内的企业，对集群内企业随机发放问卷。为了尽量减少同源方差问题，研究人员在前后间隔12个月的时间对集聚区的企业进行了调研，共发放了500份问卷，回收460份，回收率为92%。剔除漏答、多答和答案矛盾等无效问卷后，有效问卷为399份，有效率为87%。表2-10反映了本次调查的样本情况。

表2-10 样本的描述性统计

样本统计特征	分类	样本数目（n=399）	百分比
企业成立年限	5年（含）以下	131	32.8
	5~10年（含）	144	36.1
	10~15年（含）	83	20.8
	15年以上	41	10.3

续表

样本统计特征	分类	样本数目（n=399）	百分比
企业性质	国有企业	31	7.8
	集体企业	93	23.3
	私营企业	236	59.1
	外国独资或合伙	39	9.8
企业所属行业	电子与信息	69	17.3
	生物与医药	101	25.3
	新材料和新能源	63	15.8
	纺织与服装	37	9.3
	石油化工	8	2.0
	食品和饮料	74	18.5
	交通运输设备制造	47	11.8
企业员工人数	100人（含）以下	126	31.6
	100~500人（含）	136	34.1
	500~1 000人（含）	80	20.0
	1 000人以上	57	14.3

2.3.2 描述性分析

首先利用SPSS 23.0对数据进行描述性分析，检查样本数据是否符合正态分布。本研究的样本数据描述性统计分析结果，见表2-11。

表2-11 测量指标描述性统计

测量指标	均值	标准差	方差	偏度	偏度标准差	峰度	峰度标准差
Y1	2.89	0.917	0.840	−0.729	0.122	0.027	0.244
Y2	2.99	0.870	0.756	−0.690	0.122	0.153	0.244
Y3	2.88	0.875	0.766	−0.724	0.122	0.237	0.244
Y4	2.89	0.931	0.867	−0.661	0.122	−0.080	0.244
Y5	2.87	0.902	0.813	−0.639	0.122	−0.053	0.244
Y6	2.99	0.891	0.794	−0.783	0.122	0.326	0.244
B1	2.91	0.814	0.662	−0.587	0.122	0.065	0.244
B2	2.90	0.822	0.675	−0.654	0.122	0.293	0.244
B3	2.91	0.873	0.763	−0.638	0.122	−0.125	0.244
B4	2.90	0.851	0.724	−0.644	0.122	−0.004	0.244

续表

测量指标	均值	标准差	方差	偏度	偏度标准差	峰度	峰度标准差
C1	2.98	0.846	0.616	−0.717	0.122	0.245	0.244
C2	2.97	0.808	0.653	−0.759	0.122	0.733	0.244
C3	2.93	0.824	0.679	−0.528	0.122	−0.133	0.244
C4	2.98	0.817	0.668	−0.694	0.122	0.364	0.244
D1	2.93	0.813	0.661	−0.749	0.122	0.539	0.244
D2	2.92	0.798	0.638	−0.757	0.122	0.651	0.244
D3	4.01	0.816	0.666	−0.600	0.122	−0.026	0.244
D4	2.96	0.777	0.604	−0.637	0.122	0.352	0.244
M1	2.92	0.805	0.648	−0.735	0.122	0.563	0.244
M2	2.93	0.804	0.646	−0.635	0.122	0.206	0.244
M3	2.98	0.780	0.608	−0.669	0.122	0.399	0.244
M4	2.94	0.784	0.615	−0.562	0.122	0.145	0.244
N1	2.85	0.872	0.761	−0.182	0.122	−0.532	0.244
N2	2.54	0.831	0.691	−0.308	0.122	−0.368	0.244
N3	2.92	0.823	0.678	−0.294	0.122	−0.339	0.244
N4	2.93	0.765	0.586	−0.290	0.122	0.000	0.244
N5	.392	0.896	0.803	−0.525	0.122	0.116	0.244
G1	2.85	0.856	0.733	−0.287	0.122	−0.160	0.244
G2	2.88	0.816	0.666	−0.551	0.122	0.687	0.244
G3	2.94	0.829	0.688	−0.131	0.122	−0.893	0.244
G4	2.86	0.822	0.675	−0.373	0.122	−0.079	0.244
G5	4.01	0.887	0.786	−0.667	0.122	0.469	0.244
H1	2.89	0.870	0.757	−0.337	0.122	−0.219	0.244
H2	2.83	0.788	0.621	−0.318	0.122	0.051	0.244
H3	2.92	0.879	0.772	−0.513	0.122	0.217	0.244
H4	2.86	0.803	0.645	−0.349	0.122	0.287	0.244
H5	2.87	0.864	0.747	−0.309	0.122	−0.313	0.244
K1	2.82	0.879	0.773	−0.148	0.122	−0.556	0.244
K2	2.78	0.805	0.648	−0.281	0.122	0.229	0.244
K3	2.95	0.890	0.792	−0.535	0.122	0.138	0.244
K4	2.84	0.857	0.735	−0.282	0.122	−0.271	0.244
K5	2.89	0.836	0.699	−0.345	0.122	−0.251	0.244

从表2–11的数据统计结果可以看出，调查指标样本数据的偏度和峰度的绝对值都小于1，说明样本数据比较符合正态分布，达到了结构方程模型数据分析的要求。

2.4 信度与效度分析

在进行假设检验之前，应对测量结果进行信度和效度分析，只有具备足够的信度和效度的测度量表才可以被采用。通常用信度来考察数据的稳定性或一致性，稳定性用来衡量被调查对象在不同时间上测量结果的可靠性，一致性反映了问卷设计的各个问题是否测量得相同的内容。效度指测量工具能正确测量所要检测的问题特质，通过对问卷数据进行Bartlett球形检验和KMO检验来判断数据是否适合做因子分析（马庆国，2002）来判断量表的效度。一般来讲，KMO值>0.80时，可以认为数据比较适合做因子分析。当Bartlett球形检验的显著性水平Sig.<0.01时，说明数据之间有较高的相关性，符合进一步做统计分析的要求。本研究采用SPSS 23.0和Amos 23.0软件进行分析。

2.4.1 全体样本的信度与效度分析

对全体样本数据进行信度与效度分析。由表2-12可知，本次调查问卷样本数据的整体Cronbach's Alpha系数为0.979，说明本次研究样本总体上具有较好的内部一致性。从表2-13方差分析表可以看出，检验统计量F=14.176，Sig.=0.000<0.01，说明该量表的重复度量效果良好。

表2-12　　　　信度分析

Cronbach's Alpha系数	N of Items
0.979	43

表2-13　　　　方差分析表

	Sum of Squares	df	Mean Square	F	Sig.
Between People	7 004.239	397	14.650		

续表

		Sum of Squares	df	Mean Square	F	Sig.
Within People	Between Items	272.353	42	2.485	14.176	0.000
	Residual	6 295.136	16 674	0.378		
	Total	6 564.488	16 716	0.393		
Total		13 574.727	17 113	0.793		

Grand Mean=2.89

2.4.2　企业成长绩效信度与效度分析

首先，对企业成长绩效进行信度分析。由表2–14可知，所有题项的CITC均大于0.7。删除此题项后的Cronbach's Alpha系数0.924、0.926、0.932、0.927、0.927、0.925均小于层面的0.938，说明企业成长绩效各分量表具有较好的内部一致性。

表2–14　　企业成长绩效潜变量的信度与效度检验

变量名称	测量项	修正的项目总相关（CITC）	删除该条款后的 Cronbach's Alpha系数	Cronbach's Alpha系数
企业成长绩效	Y1	0.839	0.924	0.938
	Y2	0.820	0.926	
	Y3	0.774	0.932	
	Y4	0.814	0.927	
	Y5	0.817	0.927	
	Y6	0.829	0.925	
KMO值=0.918，Bartlett检验的显著性水平Sig.=0.000				

其次，对企业成长绩效进行探索性因子分析，对企业成长绩效量表是否适合做因子分析进行判断。由表2–14发现，企业成长绩效的KMO值为0.918，Bartlett检验的显著性水平为Sig.=0.000<0.01，说明数据比较适合做因子分析。我们采用主成分分析法，按照特征根大于1的选择标准提取因子，选择最大方差法旋转因子，对企业成长绩效做因子分析，共有一个因子被提取，符合预期，累积解释方差为72.44%，各项因子载荷系数见表2–15，结果表明企业成长绩效具有较好的建构效度。

表2-15　　企业成长绩效的因子载荷系数矩阵

变量名称	企业成长绩效F
Y1（新产品销售收入增长率更高）	0.892
Y2（主营业务收入总额增长率更快）	0.878
Y3（企业市场份额增长率更快）	0.842
Y4（净资产利润率提高更快）	0.873
Y5（企业销售利润率提高更快）	0.875
Y6（企业资产回报率提高更快）	0.884
特征值	4.586
方差贡献率（%）	72.439
累积方差贡献率（%）	72.439

最后，对企业成长绩效进行验证性因子分析，再次确认量表各层面的构念及其所包含的题项是否与预期设定相符，图2-2和表2-16给出了相应测量模型和拟合结果。

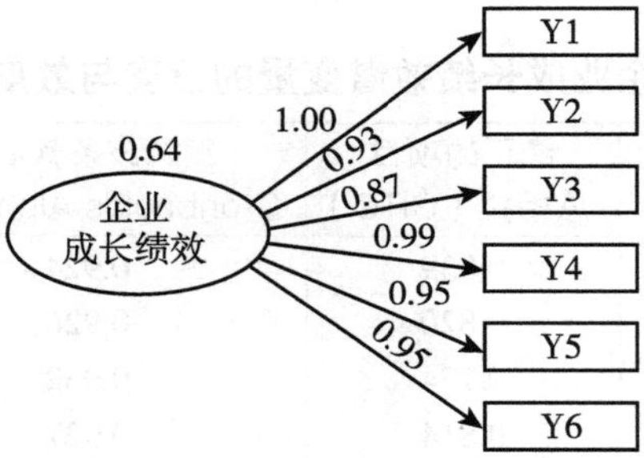

图2-2　企业成长绩效测量模型

表2-16　　企业成长绩效验证性因子分析拟合结果

路径	标准化路径系数	未标准化路径系数	S.E.	C.R.	P
Y1←— 企业成长绩效	0.873	1.000			
Y2←— 企业成长绩效	0.854	0.928	0.040	22.015	***
Y3←— 企业成长绩效	0.800	0.875	0.043	20.436	***
Y4←— 企业成长绩效	0.847	0.986	0.044	22.655	***
Y5←— 企业成长绩效	0.843	0.950	0.042	22.457	***
Y6←— 企业成长绩效	0.862	0.959	0.041	22.393	***

注：** 表示 $p<0.05$；*** 表示 $p<0.001$

企业成长验证性因子分析模型拟合结果表2-16和拟合优度统计值表2-17中显示，χ^2/df=4.56，小于5；GFI、CFI、NFI、IFI、TLI、RFI以及RFI均大于0.9；RMR和RMSEA均小于0.1，各路径系数均在0.001水平上具有统计显著性。可以认为，我们对企业成长绩效变量的测度是有效的。

表2-17　企业成长绩效验证性因子分析拟合优度统计值

指标值	卡方检验		GFI	CFI	NFI	IFI	TLI	RFI	RMR	RMSEA
	χ^2	*df*								
数值	41.057	9	0.969	0.984	0.979	0.984	0.973	0.965	0.015	0.095

2.4.3　产业集群网络的信度与效度分析

首先，对产业集群网络中的网络规模、网络中心性、网络关系强度和网络关系持久度进行信度分析。计算结果见表2-18所示，各量表中所有题项的CITC均大于0.6，各题项后的Cronbach's Alpha系数均大于0.8，删除此题项后的Cronbach's Alpha系数均小于层面的Cronbach's Alpha系数，说明产业集群网络各分量表的内部一致性良好。

表2-18　产业集群网络量表的信度与效度检验

变量名称	测量项	修正的项目总相关（CITC）	删除该条款后的Cronbach's Alpha系数	Cronbach's Alpha系数
网络规模	N1	0.704	0.863	0.884
	N2	0.753	0.851	
	N3	0.742	0.854	
	N4	0.696	0.864	
	N5	0.708	0.862	
网络中心性	G1	0.658	0.868	0.873
	G2	0.776	0.852	
	G3	0.773	0.852	
	G4	0.704	0.869	
	G5	0.728	0.864	

续表

变量名称	测量项	修正的项目总相关（CITC）	删除该条款后的Cronbach's Alpha系数	Cronbach's Alpha系数
网络关系强度	H1	0.817	0.900	0.922
	H2	0.793	0.905	
	H3	0.805	0.903	
	H4	0.809	0.902	
	H5	0.765	0.911	
网络关系持久度	K1	0.760	0.892	0.910
	K2	0.788	0.886	
	K3	0.782	0.887	
	K4	0.766	0.891	
	K5	0.764	0.892	
KMO值=0.954，Bartlett检验的显著性水平Sig.=0.000				

其次，对产业集群网络量表进行探索性因子分析。对产业集群量表是否适合做因子分析进行判断。表2-18结果显示，KMO值为0.954，同时Bartlett检验的显著性水平为Sig.=0.000<0.01，说明数据比较适合作因子分析。我们采用主成分分析法，按照特征根大于1的选择标准提取因子，选择最大方差法旋转因子，对集群网络进行探索性因子分析，共有4个因子被提取，累积解释方差为72.355%，大于70%的最低要求，各项因子载荷系数见表2-19，计算结果表明产业集群网络具有较好的建构效度。

表2-19　　　　产业集群网络的因子载荷系数矩阵

变量名称	网络关系持久度（F1）	网络规模（F2）	网络中心性（F3）	网络关系强度（F4）
N1（与集群内企业合作交流数量较多）	0.296	0.751	0.140	0.180
N2（与集群外企业合作交流数量较多）	0.290	0.808	0.127	0.127
N3（与科研院校合作交流数量较多）	0.268	0.633	0.281	0.376
N4（与中介机构合作交流数量较多）	0.152	0.724	0.217	0.260
N5（与政府机构合作交流数目较多）	0.330	0.662	0.286	0.165

续表

变量名称	网络关系持久度（F1）	网络规模（F2）	网络中心性（F3）	网络关系强度（F4）
G1（其他企业容易与我们建立技术联系的程度）	0.109	0.231	0.762	0.383
G2（其他企业经常通过我们牵线进行技术或经验交流的程度）	0.211	0.138	0.790	0.188
G3（大多数本地企业都知道我们的名字的程度）	0.365	0.190	0.741	0.140
G4（本地其他企业经常希望得到我们的帮助的程度）	0.354	0.190	0.760	−0.041
G5（与合作伙伴相比，本企业更能影响合作项目决策的程度）	0.181	0.294	0.672	0.421
H1（经常与其他企业进行经验与技术交流的程度）	0.455	0.452	0.161	0.579
H2（经常与科研院校进行技术交流的程度）	0.497	0.387	0.090	0.596
H3（经常与政府联系的程度）	0.486	0.411	0.208	0.556
H4（经常与中介机构联系的程度）	0.518	0.350	0.154	0.609
H5（经常与其他企业资源共享的程度）	0.287	0.456	0.189	0.638
K1（与集群内企业能保持长时间的技术交流与合作）	0.685	0.280	0.269	0.301
K2（与科研机构能保持长时间的技术交流与合作）	0.739	0.261	0.281	0.245
K3（与政府紧密联系能维持较长时间）	0.691	0.336	0.328	0.191
K4（与中介机构间的联系能维持较长时间）	0.756	0.232	0.291	0.166
K5（与集群外企业能保持较长时间的技术交流与合作）	0.639	0.306	0.425	0.129
特征值	4.562	4.202	2.413	2.493
方差贡献率（%）	22.811	21.010	14.067	12.466
累积方差贡献率（%）	22.811	42.821	60.888	72.355

最后，运用AMOS 23.0对产业集群网络中的网络规模、网络中心性、网络关系强度和网络关系持久度进行验证性因子分析，具体结果如图2–3和表2–20所示。

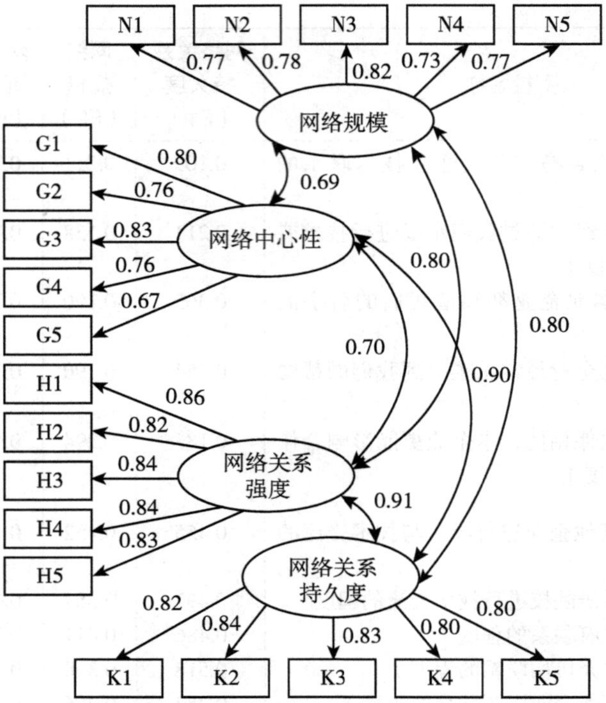

图2-3 产业集群网络的测量模型

表2-20 产业集群网络验证性因子分析拟合结果

路径	标准化路径系数	未标准化路径系数	S.E.	C.R.	P
H5←—— 网络关系强度	0.830	1.000			
H4←—— 网络关系强度	0.836	0.988	0.048	20.507	***
H3←—— 网络关系强度	0.845	0.992	0.048	20.824	***
H2←—— 网络关系强度	0.816	0.942	0.048	16.743	***
H1←—— 网络关系强度	0.861	1.101	0.051	21.475	***
G5←—— 网络中心性	0.670	1.000			
G4←—— 网络中心性	0.762	1.205	0.090	12.341	***
G3←—— 网络中心性	0.827	1.233	0.086	14.268	***
G2←—— 网络中心性	0.759	1.269	0.095	12.300	***
G1←—— 网络中心性	0.800	1.331	0.096	12.897	***

续表

路径	标准化路径系数	未标准化路径系数	S.E.	C.R.	P
N1←—— 网络规模	0.765	1.000			
N2←—— 网络规模	0.781	0.950	0.059	12.209	***
N3←—— 网络规模	0.816	1.032	0.061	14.055	***
N4←—— 网络规模	0.731	0.879	0.059	15.015	***
N5←—— 网络规模	0.769	0.972	0.061	15.902	***
K5←—— 网络关系持久度	0.803	1.000			
K4←—— 网络关系持久度	0.802	0.954	0.052	15.173	***
K3←—— 网络关系持久度	0.834	0.987	0.051	16.187	***
K2←—— 网络关系持久度	0.835	0.973	0.051	16.226	***
K1←—— 网络关系持久度	0.817	0.899	0.048	15.638	***

注：** 表示 $p<0.05$；*** 表示 $p<0.001$。

产业集群网络验证性因子分析拟合结果表2-20和拟合优度统计值表2-21显示，χ^2/df=3.93，小于5；NFI、RFI大于0.8，CFI、IFI、TLI均大于0.9；RMSEA小于0.1，各路径系数均在0.001水平上具有统计显著性。可以认为，我们对集群网络规模、网络中心性、网络关系强度和网络关系持久度4个变量的划分和测度是有效的，该模型拟合效果良好。

表2-21　产业集群网络验证性因子分析拟合优度统计值

指标值	卡方检验		CFI	NFI	IFI	TLI	RFI	RMSEA
	χ^2	df						
数值	644.751	164	0.922	0.899	0.922	0.900	0.871	0.086

2.4.4　企业成长要素的信度与效度分析

首先，对企业成长要素中的组织学习、员工成长与学习、运营能力和管理能力进行信度分析。计算结果如表2-22所示，各量表中所有题项的CITC均大于0.7，各题项后的Cronbach's Alpha系数均大于0.8，删除此题项后的Cronbach's Alpha系数均小于层面的Cronbach's Alpha系数，说明企业成长影响因素各分量表的内部一致性良好。

表2-22　企业成长要素量表的信度与效度检验

变量名称	测量项	修正的项目总相关（CITC）	删除该条款后的Cronbach's Alpha系数	Cronbach's Alpha系数
组织学习	B1	0.746	0.886	0.902
	B2	0.814	0.863	
	B3	0.768	0.879	
	B4	0.800	0.867	
员工成长与学习	C1	0.723	0.852	0.880
	C2	0.751	0.842	
	C3	0.756	0.839	
	C4	0.728	0.850	
运营能力	D1	0.731	0.853	0.882
	D2	0.762	0.841	
	D3	0.746	0.848	
	D4	0.735	0.852	
管理能力	M1	0.720	0.853	0.879
	M2	0.739	0.845	
	M3	0.741	0.845	
	M4	0.756	0.839	
KMO值=0.972，Bartlett检验的显著性水平Sig.=0.000				

其次，对企业成长要素量表进行探索性因子分析。对企业成长量表是否适合做因子分析进行判断，表2-22结果显示，KMO值为0.972，同时Bartlett球形检验的显著性水平为Sig.=0.000<0.01，说明数据比较适合做因子分析。我们采用主成分分析法，按照特征根大于1的选择标准提取因子，选择最大方差法旋转因子，对企业成长做探索性因子分析，共有4个因子被提取，累积解释方差为75.67%，大于70%的最低要求，各项因子载荷系数见表2-23，结果表明企业成长要素具有较好的建构效度。

表 2-23　　企业成长要素的因子载荷系数矩阵

变量名称	管理能力（F1）	组织学习（F2）	员工成长与学习（F3）	运营能力（F4）
B1（能够为员工提供培训以提高员工的专业技能）	0.288	0.618	0.238	0.462
B2（经常进行有助于提高管理效率的改革）	0.357	0.681	0.183	0.449
B3（经常学习讨论同行业其他企业的成功经验）	0.436	0.632	0.372	0.205
B4（通过小组讨论等方式交流分享新观点和新方法）	0.284	0.734	0.341	0.280
C1（员工学习意愿与主动性强）	0.368	0.587	0.563	0.062
C2（员工提出的工作建议能够得到管理者的关注和采纳）	0.418	0.276	0.604	0.308
C3（员工敢于创新并具有首创精神）	0.281	0.307	0.639	0.403
C4（员工与组织的配合度高）	0.274	0.252	0.759	0.268
D1（新技术或新产品开发速度更快）	0.312	0.272	0.245	0.755
D2（能够更快地满足已有市场客户对产品功能改进的需求）	0.352	0.310	0.375	0.599
D3（能够及时响应市场主要客户群体的技术维护需求）	0.232	0.333	0.537	0.546
D4（与主要客户群体间具有更为多样和畅通的交互渠道）	0.517	0.200	0.382	0.507
M1（重视原材料及能源利用率）	0.711	0.386	0.199	0.209
M2（应对突发事件的方案及时程度）	0.638	0.296	0.276	0.380
M3（能够坚持在既定的战略框架下配置各种资源）	0.681	0.244	0.373	0.283
M4（能够及时调整部门及其工作流程的效率）	0.699	0.319	0.284	0.269
特征值	2.353	2.081	2.981	2.693
方差贡献率（%）	20.957	16.254	15.630	12.830
累积方差贡献率（%）	20.957	40.211	55.841	75.671

最后，对企业成长的要素中的组织学习、员工成长与学习、运营能力和管理能力进行验证性因子分析，具体结果如图 2-4 和表 2-24 所示。

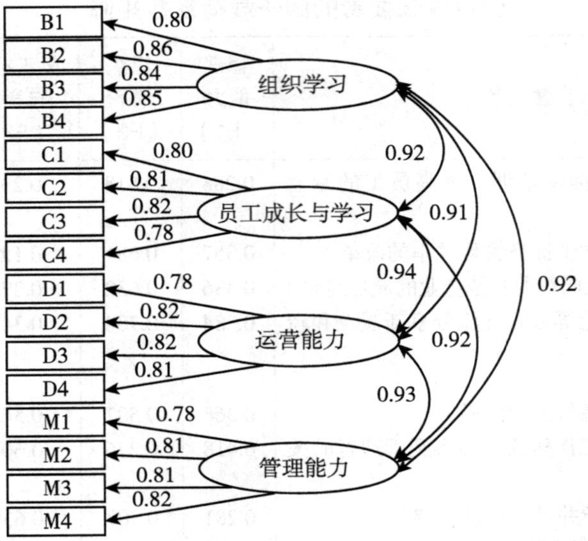

图 2-4　企业成长要素的测量模型

表 2-24　　企业成长要素验证性因子分析拟合结果

路径	标准化路径系数	未标准化路径系数	S.E.	C.R.	P
C4←— 员工成长与学习	0.782	1.000			
C3←— 员工成长与学习	0.822	1.063	0.059	15.054	***
C2←— 员工成长与学习	0.814	1.033	0.058	14.834	***
C1←— 员工成长与学习	0.799	1.059	0.061	14.404	***
B4←— 组织学习	0.846	1.000			
B3←— 组织学习	0.839	1.021	0.049	21.003	***
B2←— 组织学习	0.860	0.977	0.045	21.904	***
B1←— 组织学习	0.804	0.928	0.047	16.625	***
D4←— 运营能力	0.807	1.000			
D3←— 运营能力	0.820	0.968	0.051	15.825	***
D2←— 运营能力	0.820	1.016	0.054	15.830	***
D1←— 运营能力	0.782	0.971	0.055	14.639	***
M4←— 管理能力	0.815	1.000			
M3←— 管理能力	0.810	0.983	0.053	15.701	***
M2←— 管理能力	0.813	1.010	0.054	15.789	***
M1←— 管理能力	0.777	0.974	0.055	14.638	***

注：** 表示 $p<0.05$；*** 表示 $p<0.001$

企业成长绩效验证性因子分析拟合结果表2–24和拟合优度统计值表2–25显示，χ^2/df=2.096，小于5；NFI、RFI、CFI、IFI、TLI均大于0.9；RMSEA小于0.1，各路径系数均在0.001水平上具有统计显著性。因此可以认为，我们对企业成长从组织学习、员工成长与学习、运营能力和管理能力4个变量的划分和测度是有效的，该模型拟合效果良好。

表2–25　企业成长绩效验证性因子分析拟合优度统计值

指标值	卡方检验		CFI	NFI	IFI	TLI	RFI	RMSEA
	χ^2	df						
数值	205.45	98	0.979	0.961	0.979	0.974	0.952	0.052

2.5　结构方程模型检验

2.5.1　初步数据分析

数据的有效性和合理性是进行结构方程模型检验的前提。本研究收集到的样本数量为399份，满足做验证性因子分析对样本数量大于200份的要求（刘军，2008）。另外，采用极大似然法（maximum likelihood）估计结构方程模型时，要求对所使用的数据进行正态性检验，根据前文描述性分析对样本数据的偏度系数和峰度系数计算结果可知，本研究各题项样本数据基本符合正态分布要求。同时，本研究量表的效度与信度均已达到结构方程建模的要求。

2.5.2　模型构建与检验

基于上面提出的企业成长要素、产集群网络对企业成长绩效作用机制的相关研究假设，本研究将分别构建四个结构方程模型，检验上面提出的假设，并通过数据分析对其进行调整与修正，预期产生既符合理论推导又符合实际情况的最佳结构模型。

（1）企业成长要素对企业成长绩效的影响结构模型A，如图2-5所示。

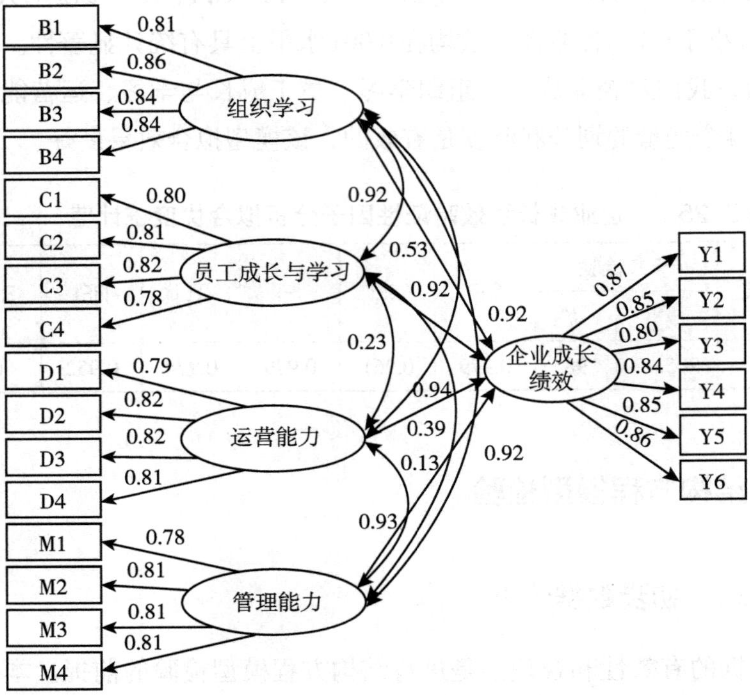

图2-5 企业成长要素对企业成长绩效的影响结构模型A

结构方程模型A运用AMOS 23.0软件进行分析，模型拟合结果见表2-26所示。

表2-26 结构方程模型A拟合结果

路径	标准化路径系数	未标准化路径系数	S.E.	C.R.	P
企业成长绩效←—— 运营能力	0.388	0.470	0.256	1.837	***
企业成长绩效←—— 管理能力	0.128	0.159	0.215	0.741	**
企业成长绩效←—— 员工成长与学习	0.226	0.281	0.254	1.106	***
企业成长绩效←—— 组织学习	0.529	0.591	0.174	2.392	***

注：** 表示 $p<0.05$；*** 表示 $p<0.001$

结构方程模型A拟合结果表2–26和拟合优度统计值表2–27显示，χ^2/df=2.34，小于5；NFI、RFI、CFI、IFI、TLI均大于0.9；RMSEA小于0.1，各路径系数均在0.05水平上具有统计显著性。因而可以认为，组织学习、员工成长与学习、运营能力和管理能力对企业成长绩效具有显著性影响。

表2–27　　　　结构方程模型A拟合优度统计值

指标值	卡方检验		CFI	NFI	IFI	TLI	RFI	RMSEA
	χ^2	df						
数值	465.197	199	0.965	0.940	0.965	0.959	0.965	0.058

（2）产业集群网络结构对企业成长绩效的影响结构模型B，如图2–6所示。

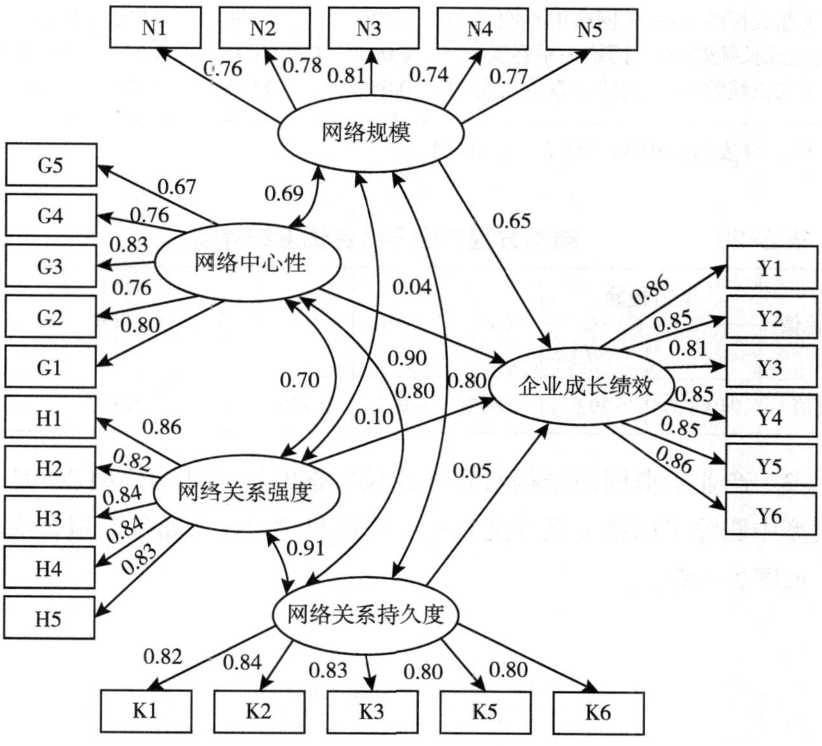

图2–6　产业集群网络结构对企业成长绩效的影响结构模型B

结构方程模型B拟合结果表2-28和拟合优度统计值表2-29显示，χ^2/df=3.22，小于5；NFI、IFI、TLI均大于0.9；RFI、CFI接近0.9；RMSEA小于0.1，各路径系数均在0.05水平上具有统计显著性。可以认为，网络规模、网络中心性、网络关系强度和网络关系持久度对企业成长绩效具有显著性影响，从标准化路径系数来看，网络规模较网络中心性、网络关系强度和网络关系持久度对企业成长绩效的影响最大，网络关系强度对企业成长绩效的影响次之。

表2-28　　结构方程模型B拟合结果

路径	标准化路径系数	未标准化路径系数	S.E.	C.R.	P
企业成长绩效←—— 网络规模	0.647	0.768	0.048	4.767	***
企业成长绩效←—— 网络中心性	0.040	0.036	0.032	0.509	**
企业成长绩效←—— 网络关系强度	0.095	0.099	0.040	0.468	***
企业成长绩效←—— 网络关系持久度	0.053	0.052	0.035	0.340	**

注：** 表示 $p<0.05$；*** 表示 $p<0.001$

表2-29　　结构方程模型B拟合优度统计值

指标值	卡方检验		CFI	NFI	IFI	TLI	RFI	RMSEA
	χ^2	df						
数值	940.376	292	0.895	0.912	0.925	0.916	0.883	0.075

（3）产业集群网络结构对企业成长要素的影响结构模型C，是在初始模型中删除了网络关系强度对员工成长与学习这条路径，拟合优度才好，如图2-7所示。

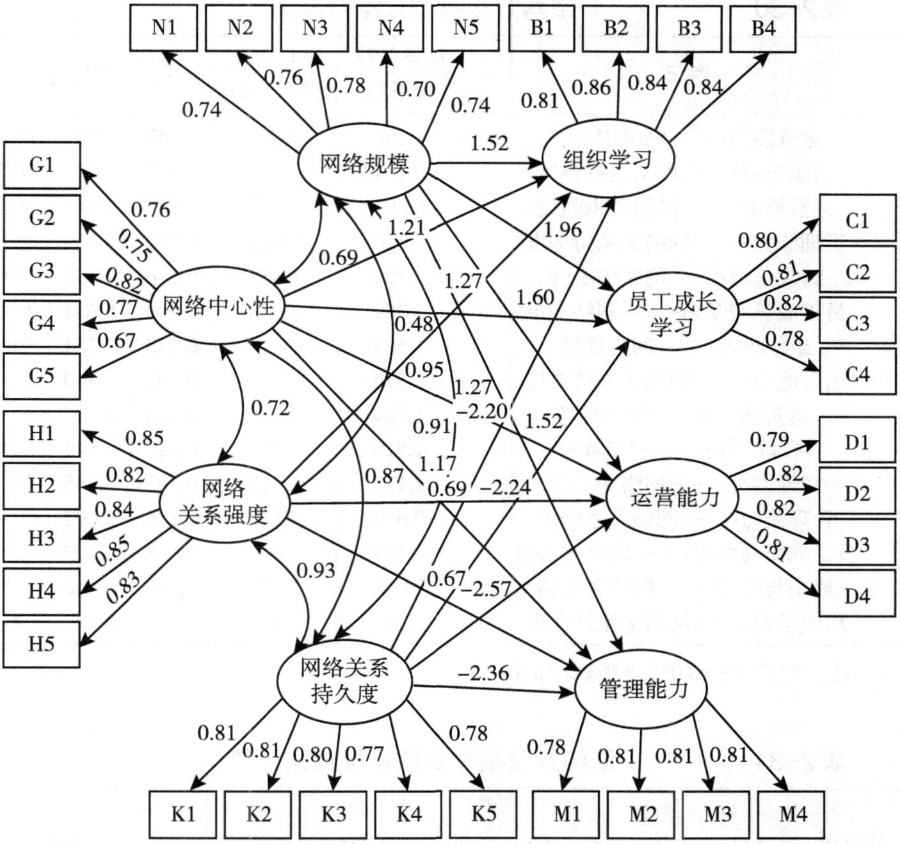

图 2–7　集群网络结构对企业成长要素的影响结构模型 C

结构方程模型C拟合结果表2–30和拟合优度统计值表2–31显示，χ^2/df=2.76，小于5；CFI、IFI、TLI均大于0.9；NFI、RFI接近0.9；RMSEA小于0.08，各路径系数均在0.05水平上具有统计显著性，拟合优度良好。可以认为，网络关系持久性对组织学习、员工成长与学习、运营能力和管理能力影响最大，网络关系强度对员工成长与学习没有影响，而对组织学习、运营能力和管理能力影响最小，网络规模和网络中心性对组织学习、员工成长与学习、运营能力与管理能力都有显著性影响。

表2-30　　结构方程模型C拟合结果

路径	标准化路径系数	未标准化路径系数	S.E.	C.R.	P
运营能力←—— 网络中心性	1.266	1.003	0.147	2.802	***
组织学习←—— 网络关系强度	0.484	0.437	0.181	2.407	**
运营能力←—— 网络关系强度	0.691	0.565	0.185	2.047	**
管理能力←—— 网络关系持久度	2.360	2.022	0.272	4.439	***
组织学习←—— 网络中心性	1.209	1.058	0.146	4.237	***
员工成长与学习←—— 网络规模	1.959	2.068	0.240	5.634	***
组织学习←—— 网络规模	1.522	1.676	0.248	2.754	***
运营能力←—— 网络关系持久度	2.570	2.243	0.302	4.440	***
运营能力←—— 网络规模	1.604	1.598	0.248	2.437	***
管理能力←—— 网络规模	1.519	1.486	0.227	2.548	***
管理能力←—— 网络中心性	1.173	0.912	0.133	2.845	***
管理能力←—— 网络关系强度	0.674	0.540	0.175	2.092	**
员工成长与学习←—— 网络中心性	1.274	1.069	0.148	4.209	***
员工成长与学习←—— 网络关系持久度	2.238	2.070	0.279	4.416	***
组织学习←—— 网络关系持久度	2.202	2.123	0.294	4.223	***

注：** 表示 $p<0.05$；*** 表示 $p<0.001$

表2-31　　结构方程模型C拟合优度统计值

指标值	卡方检验		CFI	NFI	IFI	TLI	RFI	RMSEA
	χ^2	df						
数值	1 592.65	578	0.915	0.873	0.915	0.907	0.862	0.079

（4）企业成长要素对产业集群网络结构的影响结构模型D，是在初始模型中删去员工成长与学习到网络规模和网络的持久性两条路径后，模型的基本拟合参数才符合要求，拟合度良好。如图2–8所示。

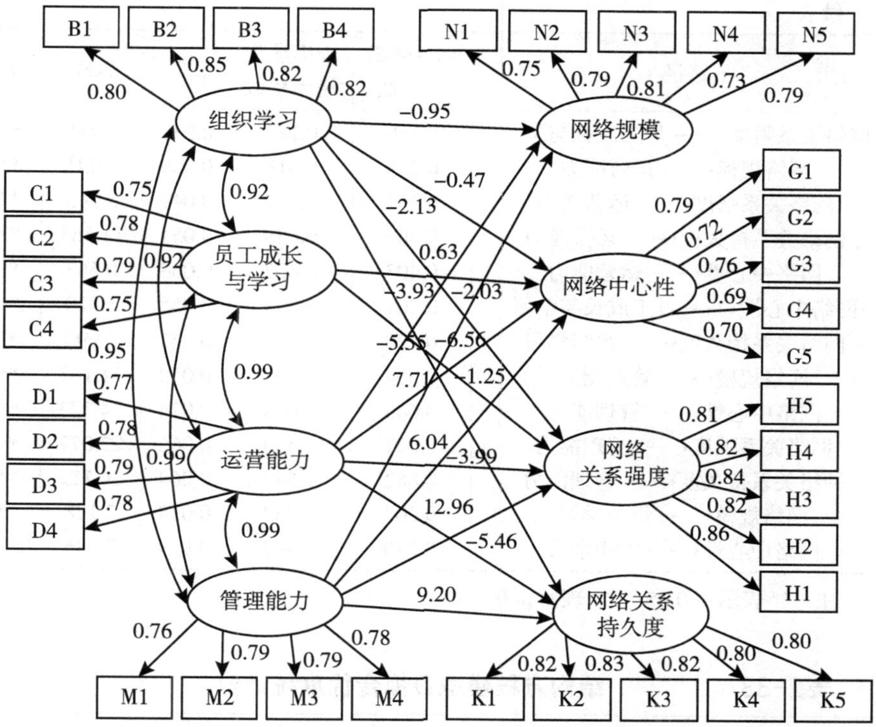

图2-8　企业成长要素对产业集群网络结构的影响结构模型D

结构方程模型D拟合结果表2-32和拟合优度统计值表2-33显示，χ^2/df=3.49，小于5；CFI、IFI、TLI、NFI、RFI接近0.9；RMSEA小于0.08，各路径系数均在0.05水平上具有统计显著性。拟合优度良好。可以认为，组织学习、运营能力和管理能力对产业网络结构有显著统计影响，其中管理能力影响最大。而员工成长与学习对网络规模和网络关系持久度没有影响。

表2-32　　　　结构方程模型D拟合结果

路径	标准化路径系数	未标准化路径系数	S.E.	C.R.	P
网络规模←—— 组织学习	0.209	0.232	0.038	2.128	**
网络中心性←—— 组织学习	0.270	0.397	0.059	2.686	**
网络关系强度←—— 组织学习	0.133	0.190	0.040	4.795	**

续表

路径	标准化路径系数	未标准化路径系数	S.E.	C.R.	P
网络关系强度←—— 员工成长与学习	0.130	0.185	0.031	5.915	**
网络规模←—— 运营能力	0.279	0.318	0.039	5.091	**
网络关系强度←—— 运营能力	0.252	0.369	0.042	5.745	**
网络关系持久度←—— 运营能力	0.369	0.588	0.051	11.563	**
网络中心性←—— 运营能力	0.403	0.607	0.063	6.663	**
网络中心性←—— 员工成长与学习	0.201	0.294	0.055	5.370	**
网络关系持久度←—— 组织学习	0.120	0.187	0.047	2.993	**
网络规模←—— 管理能力	0.864	1.109	0.052	21.183	**
网络中心性←—— 管理能力	0.646	1.098	0.074	14.773	**
网络关系强度←—— 管理能力	0.927	1.530	0.066	22.077	**
网络关系持久度←—— 管理能力	0.862	1.547	0.064	24.125	**
网络规模←—— 组织学习	0.209	0.232	0.038	2.128	**
网络中心性←—— 组织学习	0.270	0.397	0.059	2.686	**

注：** 表示 $p<0.05$；*** 表示 $p<0.001$

表2-33　结构方程模型D拟合优度统计值

指标值	卡方检验		CFI	NFI	IFI	TLI	RFI	RMSEA
	$\chi2$	*df*						
数值	2 045.069	586	0.887	0.897	0.888	0.867	0.894	0.079

2.6 结果与解释

2.6.1 实证研究的整体结果

结合前文研究假设的内容和数据分析，对本研究的假设检验结果进行总结，结果统计如表2-34所示。实证结果显示，原先的研究假设大部分都得到证实。

表 2-34　　假设检验结果

研究假设	检验结果
H1：组织学习能力对企业成长绩效有正向影响	通过
H2：员工成长与学习对企业成长绩效有正向影响	通过
H3：运营能力对企业成长绩效有正向影响	通过
H4：管理能力对企业成长绩效有正向影响	通过
H5：产业集群网络结构对企业成长绩效有正向影响	通过
H5a：网络规模对企业成长绩效呈正向影响	通过
H5b：网络关系强度对企业成长绩效呈正向影响	通过
H5c：网络中心性对企业成长绩效呈正向影响	通过
H5d：网络关系持久度对企业成长绩效呈正向影响	通过
H6：产业集群网络结构对组织学习能力有正向影响	通过
H6a：网络规模对组织学习能力呈正向影响	通过
H6b：网络关系强度对组织学习能力呈正向影响	通过
H6c：网络中心性对组织学习能力呈正向影响	通过
H6d：网络关系持久度对组织学习能力呈正向影响	通过
H7：产业集群网络结构对员工成长与学习能力有正向影响	部分通过
H7a：网络规模对员工成长与学习能力呈正向影响	通过
H7b：网络关系强度对员工成长与学习能力呈正向影响	没通过
H7c：网络中心性对员工成长与学习能力呈正向影响	通过
H7d：网络关系持久度对员工成长与学习能力呈正向影响	通过
H8：产业集群网络结构对运营能力有正向影响	通过
H8a：网络规模对运营能力呈正向影响	通过
H8b：网络关系强度对运营能力呈正向影响	通过
H8c：网络中心性对运营能力呈正向影响	通过
H8d：网络关系持久度对运营能力呈正向影响	通过
H9：产业集群网络结构对管理能力有正向影响	通过
H9a：网络规模对管理能力呈正向影响	通过
H9b：网络关系强度对管理能力呈正向影响	通过
H9c：网络中心性对管理能力呈正向影响	通过
H9d：网络关系持久度对管理能力呈正向影响	通过
H10：组织学习能力对产业集群网络结构有正向影响	通过
H10a：组织学习能力对网络规模呈正向影响	通过
H10b：组织学习能力对网络关系强度呈正向影响	通过
H10c：组织学习能力对网络中心性呈正向影响	通过
H10d：组织学习能力对网络关系持久度呈正向影响	通过

续表

研究假设	检验结果
H11：员工成长与学习能力对产业集群网络结构有正向影响	部分通过
H11a：员工成长与学习能力对网络规模呈正向影响	没通过
H11b：员工成长与学习能力对网络关系强度呈正向影响	通过
H11c：员工成长与学习能力对网络中心性呈正向影响	通过
H11d：员工成长与学习能力对网络关系持久度呈正向影响	没通过
H12：运营能力对产业集群网络结构有正向影响	通过
H12a：运营能力对网络规模呈正向影响	通过
H12b：运营能力对网络关系强度呈正向影响	通过
H12c：运营能力对网络中心性呈正向影响	通过
H12d：运营能力对网络关系持久度呈正向影响	通过
H13：管理能力对产业集群网络结构有正向影响	通过
H13a：管理能力对网络规模呈正向影响	通过
H13b：管理能力对网络关系强度呈正向影响	通过
H13c：管理能力对网络中心性呈正向影响	通过
H13d：管理能力对网络关系持久度呈正向影响	通过

2.6.2 企业成长要素与企业成长绩效的关系分析

本研究将影响企业成长的要素归纳为四个方面：组织学习、员工成长与学习、运营能力和管理能力，并认为企业成长要素对企业成长绩效有正向影响。在最终确定的结构方程模型A中，证实了企业成长的各要素对企业成长绩效有显著的正向影响，假设H1–H4通过验证。并且从路径系数看，“企业成长绩效←— 组织学习”的标准化路径系数为0.529，其显著性值$p<0.001$，说明组织学习对企业成长绩效具有显著的正效应。在4个影响因素中，组织学习对企业成长绩效的影响最大，说明了企业提高组织学习能力和建立学习型组织的重要性。

2.6.3 产业集群的网络结构与企业成长绩效的关系分析

本研究将产业集群网络结构特征概括为网络规模、网络中心性、网络关系强度和网络关系持久度4个方面，并认为产业集群网络结构对企业成长绩效有正向影响。在最终确定的结构方程B中，证实了产业集群网络结构对企业成长绩效有显著的正向影响，假设H5通过验证。

在最终确定的结构方程B中，“企业成长绩效←—— 网络规模”的标准化路径系数为0.647，其显著性值 $p<0.001$，这说明网络规模对企业成长绩效具有显著的正效应，因此，假设H5a通过验证。证明了产业集群成员越多，企业在成长过程中的合作伙伴也越多，从外部获得知识的来源和渠道数量也越多，就越有利于企业创新，越有利于企业成长。“企业成长绩效←—— 网络关系强度”的标准化路径系数为0.095，其显著性值 $p<0.001$，这说明网络关系强度对企业成长绩效具有显著的正效应，因此，假设H5b通过验证。证明了网络节点间的强关系，可以增进企业间信任、互惠合作和互动频率，促进企业间资源和知识的共享与转移，能够提高企业成长绩效。“企业成长绩效←—— 网络中心性”的标准化路径系数为0.040，其显著性值 $p<0.05$，说明网络中心性对企业成长绩效具有较显著的正效应，因此，假设H5c通过验证。证明了企业的网络中心性越强，企业就拥有更多的信息渠道，就越容易获得技术、知识和信息，越容易获得其他企业的互补技能和与优秀企业合作的机会。“企业成长绩效←—— 网络关系持久度”的标准化路径系数为0.053，其显著性值 $p<0.05$，这说明网络关系持久度对企业成长绩效具有较显著的正效应，因此，假设H5d通过验证。证明了企业与其他企业建立的以信任为基础的长期网络关系，有利于技术和知识的扩散与转移，能够促使企业跨领域合作创新或自主创新，更快地推出符合市场需求的产品。

2.6.4　企业成长要素与产业集群网络结构的相互关系分析

在研究产业集群网络结构对企业成长要素最终确定的结构方程C中，网络规模、网络关系强度、网络中心性、网络关系持久度均对组织学习呈正向影响，H6a、H6b、H6c、H6d得到证实；网络规模、网络中心性、网络关系持久度对员工成长与学习呈正向影响，H7a、H7c、H7d得到证实；

网络规模、网络关系强度、网络中心性和网络关系持久度对运营能力呈正向影响，H8a、H8b、H8c、H8d得到证实；网络规模、网络关系强度、网络中心性和网络关系持久度对管理能力呈正向影响，H9a、H9b、H9c、H9d得到证实。进一步证明了集群网络结构不仅能够扩大创新资源获取的范围，还能够影响知识流的运动和信息的共享与交换，增强网络关系的多样性，提高企业之间的相互信任、深度沟通、支持和互动，让企业及时了解市场中技术前沿、较快掌握科技知识和先进设备、降低市场风险，最终提高了企业组织学习能力、促进了员工成长与学习，提升企业运营能力和管理能力。

在研究企业成长要素对产业集群网络结构最终确定的结构方程中，组织学习对网络规模、网络关系强度、网络中心性、网络关系持久度呈正向影响，H10得到验证。员工成长与学习对网络关系强度、网络中心性有正向影响，H11b、H11c得到验证。运营能力对网络规模、网络关系强度、网络中心性、网络关系持久度呈正向影响，H12得到验证。管理能力对网络规模、网络关系强度、网络中心性、网络关系持久度呈正向影响，假设H13得到验证。

网络关系强度对员工成长与学习没有影响，假设H7b未通过。员工成长与学习对网络规模和网络关系持久度没有影响，H11a、H11d未通过。其中可能的原因有：第一，从相关分析来看，员工成长与学习与网络规模和网络关系持久度属于弱相关，员工成长与学习对网络规模和网络关系持久度没有直接影响。第二，网络关系强度虽然对组织学习有显著影响，但对作为组织一员的员工成长与学习的影响没有达到。第三，员工成长与学习是组织发展与学习的基础，是影响企业成长的基本要素，但企业并不是员工的简单累加，企业的发展可能远远超越员工个人的成长，也可能大大低于员工个人的成长，所以员工成长与学习对网络规模和网络关系持久度的影响是有限的。

通过以上分析，可以清楚地了解企业成长要素对企业成长绩效的作用机制，以及企业成长要素与产业集群网络结构之间相互影响和相互制约的关系。

第3章 核心企业的成长对产业集群的影响研究

本章旨在探讨产业集群内部企业之间相互关系，重点分析核心企业的成长变化对产业集群内部组织形态的冲击及其对产业集群竞争力的影响。通过产业集群中的网络中心性和媒介性，衡量核心企业对产业集群的影响程度，并结合案例进行实证检验。

3.1 集群中核心企业的界定

3.1.1 核心企业的内含

在产业集群的复杂生态网络体系中，核心企业（Leading Firms）始终占据着极为关键且独特的地位，扮演着不可或缺的重要角色。国内外专家学者普遍认为，核心企业在产业集群这一特定的经济组织形态中，构成了一种独特且典型的样本研究对象。许多学者在历经大量深入系统的理论探究与实证分析后，进一步普遍认定核心企业在产业集群的动态演进中，像一位卓越的旗手发挥着引领性的关键作用。其自身具备的规模优势、技术创新能力、市场开拓能力以及品牌影响力等核心竞争力要素，能够产生强大的辐射效应和溢出效应，进而对产业集群内数量众多、规模相对较小的小微企业的成长与发展起到促进、驱动和引领的作用，成为推动整个产业集群实现协同发展、创新升级以及可持续竞争力提升的核心动力源和关键支撑点。学者Nijdam和Langen（2003）通过产业集群演化的进程，注意到处在集群中的个别企业对集群发展起着驱动作用，通过研究发现这些规模大的企业（核心企业）在集群中担任的责任和地位是不能改变的，是推动集群向前发展的动力源；为集群其他企业成长树立了标杆；为其他企业建立相互联系和促进集群内资源互惠搭建了桥梁；并能够在区域范围内扩大品牌的知名度，提高集群声誉从而为集群整体在市场中的受益和吸引外来力量的加入起到了非常重要的作用。开放式创新生态系统中，核心企业占据中心枢纽位置，具备异质性资源与核心能力。凭借此独特优势，核心企业得以构建以自身为核心的创新网络，在网络中发挥引领协调作用，推动系统内知识流动与共享，激活生态系统创新活力。

对核心企业维护和提升社会责任是实践界和理论界关注的重要议题（Van Der Byl & Slawinski，2015），为了系统考察核心企业在产业集群中的地位和功能角色，本研究将核心企业定义为居于产业集群网络结构的核心地位，能够充分利用产业集群各项资源，并以自身为媒介，通过高效的资源配置机制，将各类资源导入产业集群，从而引领整个产业集群在技术创新、管理创新和商业模式创新等多个维度实现突破，并主导产业集群沿着优化升级的路径不断演进的企业。

核心企业应处于产业集群网络的核心位置，作为网络中的关键节点，与上下游企业、配套企业、科研机构和金融机构等各类主体构建紧密的合作关系。核心企业是整个产业链的关键媒介，承担着信息传递、资源调配、价值创造与分配等多重功能。位于信息中心的核心企业，拥有信息汇聚与分发的优势，能够及时捕捉市场动态、技术趋势和政策导向等关键信息，并将这些信息在产业集群内进行有效传播与共享，从而降低信息不对称性，提高整个集群的决策效率和响应速度。从产业发展动力的视角来看，核心企业通常也被视为集群发展的发动机和促进企业分工的直接推动力。作为发动机，核心企业凭借其技术研发投入、创新成果转化和市场拓展能力等因素，带动整个产业集群的发展节奏，推动产业集群在市场竞争中不断前行，提升其在全球产业链中的地位和竞争力。在促进企业分工方面，核心企业基于自身的核心业务和优势资源，通过外包、协作等方式，引导其他企业围绕其核心业务进行专业化分工，优化集群内的产业组织形式，提高生产效率和资源利用效率，提升产业集群整体竞争优势，并促进集群的不断演进。因此，核心企业在产业集群中具有其他企业所无法替代的特殊地位，其战略决策、经营行为和创新活动不仅影响自身的发展，还对整个产业集群的兴衰成败产生深远的影响。

3.1.2　核心企业的判别方法

核心企业在产业集群中的存在形式多种多样，单独的指标并不能准确界定核心企业。在企业运作的各个阶段，核心企业担起旗手角色，主导提出先进的发展思路，共享最新的知识和信息，主导产业集群内部的协作，推动先进信息、雄厚资金和高科技人才流入产业集群，从而促进产业集群整体的发展。核心企业与集群中其他企业相比，往往具有实力的不对称性，并在整个集群中发挥主导地位。核心企业必须融入集群内的整个网络，并与集群内其他企业产生复杂交错的业务关联。众多学者根据上述观点，总结了针对核心企业判别方法的定义，如 Nijdam 和 Langen（2003）认为，核心企业必须具备网络中心性，并主导信息在企业的上下游顺畅流通。本研究采纳上述观点作为理论基础，以鉴定核心企业的界定标准。本研究的思路是，从核心企业在产业集群的特殊性和功能性出发，总结企业成长如何影响产业集群的发展。

核心企业的特殊性表现在其不可复制的核心竞争力以及在网络中不可替代的媒介者角色，因此，我们可以通过对核心企业的核心行为特征及核心能力等特点切入，来研究判定标准。Nijdam 和 Langen（2003）提出了识别核心企业的两种方法：其一是专家经验判别法；其二是综合分析企业各项指标，建立数学模型，进行综合判断。他们认为，只有同时通过这两种方法的企业，才有资格被称为核心企业。Wasserman 和 Faust（1994）提出衡量企业在网络中所处地位的重要程度可以使用网络中心性指标，它表明了企业在网络中心枢纽的程度，以及控制资源和汇聚资源的程度，是社会网络分析方法中的重要变量之一。李玲和党兴华（2009）基于与专家进行的深入访谈，从技术创新网络中节点之间的权力依赖关系的视角出发，设计调研问卷并构建概念模型。研究结果表明网络结构的核心性、网络的敏感性以及网络的脆弱性三个因素是识别核心企业的主要指标。程李梅和王哲（2011）认为，构建产业链内核心企业的全面价值评价体系应从以下三个方面着手：企业内部资源的整合、产业网络资源的整合和产业政策所带来的激励效应。通过这三个方面的综合评估，可以全面反映核心企业在产业链中的价值与贡献。肖玉明（2015）通过对供应链各节点的资源数量和重要性进行综合分析，对供应链核心企业进行了识别与评价。孙冰等（2019）通过分析1990~2015年的专利数据，构建了手机芯片技术的专利引文网络，基于随机游走的中介中心度算法，对专利权人网络中的核心企业进行识别。本研究采用以下做法来判别核心企业：首先，组建专家评审委员会。专家的来源有两个渠道：一是选择来自相关行业协会的专家；二是邀请熟悉本集群关系网络及市场环境的企业家加入评审委员会。其次，通过核心企业的一些特征来识别集群内的企业，例如企业规模、专利数量、员工人数、配套企业数量及涉及相关行业的数量等指标。最后，进行数学建模，对数据进行运算，最终实现对核心企业的识别。

3.1.3 关于核心企业对产业集群内部影响因素的研究

（1）关于衡量核心企业对集群内部影响的网络中心性研究。

核心企业在集群网络中展现出极高的度数中心性①，这意味着它与众多的上下游企业、配套企业、科研机构以及相关服务机构等建立了广泛而紧密的直接联系。从生产协作的角度来看，核心企业拥有庞大的生产规模和多元化的产品线。这促使其需要与大量的原材料供应商建立稳定

① 度数中心性主要衡量节点与其他节点直接连接的数量。

的供应关系，以确保原材料的稳定供应和质量控制。同时，它与众多的零部件制造商紧密合作，实现零部件的精准配套和高效组装，从而保障整个生产流程的顺畅进行。在销售环节，核心企业凭借其强大的品牌影响力和广泛的市场渠道，与众多的经销商、零售商以及终端客户构建了直接的业务联系，能够迅速将产品推向市场并获取市场反馈信息。这种高度的连接性使核心企业成为集群内部信息、资源和业务流的汇聚与发散中心，极大增强了其对集群内其他成员企业的直接影响力和控制力。核心企业能高效协调各方资源，推动集群整体的生产运营节奏，促进资源在集群内部的快速流通和优化配置，提升集群的整体生产效率和市场响应速度。

核心企业在集群网络中占据着关键的中介位置，具有显著的中介中心性[①]优势。在信息传递方面，由于核心企业与集群内各类型企业都保持着密切的联系，它自然而然地成为了信息流通的关键枢纽。例如，当外部市场出现新的技术趋势、政策法规变化或者消费者需求动态时，核心企业往往能够率先获取这些信息，然后凭借其在网络中的中介地位，将这些关键信息有选择地、快速地传递给与之相关的上下游企业和配套企业，从而引导整个集群的战略调整和业务变革方向。在资源整合与调配过程中，核心企业同样发挥着不可或缺的中介作用。当集群内某些企业面临资源短缺（如资金紧张、技术瓶颈和人才匮乏等）时，核心企业能够利用其广泛的网络关系和资源储备，牵线搭桥，帮助这些企业与外部金融机构、科研院校以及专业人才市场建立联系。这实现了资源在企业之间和跨领域的流动及优化配置，有效地解决了集群内企业的发展瓶颈问题，增强了集群整体的抗风险能力和可持续发展潜力。这种基于中介中心性的资源整合和信息传递功能，使得核心企业成为集群网络中维系各成员企业协同发展的关键纽带，强化了集群内部的联系紧密度和协

① 中介中心性衡量的是一个节点在其他节点对之间最短路径上出现的频率。它反映了节点在信息传递、资源流动等过程中的控制能力。

同效应，促进了集群整体竞争力的提升。

核心企业在集群网络中具备卓越的接近中心性[①]，这使其能够以最小的路径长度和信息传递成本与其他成员企业进行高效的沟通与协作。从技术创新协同的角度来看，核心企业凭借其接近中心的优势地位，可以迅速与集群内的科研机构、高等院校以及具有创新能力的中小企业建立紧密的合作关系，共同开展技术研发项目、新产品设计和工艺改进等创新活动。通过这种紧密的协同创新机制，核心企业能够快速整合各方的技术优势和创新资源，加速技术创新成果在集群内的转化和应用，推动整个集群的技术升级和产品更新换代，提升集群在市场中的技术竞争力和产品差异化优势。在市场机会捕捉方面，核心企业能够与各类市场主体保持高效的信息沟通和业务互动，能够更加敏锐地感知市场的潜在需求和新兴机会。一旦发现有利的市场机会，核心企业可以迅速组织集群内的相关企业进行联合市场开发和业务拓展，实现集群整体的市场份额增长和经济效益提升。这种基于接近中心性的高效沟通与协作能力，使得核心企业在集群网络中能够充分发挥其引领和带动作用，促进集群内各成员企业之间的资源共享、优势互补和协同发展，推动产业集群不断向更高水平的发展阶段迈进，增强集群在全球产业链中的地位和影响力。

处在集群关系网络中心的核心企业，由于其地位的特殊性，无论是对资源的获取能力还是发展途径都要高于其他企业，规模要大于集群整体的平均水平，由此形成的优势为获取更多资源和信息提供了支持，增强了核心企业对外部的紧密联系，避免了因为集群内部对资源和信息技术的储备瓶颈限制发展。核心企业通过与集群内的其他企业建立紧密的联系，形成复杂的网络关系，并且位于分包商和客户网络的中心，起到了领导者的作用。这些核心企业通过外包战略、知识共享和建立跨网络

① 接近中心性衡量的是一个节点到其他所有节点的最短路径长度的总和，或者是平均最短路径长度。它反映了节点获取信息或者传播信息的效率。

的桥梁，推动了集群内的协作与创新。它们通过有效的资源配置和知识转移，提升了集群内企业的竞争力，同时也促进了集群内部的竞争和合作关系。Giuliani和Bell（2005）研究发现，核心企业在产业集群中居于网络的中心位置，与中小企业之间的知识基础存在一定的差异，这种差异形成了集群网络中的认知距离，认知距离影响核心企业对中小企业的知识转移，并且决定了中小企业能否从核心企业获得知识溢出。Koka和Prescott（2008）通过研究发现占据网络位置中心性的企业，可以通过网络多渠道获取和利用大量技术与知识等多元化信息，有利于企业对已有知识、技巧、能力和技术等进行利用性学习，以及对新技术、新知识和新技巧等进行探索性学习，这两种组织学习行为均可以极大地提高企业的创新绩效。

刘燕等（2013）研究发现工作流网络、咨询网络和友谊网络的中心性越高，企业越容易获得所需要的资源与信息，越容易获得其他企业的支持与协助，越利于工作目标的实现。栾春娟（2013）主要运用网络中心性分析方法得出：中介中心度适合作为关键技术的测度指标，特征向量中心度适合作为核心技术群的测度指标，网络多重测量中心度适合作为共性技术的测度指标。张煊等（2013）研究得出结论：网络中心性的程度中心性和中介中心性均与知识密集型服务企业创新绩效有显著正相关关系。李彬和杨圣勤（2014）认为中心度高的企业获取信息资源更加快捷与便利。刘友金等（2015）采用实证分析探讨了企业社会网络特征对产业转移集群行为的影响，认为社会网络中心性强的龙头企业更倾向于作出独立转移决策。项国鹏等（2019）的研究发现核心企业依托自身所具备的核心能力以及在网络中的中心位置，联合多种主体构建起一个完善的价值网络体系。通过市场化的网络治理机制与跨界的开放式创新，这些核心企业能够有效地协调在创业生态系统中不同阶段和层次的多方主体之间复杂的交互关系，从而为系统内的创业企业发展提供支持与服务。詹绍文等（2020）认为创新网络的强度以及组织间的学习在促进企业创新绩效方面均发挥了正向作用。具体而言，网络的规模和中心度通过增强组织间的学习能力，间接地推动了企业的创新绩效，因此推动了整个集群的发展。贺正楚等（2024）的研究发现：在构建数智化创新生态系统的过程中，环境支撑、要素赋能、动态演化和系统形成这四个范畴构成了核心企业所需关注的关键领域。核心企业应当沿着“环境支撑→要素赋能→动态演化→系统形成”的动态路径，逐步推进数智化创新生态系统的搭建。赵亚楠和谢永平（2024）通过对中国多个省市的392家企业进行实证研究，发现核心企业的知识溢出对网络成员的新型生产力有显著的正向影响。同时，网络成员之间的同质化现象削弱了核心企业知识溢出与网络成员新型生产力之间的关系。而关系资本则在此关系中起到了强化作用。这提示网络成员应更加深入地重视来自核心企业的知识溢出，进而激励他们追求更多的异质性网络资源，并建立丰富的关系资本。

（2）关于衡量核心企业对集群内部影响的媒介性研究。

在产业集群复杂的网络生态系统中，网络媒介者这一角色具有至关重要的地位和独特的功能机制。一个产业集群网络中的媒介者是指这样一类特殊的经济主体，当集群中的成员企业期望达成某项特定活动时，必须借助于这一特定信息中介角色的参与和协助方能实现。例如，成员企业若试图加入某一具有行业影响力的协会组织，从而获取精准且关键的行业信息，或者期望获得来自特定领域的专业技术帮助、市场拓展机会以及政策扶持等稀缺资源时，媒介者的存在便成为了不可或缺的关键环节。

当某一企业在产业集群中成功扮演媒介者角色时，它凭借特殊位置，天然地嵌入到信息流的关键节点之上，进而在集群的经济活动中获取显著的超额利益。这些超额利益在实际经济运行中表现出多样化的具体形式。媒介者能够凭借对信息渠道的掌控优势，主导关键技术动态、市场需求趋势和政策法规变动等核心信息资源在集群内部的流通方向与速度。通过对信息传播路径的精准把控以及对信息发布时机的巧妙选择，不论是凭借敏锐的市场洞察力所达成的先知先觉，还是利用信息垄断地位进行的关键信息流向操纵，都能够使其在信息不对称的市场环境中抢占先机，从而获取丰厚的超额权益。这些权益在集群的经济生态中，直观地体现为该企业在集群网络中所占据的独特权力和较高的地位层级。权力和地位的优势不仅是一种声誉上的象征，更重要的是能够转化为实实在在的市场竞争优势，为媒介者企业在技术研发创新、商业模式优化创新、市场开拓策略创新以及企业管理体制创新等关键领域提供有力的支撑和保障。

从网络结构的视角来看，网络媒介者（broker）可以类比为集群网络中的路由器。它以高效、精准的方式在整个产业集群网络中快速流通和分发各类信息，使得各个节点企业之间能够实现交流互动。这极大地提升了整个集群的协同效率和创新活力。尤为关键的是，在这一特定的产业集群网络架构中，这些具有重要价值的信息只能通过这一指定的媒介者进行中转和传递，这种信息传递路径的唯一性和排他性，使得媒介者相较于集群内的其他企业而言，具备了难以复制的相对竞争优势，成为集群网络中信息资源配置的关键枢纽和核心力量。

网络媒介者的优势具体表现为以下几个方面：其一，在外部资源获取能力上，媒介者能够从与其他联接者的紧密合作关系中获取更为优质丰富的外部资源，这些资源涵盖了技术、人才、资金和市场渠道等多个领域；其二，从地位和权力的象征意义来看，媒介者所占据的关键位置隐含着在集群网络中较为重要的地位和权力（Wasserman & Faust, 1994），这种地位和权力赋予了媒介者在集群事务决策、资源分配规则制定以及产业发展方向引导等方面的话语权和影响力，使其能够更加主动地塑造有利于自身发展的产业生态环境；其三，在信息资源的摄取和处理能力方面，媒介者凭借其独特的网络位置优势，更容易从其他联结者处获得品质更高、价值更大的外部资源以及海量的异质信息，这些丰富而多元的信息资源使其在面对复杂多变的市场环境时，具备更强的信息解读能力和决策反应速度，更有能力接收并消化新的信息；其四，从网络关系的构建与维系角度，媒介者无疑是整个网络关系中的核心枢纽，在同一个产业集群网络中的各个成员企业之间，只有以网络媒介者作为信息交流和互动的中介桥梁，才能够顺利地实现彼此之间的信息交换与沟通（Galaskiewicz et al.，1985），这种网络关系的紧密性和依赖性进一步强化了媒介者在集群中的不可替代性和核心地位，使其成为产业集群网络稳定运行和持续发展的关键支撑点。

Vu et al.（2009）经过实证分析得出，在产业集群网络中，那些容易得到信息资源支持的企业大多在本产业集群内居于中心位置，并扮演整个网络的媒介者角色。Tsai（2002）认为，倘若一个企业希望尽量多地获得信息与各类资源的优先支持，或者整个企业希望通过整合集群内其他企业来为自己服务，那么成为整个集群网络中的中心媒介者将是这个企业的奋斗目标。Bekkers et al.（2002）通过对GSM全球案例研究发现，获取整个产业集群的网络中心位置对提高企业业绩有至关重要的作用。Hakanson & Snehota（2002）认为，在产业集群网络中扮演网络中心者及媒介者角色的企业更倾向于通过相对竞争优势获取的超额资源运用在创新方面。吴波和杨菊萍（2008）认为，成为集群网络媒介者存在相当高的门槛，一些集群企业凭借占据特殊的网络位置而成为了产业集群的“知识守门人”，同时成为了产业集群的龙头企业，它们的行为决定集群吸收与集成外部知识的能力，对区域产业集群的发展起到至关重要的作用。方永恒和李文静（2013）研究得出了文化产业集群必然嵌入特定的社会网络中的结论。

综合以上分析，可以发现两个特点：一是大量文献仅关注企业在产业集群中所展现的特征行为。然而，许多案例表明，随着产业集群的不断壮大和发展，其结构会发生一定程度的变化，结构形态和特性也将与形成之初有所不同。以意大利的产业集群发展经验为例，产业集群形成之初，其结构多以水平型结构出现。然而，经过一定时间和空间的演化、升级和发展，产业集群的垂直发展将是大概率事件；许多产业集群的演变方向是围绕集群中几个核心企业进行垂直的纵向一体化发展。当产业集群发展到一定阶段时，许多核心企业已不满足于本集群提供的资源和配套信息，此时这些核心企业的目光将不仅仅局限于本集群内部。二是大多数文献过于强调地理位置在产业集群形成机制中的作用，却未关注到集群发展的目的并不仅仅是让核心企业局限于本地。相反，产业集群发展的目标是使核心企业能够以强者的姿态在国际化的舞台上，与行业内的国际巨头并肩竞争。

3.2　核心企业与产业集群的互动路径

本节提出并讨论的三个问题：一是核心企业在产业集群内部是如何形成和发展的？二是核心企业的成长是如何对产业集群产生影响的？三是核心企业成长对产业集群的影响如何被有效测量？

3.2.1　集群中核心企业产生的原因

在产业集群中，核心企业究竟是如何产生的？核心企业的产生机制一直是学术研究与产业实践关注的焦点问题。从理论根源探究，产业集群部分企业家所拥有的异质性能力构成了核心企业在产业集群中得以涌现的关键驱动要素。具体而言，这种异质性能力涵盖多个维度，包括但不限于独特且敏锐的企业家精神，其表现为在市场动态变化中具备前瞻性的战略眼光与果敢的决策魄力；卓越的运营能力，能够高效整合各类生产要素，优化资源配置，实现成本控制与效益提升的有机统一；出色的沟通能力，不仅体现在企业内部的信息流畅传递与团队协作激励，还延伸至企业外部，与上下游合作伙伴、科研机构和金融资本等建立紧密且有效的合作关系网络；以及高效的组织能力，能够根据市场需求与企业发展阶段灵活构建与调整组织架构，确保企业的高效运转与创新活力的激发。凭借这些综合能力优势，此类企业家得以精准捕捉并把握那些在产业发展进程中稍纵即逝的关键机会窗口，从而推动企业在产业集群的激烈竞争环境中脱颖而出，逐步成长为具有显著影响力与引领地位的核心企业，进而重塑产业集群内部的竞争格局与发展态势，对产业集群的整体升级与持续发展产生深远影响。

为何同一产业集群中，只有某些企业会成为核心企业呢？究其原因，企业家对企业的发展具有决定性的作用，不同的企业家由于个体特质、知识储备、经验积累以及思维模式等方面的差异，会对所处的产业环境、潜在机会形成独特的理解与判断，进而必然催生出差异化的认知模式以及可能存在显著区别的应对处理方式。这种对于外部环境变化、机会涌现以及危机挑战的多样化处理与精准把握，实质上与企业家所具备的综合能力和内在精神特质紧密相连，存在着直接的因果关系。集群中，企业是不一样的，企业家也各不相同，面对相同的市场机会窗口或者危机情境，不同的企业家所采取的策略和处理方法往往大相径庭，甚至南辕北辙。这是因为企业家的运营能力在诸如资源配置效率、生产流程优化和供应链管理等多个维度上存在着高低之分，而且个体之间的认知能力，包括信息处理速度、知识更新能力、逻辑思维严谨性以及对复杂环境的分析解读能力等方面也参差不齐。这些能力上的差异共同作用，使得他们在日常业务活动中感知和捕捉机遇的敏锐程度以及把握机遇的准确性和执行能力上产生巨大分化，而这种分化构成了企业之间难以被模仿、难以被替代的核心竞争力差异。因此，不同企业在同一产业集群内呈现出完全不同的结果则是必然。

因此，在产业集群的动态演进过程中，考虑到企业家能力与精神的显著异质性特征，当集群在特定的时空节点上涌现出关键的成长契机时，具备独特能力与精神特质的企业家能够精准识别并高效捕获这些机会。这使得个别企业相比于集群内的其他企业，在多个关键维度上展现出明显的优势。具体而言，在经营活动中，这些企业具有相对较高的成长与增长潜力，在市场拓展方面表现出卓越的营销能力，能够更有效地吸引客户和拓展市场份额，从而实现较高的市场占有率。在产品创新方面，这些企业在新产品投入的资源配置合理性、研发效率以及科技创新成果转化能力等方面均表现突出。同时，这些企业家凭借卓越的社交才能与行业影响力，构建起更为广泛且优质的网络关系，涵盖与供应商、合作伙伴、科研机构以及行业协会等各类主体的紧密联系，从而整合更多资源与信息，为企业发展赋能。这些优势维度相互作用、协同共进，使得这些企业逐步积累起在产业集群中其他企业难以追赶的不对称实力，并在集群内部竞争格局中脱颖而出，形成显著的差异化竞争优势。

在这个发展过程中，随着核心企业自身能力的不断进阶与强化，其业务范畴与规模也相应扩张，对非核心能力或生产流程的外包分工渠道的需求愈加迫切。这是因为核心企业为了进一步聚焦于自身的核心竞争力构建，优化资源配置效率，必然将部分非关键业务环节进行剥离与外包。因此，伴随核心企业能力的深度发展与成熟，它们能够充分依托所具备的强大营销能力和科技创新能力，实现综合实力的大幅跨越，显著超越集群内其他企业。此时，核心企业开始将非核心业务逐渐通过外包等方式转移给配套企业进行专业化生产。通过契约关系、技术指导以及质量管控等多种手段，核心企业对配套企业的生产流程与产品质量进行有效管理与监督，进而在集群内部逐渐形成一种基于业务协作的层级关系。这使得核心企业具备了对集群其他企业的掌控能力，改变了集群内部原有的平等竞争关系结构，引发了集群内部关系的深刻变革（朱瑞忠，2007）。这种由核心企业主导的业务外包与分工协作模式，实现了网络内的纵向分工，促进了集群内部企业之间基于产业链上下游的紧密合作，提升了整体的合作水平与协同效率，推动了企业在产业价值链位置的提升，推动产业集群向更高层次的组织形态与发展阶段迈进，实现产业集群的结构优化与功能升级，增强产业集群在全球产业分工体系中的竞争力与适应性。

3.2.2 核心企业与产业集群的互动路径

从动态演化视角，站在核心企业的角度，核心企业与产业集群内企业的互动关系可划分为以下三个阶段。

第一阶段，种子企业主导的产业集群孕育期。在产业集群形成的初始阶段，具有创新能力与生产要素整合能力的1~2家种子企业（尚未进阶为核心企业），发挥着关键引导作用。它们通过高效利用区域劳动力、技术或政策等生产要素建立先发竞争优势，并凭借其社会关系网络构建能力，吸引上下游配套企业初步聚集（王程，2005）。同时以业务模式创新（如非核心业务外包）构建可复制的运营框架，通过社会关系网络扩张，形成产业集群的初始组织结构。在此阶段，种子企业临时承担资源协调功能，以单向控制权将低附加值生产环节外包给中小配套企业，形成非对称分工体系——配套企业仅作为短期生产力调节工具，合作关系随市场需求波动即时调整，缺乏技术共享、制度约束与战略协同，本质上仍处于松散耦合的初级形态。同时，种子企业在精益生产和资源整合等方面的实践模式产生了很好的引导作用和示范的效应，成为后续加入企业的模仿标杆，从而为产业集群的规模化发展奠定基础。

第二阶段，核心企业成型的产业集群建构期。随着产业集群规模扩大，部分种子企业通过持续强化技术壁垒与规模优势完成向核心企业的质变升级。这类企业掌控技术标准制定权、建立自有品牌溢价体系，通过垂直/半垂直一体化生产和技术分包整合产业链，构建以自身为中心的供应链网络；同时推动合作关系制度化转型，以订单长期绑定和技术转移扶持等战略协同机制替代早期短期分包模式，形成包含一级战略供应商与二级弹性供应商的多层协作体系，推动中小企业协同。在此过程中，核心企业聚焦核心部件研发与全球市场拓展，倒逼配套企业提升专业化生产能力，从而驱动整个产业集群从依赖劳动力等生产要素的初级形态，向以技术创新与知识溢出为特征的创新驱动范式转型。此阶段，核心企业专注研发创新与品牌溢价获取，配套企业专业化于特定生产模块，形成双向依赖的共生关系，即核心企业依赖配套企业的产能稳定性，配套企业则依托核心企业的持续性订单实现规模经济。此阶段标志着产业集群从松散联盟向战略协同机制的质变。

第三阶段，核心企业主导产业集群重构期。核心企业通过数字技术整合与战略协同推动集群生态升级。在此阶段，核心企业搭建了订单全流程追踪、产能智能预测与调度平台等供应链管理系统，实现资源配置的实时优化；同时与配套企业构建创新共同体，通过联合技术攻关突破产业瓶颈，例如新能源汽车主机厂与电池供应商共同研发固态电池技术。更为重要的是，双方建立起风险共担机制，通过原材料价格波动联动调整条款和自然灾害等不可抗力损失分摊协议，强化合作韧性。此时的权力结构发生本质演变：核心企业从单向指令发布者转型为生态组织者，通过开放研发端口赋予配套企业技术升级参与权；而配套企业凭借专业化能力积累，在利润分配、产能规划等环节获得议价权，形成创新协同与利益共享的新型竞合关系。核心企业通过战略协同驱动产业集群升级。

站在配套企业（产业集群内部供应商）的角度来讲，大量小微企业由独立的配件生产商逐步在该阶段演变为合格高效的生产配套商，与此同时，这些配套企业产品逐步实现专业化，可以同时向不同客户提供不同服务。配套企业与核心企业稳固的合作关系与依赖感被逐步建立，配套企业在此阶段一般仍为独立企业，核心企业并对配套企业拥有过多的控制力。与此同时，配套企业开始重新审视与核心企业的战略关系，他们开始重视自身的生产水平与管理资源，通过加大投入来逐步降低生产成本，并运用管理与技术改善产品质量，从而与核心企业进行更深层次的合作。

站在配套企业与核心企业相互作用的角度，核心企业倾向于建立以核心企业为中心，与多重合格配套供应商为支撑的合作网络，不仅对他们进行知识输出，更为他们提供软件支持，例如制度性地提供市场主流信息变化与趋势，下游客户的需求信息，竞争对手资料以及产业链发展规划，从而与配套企业精诚合作，得到配套企业的支持与配合。

总之，核心企业与配套企业之间的关系经历了初始阶段相对离散的状态，在复杂的发展进程中遵循产业组织演化的内在逻辑，逐步向多层次、多角度且具备全面性与稳固性特征的合作关系动态演变。随着时间推移以及业务往来的频繁和深入，核心企业凭借在技术研发、市场渠道、品牌影响力及规模经济等方面积累的优势，在供应链体系中逐步建立起对其配套供应商的特定影响力与控制力。这种控制力不仅体现在采购订单的分配、价格协商等基础商业交易环节，更深入地渗透到生产标准制定、质量管控体系构建、产品创新协同及供应链金融资源分配等多个关键维度。通过这种全方位的主导与支配能力的施展，核心企业得以进一步巩固并强化其在产业集群中的核心地位，从资源整合、价值创造与分配到产业生态系统塑造等多个层面全方位支撑其作为核心企业的角色定位，从而对整个产业集群的结构优化、效率提升及可持续发展产生深远且关键的驱动作用。

从以上分析结果看，核心企业是整个产业集群的中心，起着领导者的作用，核心企业的成长对产业集群的竞争力发展至关重要。核心企业能够创造可以共享的战略目标、商业理念和商业模式，能引领企业间构建彼此信任与互利关系，善于选择和吸收优秀合作伙伴，更善于吸纳集群内外的各种资源，在整个行业中占有一定的市场地位，并能对网络进行有效的控制（龙宁，2009；朱嘉红和邬爱其，2004；项后军，2007；杨中华等，2009；项枫；2012；向鲜花，2008；毛雁征，2012）。产业集群的发展阶段和程度是由核心企业的成长模式和发展阶段主导的。在产业集群的发展阶段，其发展演化的主要驱动力来自核心企业的生产能力、技术储备与创新能力、人力资源以及市场渠道。这些核心驱动力在产业集群的不同发展阶段展现出不同的要素形式。产业集群中，核心企业对人力资源、智力资源和渠道资源等分布具有一定控制力，自此，核心企业开始主导产业集群的发展与升级。核心企业成长和产业集群内部的其他企业、供应商、中介机构和服务机构等行为主体的互动是一个发展过程，形成紧密的强关系，同时积极拓展与集群外组织与机构的弱关系，这种内外部网络关系随着企业的成长而不断形成与强化。在核心企业的主导下，产业集群会在不同的发展阶段表现出不同的组织能力以及组织构架。在核心竞争力和集群内网络关系中，核心企业的表现是有别于产业集群内部的其他企业的。核心企业的运行效率以及演化阶段直接或间接地影响着产业集群的发展进程。异质化的企业家在核心企业的成长过程中，其能力也在不断地提高与改变，这些要素对整个产业集群的发展起到了不可替代的直接或间接的作用。因此，产业集群成长与核心企业成长的演化相辅相成，互为因果。

3.2.3　核心企业对产业集群影响程度的衡量：网络中心性和媒介性

随着核心企业的不断成长与崛起，核心企业所具有的能量相对于产业集群内其他成员，呈现出越来越大的不对称性。此时的核心企业，较其他成员来讲，不仅可以更容易地获取所需资源，更能够高效低耗地将资源充分利用，对整个产业集群的内部生产力进行充分整合，并据此获得产业集群内部网络的中心位置。产业集群内部各个相关企业以核心企业为中心，发生不同层次的联系，核心企业在产业集群内部扮演规则制定者与资源分配者角色。

探究核心企业在产业集群网络中的不对称中心地位后，我们发现，核心企业比产业集群中其他企业拥有更高的地位与权力、更强的技术创新能力、市场营销能力和增长潜力，同时具备更为广泛的集群内外网络关系。产业集群内的相关配套企业受到居于网络中心位置的核心企业的影响越来越大，从而核心企业相较于产业集群中其他企业具备了不对称的实力。这些不对称的实力使得核心企业占据显著的战略地位，直接或间接地拓展了产业集群内企业网络的广度与深度。此时，产业集群中更多企业开始尝试与核心企业发生业务往来。不容忽视的是，相当多的业务需要由核心企业主导，因此，核心企业的话语权日益增强，其影响力也随之提高，成为各类资源聚集的中心，品牌形象和业界声望也开始崭露头角。我们在调研中发现，在许多产业集群中，小微企业的生存完全依赖于产业集群内一个或几个核心企业的订单。相当多的配套企业甚至需要核心企业的技术指导和知识输出，才能实现订单的履行。与此同时，许多配套企业并未建立起自己的销售渠道，将企业生存完全委托于核心企业。然而，核心企业却有能力更换其配套企业，这意味着这些小微企业的命运被核心企业完全掌控。事实上，这些现象足以说明，核心企业在集群中已确立了核心支配地位及不对称的主导地位。

更为重要的是，核心企业在与产业集群中不同层次的其他企业建立业务关系的同时，还与产业集群外部的更多企业和组织形成了业务关联。核心企业凭借自身先进的技术基础及与集群外其他企业和机构的良好关系，将大量相关技术和科学信息引入集群内部，起到了媒介连接的作用。经过在产业集群内的不断成长，核心企业甚至能够与本行业的领导者建立业务联系。因此，核心企业已经具备引导产业集群中信息流动的能力，从而再次占据了操纵信息流通的关键位置。例如，产业集群内相当多的中小企业其新产品所需的信息与知识大多数来源于核心企业。从产业集群的角度看，核心企业也扮演着导入新技术与重要信息的角色。此外，核心企业拥有巨大的信息不对称优势，对产业集群内其他企业的了解程度远远超过其他企业对核心企业的了解。通过业务关系，核心企业与集群内外的企业不断互动，知识资源、人力资源和资本资源在产业集群内部的流通更加顺畅，从而显著增强了产业集群的整体实力。

至此，核心企业成长对产业集群内部影响的最终结果可以归纳总结为：核心企业的成长在产业集群复杂的生态系统演进过程中，将逐步孕育并最终确立其在集群中的核心地位，成为产业集群发展的关键驱动力和引领者。在这一过程中，网络中心性与网络媒介性作为至关重要的两个影响因素，塑造了核心企业与产业集群内其他企业之间的交互关系和资源流动模式。具体而言，网络中心性体现了核心企业在产业集群网络结构中的关键位置，凭借其高度的中心性，核心企业能够高效地汇聚技术、人才、资金以及市场信息等各类资源，从而在资源配置方面发挥主导作用，加速自身的成长步伐。同时，通过信息的快速传播与扩散，核心企业能够引导集群内其他企业的发展方向，促进知识共享与技术创新的传播。而网络媒介性则强调核心企业在连接集群内不同企业、组织以及外部市场环境过程中的桥梁和纽带作用。作为媒介节点，核心企业能够促进资源的流通与整合，协调上下游企业之间的生产与供应关系，优化产业链的协同效率，降低交易成本，增强产业集群整体应对外部市场变化的弹性和适应性。

3.3　核心企业的网络中心性和媒介性实证分析

3.3.1　样本数据的收集

（1）对重点企业进行访谈。

本研究采用了非标准化访问中的深层访谈法，在巩义耐火材料产业集群、巩义铝工业产业集群以及新郑副食品产业集群中分别选取了巩义五耐、耕生集团、通达中原；明泰铝业、万达铝业、鑫泰铝业；白象食品、好想你、达利园食品等多家重点企业、相关的配套企业以及三个产业集群的所在专业市场管理机构、行业协会等单位进行了深入访谈，以期初步了解重点企业在产业集群的地位、作用及影响力等情况。

（2）问卷设计和预调研。

在实地访谈初步了解产业集群和企业基本情况的基础上，通过研究梳理专家学者的文献资料和查阅网上资料及新闻媒体资料，设计了调查问卷初稿，并用此调查问卷在巩义铝工业产业集群进行了一次预调查，发放100份问卷，收回89份，有效问卷为85份，采用Cronbach's Alpha系数来评价问卷信度。根据对收集数据的分析结果和理论分析的相关假说，征求多位相关企业人员的意见和建议，修改和完善了调查问卷，最后从网络中心性与集群媒介性两个方面，提出了17个比较具有代表性的问题，形成最终的调查问卷。

（3）数据的收集及基本特征。

本研究以新郑副食品产业集群、巩义耐火材料产业集群和巩义铝工业产业集群为调查对象，发放问卷250份，最后回收了196份问卷，有效的问卷为182份，其中：①巩义耐火材料产业集群回收59个有效样本，巩义铝工业产业集群回收63个有效样本，新郑副食品产业集群回收60个有效样本，问卷的回收率为78.4%，有效回收率为72.8%，样本量符合调查要求；②收回高层管理人员有效问卷49份，中层管理人员有效问卷81份，基层管理人员有效问卷43份，其余人员有效问卷9份，中高层管理者所占比例71.43%，中高层管理者对核心企业的认识和理解更为到位，提高了样本数据的准确性；③调查对象在本公司工作满3年有139人，所占比例76.37%，达到对产业集群了解程度的基本要求；④调查对象所在企业成立时间超过10年的比例为87.52%，说明调查的多数样本企业对产业集群网络关系比较了解。⑤调查对象所在企业的总资产超过2 000万元比例为85.76%，说明样本企业多数为大中型企业；以上这些基本状况表明样本具有一定的代表性，数据可以作为研究的基础。

3.3.2 问卷的信度与效度检验

（1）变量的衡量标准。

问卷题目均采用李克特五维量表进行评量，该量表由一系列陈述构成，分数的高低反映了受访者对特定问题的态度，参与者的回答将被加总，最终得出的总分能够指示其对该问题的态度强弱。在本次问卷调查中，共设有17个问题，最终得分的累加结果越高，表明该调查对象越倾向于成为集群中的核心企业。

（2）信度与效度的检验。

本研究采用了重点企业访谈、问卷设计和预调查、问卷调查三种方法对产业集群中核心企业的网络中心性和媒介性进行调查研究与数据的收集。

首先，对题项数据进行描述性分析、协方差与相关性分析。表3-1汇总了17个题项的统计特征及题项间关联性分析结果。具体来看：①题项均值取值范围在2.464~2.814，表明所有题项得分总体偏低且分布集中（方差0.007），说明受访者对测量内容的评价倾向较一致；②题项方差值取值范围在0.691~0.991，反映各题项内部离散程度适中，未出现极端异质性；③项间协方差的均值为0.495，取值范围在0.294~0.644，项间相关性均值为0.571，取值范围在0.360~0.758，表明题项间存在中度正向关联（Max/Min比值均超过2，提示部分题项关联性显著强于其他组合）；④项数差异：题项均值和方差基于17个独立题项计算，而协方差/相关性统计量则基于所有题项两两组合［共C（17，2）=136对］，其均值与离散程度（协方差方差0.004、相关性方差0.004）进一步验证了量表内部结构的稳定性。表3–1从集中趋势、离散程度和关联强度三个维度揭示了量表的测量特性，为后续信效度分析提供了基础数据支持。

表3–1　　题项描述性统计、协方差与相关性分析

统计量类型	均值	极小值	极大值	范围	Max/Min	统计量方差	项数
题项均值	2.652	2.464	2.814	0.350	1.101	0.007	17
题项方差	0.870	0.691	0.991	0.300	1.434	0.007	17
项间协方差	0.495	0.294	0.644	0.349	2.186	0.004	136
项间相关性	0.571	0.360	0.758	0.398	2.107	0.004	136

其次，进行信效度分析。Cronbach's Alpha系数是衡量信度的一种指标，运用SPSS软件得出的Alpha值越大，则表示信度越高。如果信度系数大于0.9，表示信度很高；如果信度系数值在0.7~0.9，表示数据比较可靠，可以继续进行分析研究；如果信度系数小于0.7，表示数据不可靠，不能进行下一步的分析。根据计算结果，Alpha系数的值为0.957，说明信度还是比较不错的。

3.3.3　核心企业界定及其中心性和媒介性的分析

本节主要解决三个问题。第一，核心企业的界定，通过对典型案例的分析，结合实际情况和专家问卷打分，找出核心企业的特点。按照核心企业作为集群的支柱具有的一些共性，对比确定目标企业，制定衡量核心企业的一些指标。第二，对核心企业的网络中心性及网络媒介性特征也就是对集群的掌控能力进行实证判断，分析如果一个核心企业具有这种网络中心性和媒介性，那么它对产业集群会产生什么样的影响？第三，随着集群竞争模式的发展和变迁，当前成为集群中的核心企业应该具备哪些因素，在这些因素中哪些或哪个又是最重要最关键的。

（1）核心企业的鉴定和判别方法。

产业集群内核心企业与非核心企业在网络关系和能力特征方面有很大差异，本研究根据Nijdam & Langen（2003）的研究提出了识别核心企业的两种方法：其一是专家经验判别法；其二就是分析企业各项指标，建立数学模型，进行综合判断。只有同时通过以上两种方法鉴定的企业，才被认定为核心企业。第一种方法是在解释核心企业的概念之后，分析市场环境，了解集群中各个企业之间的关系，了解他们在集群中地位，邀请专家来判别集群中的核心企业，具体的操作可以是专家打分法等。专家的选择上可以是行业协会中的成员，可以是对集群企业间关系了解并熟悉集群企业成员的企业管理者或经营者等。专家判别以及企业特征分析两种方法判别出的企业才被认为是核心企业。在判别过程中专家意见往往更具有选择性，这表明两种判别方法是相互补充的，并且专家意见在一定程度上更具有效性和说服力。

本研究选取新郑副食品产业集群、巩义耐火材料产业集群和巩义铝工业产业集群作为案例进行比较研究，并从当地产业集群行业协会、地方政府部门、高校科研院所、服务机构和新闻媒体中邀请专家分别对三个产业集群中企业进行核心企业提名，专家提名结果表见3–2。

表3–2　　被提名核心企业与得票数

产业集群	排名	被提名企业	得票数
新郑副食品产业集群	1	白象食品	22
	2	好想你	14
	3	达利食品	10
巩义耐火材料产业集群	1	巩义五耐	25
	2	耕生集团	15
	3	通达中原	8
巩义铝工业产业集群	1	明泰铝业	27
	2	万达铝业	11
	3	鑫泰铝业	9

专家的判断结果表明，巩义耐火材料产业集群中，巩义五耐、耕生集团和通达中原三家企业被提名为核心企业，并且巩义五耐在三家提名企业中居领先地位；巩义铝工业产业集群中，明泰铝业、万达铝业和鑫泰铝业被提名为核心企业，并且明泰铝业在三家提名企业中居领先地位；新郑副食品产业集群中，白象食品、好想你和达利食品三家企业被提名为核心企业，并且白象食品在三家提名企业中居领先地位。将结果与网上各企业财务数据、社会影响和有关新闻报道进行核实，提名基本与事实一致。

（2）集群中核心企业的网络中心性和媒介性分析。

①单因素方差分析。

单因素方差分析研究的是当一个控制变量（因素）选择不同水平的取值或者分组时，对于观察变量是否有显著的影响和作用。在本研究中，以核心企业的17种中心性与媒介性的行为作为观察变量，而核心企业对集群内部的影响作为控制变量进行单因素方差分析，本研究利用SPSS 23.0统计软件进行单因素方差分析，以第一个问题得出的结果作为观察变量，将巩义耐火材料产业集群、巩义铝工业产业集群和新郑副食品产业集群作为三个产业集群组用1、2、3表示，视三个产业集群组为因素，分析三个产业集群对于第一个问题的回答是否存在差异。

第一步，计算不同的三个产业集群中17种行为的均值和标准差，见表3-3所示。

表3-3　　均值与标准差

核心企业的中心性与媒介性行为	巩义耐火材料产业集群	巩义铝工业产业集群	新郑副食品产业集群
其他企业容易与核心企业建立技术联系	3.29（0.948）	3.50（1.036）	3.28（0.968）
大多数本地企业都知道核心企业的名字	3.41（0.985）	3.48（0.954）	3.28（0.968）
本地其他企业经常希望得到核心企业的帮助	3.44（0.915）	3.71（0.876）	3.79（0.819）

续表

核心企业的中心性与媒介性行为	巩义耐火材料产业集群	巩义铝工业产业集群	新郑副食品产业集群
有能力修改与其他企业的合作方式	3.71 （0.983）	3.65 （0.943）	3.67 （0.944）
相对其他企业，核心企业有更高的创新能力和营销关系	3.59 （0.912）	3.65 （0.943）	3.66 （0.892）
核心企业的影响力越来越大、地位越来越高	3.51 （0.917）	3.52 （1.052）	3.67 （0.908）
核心企业占据了高附加值的产品领域	3.54 （0.988）	3.66 （0.991）	3.59 （0.955）
核心企业品牌形象在集群中相当有认同感	3.36 （0.905）	3.60 （1.032）	3.52 （0.942）
核心企业占据了绝大部分市场资源与优秀人才	3.49 （0.838）	3.68 （0.937）	3.52 （0.887）
集群成员间产生纷争，核心企业介入对于解决纷争有重大意义	3.61 （0.910）	3.61 （0.981）	3.62 （0.916）
集群中企业为获取与之配套的资格，主动邀请核心企业对其生产流程进行论证	3.58 （0.770）	3.76 （0.900）	3.67 （0.908）
其他企业通常通过核心企业介绍认识	3.56 （0.952）	3.71 （0.818）	3.59 （0.864）
集群中成员若想获得先进工艺信息、技术信息和产品信息，核心企业是必要的渠道	3.69 （0.793）	3.84 （0.751）	3.75 （0.907）
很多新颖的概念产品由核心企业引进	3.46 （0.953）	3.61 （0.912）	3.59 （0.824）
集群中很多企业需要核心企业对生产工艺设计和产品研发提供帮助	3.59 （.036）	3.58 （1.001）	3.66 （0.964）
核心企业是集群企业与外界（技术组织和行业协会）沟通的重要桥梁	3.53 （0.858）	3.77 （0.913）	3.57 （0.846）
核心企业经常与集群外部的企业、机构等进行互动交流	3.54 （0.953）	3.66 （0.957）	3.62 （1.083）

注：括号中的数字表示标准差，括号外数字表示均值

从表3–3可以看出，在核心企业的17个行为中，问卷结果中各项问题的平均得分均超过3.4，这表示在这三个产业集群中，核心企业在描写叙述核心企业中心性和媒介性的行为（对应结果的均值大于3）均有较好的体现。但是从这17种行为的标准差可以看出，标准差的值大部分都在0.9左右，差异性不大，说明三个产业集群中核心企业在这些行为上有着比较相同的表现。

第二步，对三个产业集群做单因素方差分析。从表3–4中可以看出，总的方差平方和的值是154.335，组间方差平方和的值是152.818，组内方差平方和的值是0.518，方差检验中F值为0.301，显著性水平的值为0.740，大于0.05，因此认为三个组对于问题的回答结果不存在显著性差异。

表3–4　　单因素方差分析表

项目	平方和	df	均方	F值	显著性
组内	0.518	2	0.259		
组间	152.818	179	0.859	0.301	0.740
合计	154.335	181			

对应17种行为的方差分析表3–5显示，这三个组对于每个问题的回答结果都没有显著性差异，本研究通过行为指标描述了集群内核心企业作为整个集群网络的信息媒介者的地位及其网络中心性特征，证明了在网络中心性和媒介性两个方面，集群内核心企业与配套企业之间存在显著的差异性和不对称性。

表3–5　　方差分析表

核心企业的中心性与媒介性行为	F统计量	显著性p	检验 $\mu_1=\mu_2=\mu_3$
其他企业容易与核心企业建立技术联系	0.301	0.740	无显著性差异
大多数本地企业都知道核心企业的名字	0.286	0.751	无显著性差异
本地其他企业经常希望得到核心企业的帮助	0.193	0.824	无显著性差异
核心企业有能力修改与其他企业的合作方式	1.239	0.292	无显著性差异

续表

核心企业的中心性与媒介性行为	F统计量	显著性p	检验 $\mu_1=\mu_2=\mu_3$
相对其他企业，核心企业有更高的创新能力和营销关系	0.419	0.658	无显著性差异
核心企业的影响力越来越大、地位越来越高	0.677	0.510	无显著性差异
核心企业占据了高附加值的产品领域	0.584	0.559	无显著性差异
核心企业品牌形象在集群中相当有认同感	0.451	0.650	无显著性差异
核心企业占据了绝大部分市场资源与优秀人才	1.602	0.204	无显著性差异
集群成员间产生纷争，核心企业介入对于解决纷争有重大意义	1.645	0.196	无显著性差异
集群中企业为获取与之配套的资格，主动邀请核心企业对其生产流程进行论证	2.305	0.103	无显著性差异
其他企业通常通过核心企业介绍认识	0.075	0.928	无显著性差异
集群成员若想获得先进工艺信息、技术信息和产品信息，核心企业是必要的渠道	0.346	0.655	无显著性差异
很多新颖的概念产品由核心企业引进	0.298	0.743	无显著性差异
集群中很多企业需要核心企业对生产工艺设计和产品研发提供帮助	0.500	0.607	无显著性差异
核心企业是集群企业与外界（技术组织和行业协会）沟通的重要桥梁	0.697	0.499	无显著性差异
核心企业经常与集群外部的企业、机构等进行互动交流	2.205	0.143	无显著性差异

②三个产业集群中核心企业的网络中心性和媒介性的作用。

产业集群作为一种高度集成化、协同化的产业组织形式，是核心企业发展的坚实后盾和战略腹地。产业集群本质上蕴含着丰富的资源要素与多元的主体结构。在集群内部，各主体之间通过复杂的交互作用与协同合作机制，逐步构建起一个动态演进且日益完善的产业集群服务体系。这个逐渐形成并完善的服务体系为核心企业的初步形成提供了基本的物质基础和信息交互渠道，奠定了核心企业孕育的原始环境，从而实现对核心企业形成与发展的支撑作用。

随着产业集群的进一步发展，规模效应逐渐显现，市场竞争压力与合作需求促使产业集群服务体系不断拓展与深化。产业集群服务体系为集群内核心企业的形成与发展提供了优越的外部环境和重要的外部保障。在技术创新方面，专业的科研机构和技术服务平台逐步加入集群，与核心企业形成紧密的产学研合作网络。这为核心企业提供了前沿技术研发支持、技术转移和转化服务，加速了核心企业技术创新能力的提升，使其在产品研发和生产工艺改进等方面保持领先优势。在人力资源领域，集群内部开始形成完善的人才培养、引进和流动机制。一方面，地方高校和职业培训机构根据集群产业特色与核心企业需求定制人才培养方案，为核心企业输送大量适配性高的专业人才；另一方面，集群内良好的就业环境与发展机会吸引外部高端人才流入，丰富了核心企业的人才储备库，满足核心企业在不同发展阶段对各类人才的需求，保障其持续发展的智力资源供给。在金融服务方面，金融机构与产业集群建立了深度合作关系，针对核心企业的特点与需求，设计个性化的金融产品与服务。例如，提供风险投资、产业基金等多元化融资渠道，解决核心企业在初创期与扩张期的资金瓶颈问题；开展供应链金融服务，优化核心企业与上下游配套企业之间的资金流，增强核心企业在产业链中的资金掌控力与资源整合能力。在市场拓展与营销方面，产业集群构建了统一的品牌推广平台与市场营销网络。通过集群整体品牌形象的塑造与宣传，提升了核心企业产品的市场知名度与美誉度。借助集群内企业间的协同营销活动、共享销售渠道等，降低了核心企业的市场开拓成本，扩大了其市场覆盖范围，增强了其在国内外市场的竞争力。

相对于产业集群内的其他企业，核心企业在集群中具有的影响越来越大。与其他企业相比，他们拥有着更高的科技创新力、更广的市场营销渠道、更完整更高效的集群内外网络关系，以及更为迅猛的企业成长率。在拥有其相较本集群其他企业的不对称能力之后，核心企业对整个集群的关系网络予以重塑与优化，促使集群网络的运行效率与信息流通效能显著提升。与此同时，核心企业在本产业集群的战略地位亦得以进一步夯实与强化。在产业集群中，越来越多的中小企业开始成为核心企业的配套企业，他们或多或少地与核心企业发生业务关联，很多企业行为需要核心企业的支持才可进行，由此核心企业成为整合集群内部资源的核心枢纽与关键引擎。

第一，巩义耐火材料产业集群。巩义耐火材料产业集群位于河南省郑州市巩义市北山口镇南部，是北山口镇的工业基地。2003年，耐火材料集群成立，成为河南省第一个耐火材料产业集群，也是全国闻名的耐火材料之乡。镇政府坚持新型城镇化与工业化、信息化同步协调推进，依托交通优势和地域资源，提升技术创新水平，大力发展耐火材料产品。北山口镇现已成为全国耐火材料的主要产地之一，拥有470余家耐火材料企业，其中规模以上企业达到167家。这一产业已成为巩义市经济快速发展的支柱，取得了良好的社会效益和经济效益，并跻身郑州市重点产业集群之一。集群区积极推动传统产业的转型升级和新材料产业的培育与引进，巩固了其在制造业高质量发展中的“压舱石”地位。巩义耐火材料园区被河南省工信厅确定为“耐火材料特色产业集群”，并被省科技厅认定为“高新技术特色产业基地”，已成为河南省耐火材料产业的重要组成部分和支撑部分。截至2021年底，园区入驻企业101家，包括2家省级质量标杆企业、2家工程研究中心和10家国家高新技术企业，拥有1个院士工作站、3个省级工程技术研究中心、7个省级企业技术中心以及12家高新技术企业。2021年，集群区企业年销售额突破28亿元，利税达到1.8亿元，对当地经济作出了显著贡献。

集群内企业巩义市第五耐火材料总厂创建于1968年，是炼铁系统用耐火材料为主的现代化大型专业生产企业，年产各种耐火材料20余万吨，产品畅销全国30多个省市的200多家用户，出口美国、俄罗斯和日本等数10个国家和地区。公司坚持“以质量求生存，靠科技求发展”的方针，与多所高等院校和科研单位建立了合作关系，具有较强的自主研发能力，多种产品技术居于国内领先水平，有的填补了国内空白，综合性能达到了国际先进水平，是河南省“高新技术企业”[①]。集群区内企业河南省耕生耐火材料有限公司始建于1986年，现已发展为以耐火材料、高性能陶瓷材料以及研磨材料等为主要产品，集研发（设计）、生产、贸易和服务于一体的综合性大型耐火材料企业，公司年产各种耐火材料20万吨，拥有一支由具有博士、硕士学位的专业人员组成的研发队伍，先后研制开发了80余项新产品，曾荣获“国家冶金工业部科技进步奖一等奖”“国家科技进步奖二等奖”“河南省科技进步奖二等奖”等30多项奖励，被河南省政府誉为“河南省优秀民营企业”，被中国经济联合会誉为“中国耐火材料行业排头兵企业”，是国家级“高新技术企业”[②]。集群区内企业巩义通达中原耐火技术有限公司现有以三座进口高温燃气窑炉为核心的多条管控一体化行业示范生产线，装备水平国内领先、世界一流，于业内较早建立了产学研联合创新体系，主要产品“刚玉氮化硅制品”达到世界先进、国内领先水平，并获得河南省科学技术进步奖，产品出口俄罗斯、印度、巴西、日本、美国和加拿大等国家和地区，是河南省“高新技术企业”[③]。

第二，巩义铝工业产业集群。巩义铝工业产业集群位于郑州市经济重镇——回郭镇境内，规划面积37.67平方公里，主导产业包括有色金属冶炼及压延加二、高端装备制造、高温新材料和节能环保等，是全国最大的铝板带箔加工基地开发区，是全省4家产值超千亿的开发区之一。[④]

目前，集群入驻了1 500余家企业，拥有219家铝加工企业，其中规模以上企业137家。集群拥有国家级企业技术中心2家、高新技术企业40家、国家科技型中小企业50家和“专精特新”企业13家。这些企业参与制定多项行业标准，推动了铝工业的高质量发展。巩义铝产业集群

① 河南省巩义第五耐火材料总厂，http：//8111585384.shop.fengj.com/.

② 河南省耕生耐火材料有限公司，http：//91.fm086.com/Synopsis.

③ 巩义通达中原耐火技术有限公司，https：//baike.so.com/doc/8567894-8888624.html.

④ 段伟朵.争2025年集群产值达1300亿元，大河财立方，2023-12-26.

在装备技术水平和装备生产水平上居国内领先，拥有6条热连轧生产线，占全国在用热轧线的近40%；75条冷轧生产线，其中冷二连轧、六辊冷轧、超宽超快冷轧线技术水平位居全国前列；39条箔轧生产线和200多条铸轧生产线，分切、辊涂和喷涂等设备门类齐全，装备水平居同行业前列。知名企业包括明泰、顺源、万达和鑫泰等铝加工龙头企业。这些企业拥有先进的铝加工生产线，如连铸连轧、热轧、冷轧和箔轧等，铝精深加工能力达到150万吨。明泰铝业和中孚高精铝2家企业被认定为国家企业技术中心，多项新技术荣获国家级科学技术奖并引入生产带来能效提升。2022年，集群铝板带箔加工产量590万吨，占河南省的57.6%，占全国的28.4%；铜加工产能35万吨，产能居全省前列。集群主要业务收入1 087亿元，税收19亿元。铝精深加工作为集群主导产业，经济总量占集群的75%，吸纳集群88%的产业工人。2023年铝加工行业规模增加值同比增长8.7%，实现营收1 271亿元。巩义铝工业产业集群带动河南省铝工业转型升级。

产业集群内企业河南明泰铝业公司建于1997年，拥有半连续铸造生产线6条、连铸连轧生产线10条和其他大型加工设备44台，年产能130万吨①。2003年3月，公司自行设计建造的国内第一条拥有独立知识产权的（1+4）热连轧生产线投入生产，填补了国内空白，使公司的年加工能力达到40万吨。2015年5月，3米超宽板（1+1）热连轧正式投产，使公司年产量和市场占有率提高了一个大台阶。公司为“河南省AAA企业”“河南省优秀民营企业”和河南省非公有制企业前30强，并被国家农业部认定为大型企业，主要从事铝深加工和生产铝板带箔材。

产业集群区内企业河南万达铝业有限公司于2002年7月10日成立，现拥有五条冷轧生产线、十条铸轧生产线和一条已经开始生产的热轧生产线，年设计加工铝板和带箔近40万吨，产品200多种，年销售收入60亿元。公司热轧生产线的轧机最大轧制力达4 000吨，轧制宽度2.4米，

① 河南明泰铝业公司，https：//hnmtybk.cnal.com/.

处于国内领先水平，热轧板填补宽幅和超硬合金板的市场空白，产品销售到全国各地，出口到美国、澳大利亚、非洲以及东南亚各国。公司是中国铝板带材十强企业、河南铝板带箔十强企业、河南省品牌百强企业和河南省高新技术企业，连续多年位列河南民营企业100强及民营制造业30强，是郑州市领军型企业和巩义市制造业高质量发展先进企业①。

集群内企业河南鑫泰铝业有限公司始建于2001年，主要从事铝卷、铝板、彩板、彩卷和氟碳辊（喷）涂铝单板等产品的加工生产，年产量30余万吨，其中35%远销国外。拥有冷轧生产线9条，铸轧机41台，1 850双卷曲热轧机一台和一条260米辊涂厚板生产线，两条全自动喷涂生产线和三条彩涂薄板生产线，配套的数控折弯机、数控剪板机、数控雕刻机以及全自动转塔冲等铝单板加工设备百余台，常备1系、3系、5系和6系幕墙基材6 000吨，能够加工生产各种冲孔板、雕花板和双曲板等特殊异形铝单板。公司日产量3 000m^2，月产量能达100 000m^2，先后通过了ISO9001国际质量管理体系、SO14001环境管理体系和中国制造网SGS等多项认证，获“河南民营企业制造业100强”“河南民营企业100强”等荣誉称号②。

第三，新郑副食品产业集群。新郑副食品产业集群位于河南省郑州市新郑市，是郑州市重点发展的产业集群之一。该集群重点发展食品加工和生物医药产业，规划面积为27.61平方公里，分为南北两个片区。新郑市政府坚持规划先行、科学布局；项目主导、集群发展；产区互动、产城融合；创新引领、开放带动；理顺体制、完善机制为宗旨，突出规模效应，完善产业链条，彰显品牌资源，力求将产业集群建设成为全省最大的现代食品制造业基地。新郑副食品产业集群拥有200多家食品企业，涵盖全国41个行业大类中的28个，包括方便食品和枣制品等。

---

① 河南万达铝业有限公司，http：//www.hnwdly.com/.

② 河南鑫泰铝业有限公司，http：//www.xtalu.com/nav/9.html.

知名企业如好想你、白象食品和光明乳业等均已入驻，形成了较为完整的食品产业体系。2020年，集群内工业生产总值达到250亿元，显示出较强的经济实力。新郑市通过建设产业集群，重点发展食品加工和生物医药产业，形成了以中储粮、达利食品、光明乳业、雪花啤酒、白象食品和好想你枣业等企业为主导的食品加工产业体系。这些集群不仅促进了产业链的完善，还推动了产业转型升级和制造业的高质量发展。

目前，新郑副食品产业集群已聚集河南白象食品有限公司、好想你枣业股份有限公司和河南达利食品有限公司等食品企业55家，其中规模以上企业25家，基本涵盖了乳制品、肉制品、方便食品和休闲食品等30个种类，形成了较为完整的食品产业链条。产业集群内河南白象食品有限公司创建于1989年，是开发、生产和销售食品为主的一体化集团企业，业务涵盖方便面、挂面、面粉、面点和粉丝等多个领域。公司核心产品“白象”方便面在全国达到16%的市场份额，获得“国家免检产品”“中国驰名商标”“河南省名牌产品”“河南省著名商标”等称号。公司作为粮食深加工重点保护企业，带动300多万农户从事小麦、大蒜和辣椒等经济作物的深加工，配套的面粉加工厂、食品调味料公司、机械加工厂、造纸厂、包装箱厂和运输公司等达到数千家。白象食品集团成为国内最大的民族食品加工企业，是“中国面制品业最具活力的企业之一”“河南省粮食深加工和食品生产龙头企业”“农业产业化国家重点龙头企业”，并成功入围2023中国预制菜企业竞争力百强[①]。集群内好想你枣业股份有限公司始创于1992年，是一家集红枣种植、深加工、产品开发、冷藏与保鲜、贸易出口、特色与生态旅游和农业观光于一体的综合型企业，公司在全国建立四个生产加工基地，销售网络遍及全国300多个城市2 000多家专卖店。公司红枣系列产品开发技术先进、速度快、种类多，市场占有率高、规模大，销售网络遍布广、辐射面大，已成为中国红枣行业的领导品牌，是河南省高新技术企业，获得“国家农

① 白象食品股份有限公司，http：//www.yjbys.com/gaoxiao/763041.html.

业产业化重点龙头企业”“全国食品行业优秀食品龙头企业”“河南省守合同重信用企业”“河南省诚信民营企业”等荣誉称号①。河南达利食品有限公司是专业从事食品饮料和生产的大型全国性企业集团福建达利集团分布在全国的十六个分公司之一，是集团在中原地区的一个重要生产基地，获得“中国驰名商标”“中国名牌产品”“全国食品工业优秀龙头食品企业”等荣誉称号。公司凭着产品优良的品质、优质的服务和良好的市场信誉与国内多家企业建立了长期稳定的合作关系，旗下“达利园”“和其正”“青梅绿茶”等品牌享有广泛的知名度与美誉度。

3.4　研究结论

通过对三个产业集群中9个核心企业的研究发现，我们得出以下五点结论：

（1）核心企业是产业集群发展的中坚力量。

核心企业作为产业集群中的关键组织实体，通常是行业内的知名企业，是产业集群发展的中坚力量。这些企业不仅在技术、市场份额和品牌影响力等方面具备显著优势，而且在产业集群的整体运行中逐渐成为支柱。随着核心企业实力的不断增强，它们在产业链中的地位愈加突出，逐渐形成了超越其他企业的趋势。这种实力的提升使得核心企业在获取信息、开拓市场渠道和获取人力资源等关键方面，展现出了更为明显的优势。核心企业凭借其雄厚的资源基础和行业影响力，更加容易获取有价值的信息，建立广泛的市场联系，吸引和培养优质的人力资源。这种资源的有效获取不仅提升了企业的运营效率，也为其在竞争中赢得了更多的主动权。当且仅当最终核心企业能够站在产业集群的整个网络中心的位置时，核心企业才愈发越有能力地与集群内部不同企业进行业务联系，从而愈发地扮演整个产业集群内部分工的协调者与引领者，改

① 好想你枣业股份有限公司，http：//haoxiangni0371.51sole.com/.

变了集群内产业结构及内部竞争方式。此时，核心企业不仅仅是产业链的参与者，更是集群内部企业间协同与合作的引领者与协调者。通过这种角色的转变，核心企业能够有效地影响整个产业集群的内部结构与竞争方式，进而推动集群内的资源优化配置与产业升级。

同时，由于产业集聚产生的外部经济性带来的边际社会效益，降低了集群内核心企业在运营管理和市场投入方面的成本，企业综合费用下降，生产成本降低，使企业在市场上具有更强的竞争力。通过共享基础设施、技术创新和市场信息，企业在生产和运营过程中实现了更高的效率。生产成本的降低为企业在激烈的市场竞争中提供了更强的竞争优势。随着产业集聚效应的不断增强，核心企业在市场中的表现愈发出色。它们能够更灵活地应对市场变化，快速调整经营策略，以适应日益复杂的市场环境。这种灵活性不仅体现在对市场需求的快速反应上，还体现在对技术创新和产品开发的敏锐洞察力上。核心企业凭借其雄厚的研发能力和创新意识，不断推出符合市场需求的新产品，进一步巩固了其在产业集群中的核心地位。

（2）核心企业的成长与整个产业集群的演化升级是双向互动的。

在经历一段时间的发展后，核心企业通过与地理位置相近的其他企业及集群外部相关机构建立高效的协作机制，逐渐形成相较于当地其他企业的不对称竞争优势和资源积累。这使得它们在整个产业集群中占据了核心地位，成为名副其实的引领者。因此，产业集群的演进与发展开始受到核心企业的主导和影响。驱动产业集群不断演化与升级的核心因素包括核心企业在科技创新、市场营销渠道建设、品牌价值提升、商标知名度增强、独特经营模式、智力支持提供，以及企业家所具备的管理经验和能力等多种个人特质。此外，核心企业还拥有丰富的外源性资源，这些资源的整合与运用在集群发展中发挥了关键作用。值得注意的是，在产业集群不同的发展阶段，主要驱动因素可能会有所差异，其相对重要性也可能变化，从而反映出产业发展动态的复杂性。

核心企业在资源配置方面的决策能力对产业集群中重要资源的分配

起着至关重要的作用。依托其在产业集群中的核心地位，核心企业凭借雄厚的实力、广泛的产业影响力以及敏锐的市场洞察力，能够有效地对资源分布做出决策。在核心企业的主导下，产业集群内的其他企业迎来了前所未有的发展机遇，开始在竞争有序、高度合作的高效机制中蓬勃发展。各企业围绕核心企业所构建的产业生态链，依据各自的比较优势，进行明确的分工与协作，在市场竞争中充分发挥自身特长。同时，通过紧密的合作关系，实现资源互补、风险共担和利益共享。通过有效的资源配置，核心企业不仅推动了其他企业在集群内的快速发展，还建立了有序竞争和高度合作的高效机制。这种环境不仅为产业集群内其他企业的发展创造了机会，也形成了一种反身性机制，即良好的协作环境将反过来对核心企业自身的发展产生积极影响。这一机制有助于为核心企业的持续发展营造有利的外部条件，促进其进一步优化产品与服务体系、提升技术研发能力、拓展市场份额，从而巩固并强化其在产业集群中的领先地位，形成产业集群与核心企业相互依存、相互促进、协同发展的正向循环。

在这种相互促进的关系中，核心企业凭借其先进的技术与丰富的市场经验，持续推动产业集群的结构优化与资源整合，从而提升整个集群的竞争力和创新力。这种互动关系不仅限于经济层面，亦涵盖社会与文化层面的协同发展。核心企业通过建立品牌影响力和市场信誉，吸引更多外部资源与投资，进而增强集群内企业的合作意愿和创新能力。进一步而言，核心企业的成败直接影响整个产业集群的声誉与市场地位。一个强大的核心企业能够为整个集群带来更多机遇与资源；反之，若核心企业的竞争力下降，亦可能导致整个集群的萎缩与衰退。因此，核心企业在产业集群中不仅是资源配置者，更是创新引领者与市场开拓者。在这一复杂的生态系统中，核心企业的成长与产业集群的演化相辅相成，共同构成一个动态发展的经济体。

（3）网络中心性与网络媒介性是核心企业对产业集群产生影响的主要途径。

从产业组织理论角度，网络中心性使得核心企业在产业集群的信息交流和资源配置中占据关键节点位置。凭借其信息汇聚和处理与分发的优势，核心企业能够高效引导各类资源在集群内合理流动，从而优化资源配置效率。网络媒介性则依托现代信息技术搭建的沟通协作平台，打破了企业间的组织边界与地域限制，助力核心企业实现人力、物力、财力以及技术等资源的跨组织调配，促进集群企业间的协同合作。这两者相互配合，从根本上影响产业集群的发展走向。在产业集群中，具有超凡企业家精神的创业者所具备的异质性能力是核心企业产生和发展的关键。这类异质性能力包括对市场趋势的精准预判能力、在复杂决策情境下的果断决策力、卓越的资源整合与优化配置能力，以及面对不确定性风险时的有效应对能力。当产业集群受到宏观政策调整、技术创新突破和消费市场变迁等因素的驱动，产生特定发展机遇时，这些具备敏锐洞察力的企业家能够迅速察觉机遇信号，运用科学的风险评估与管理方法妥善处理面临的各类危机，同时精准把握机遇窗口，果断采取行动。一旦产业集群中机遇出现，核心企业会逐渐脱颖而出，其数量结构将依据产业特性、地域资源分布以及市场竞争态势有所不同。这可能出现一家凭借综合优势在技术、市场和品牌等领域独占鳌头的核心企业，成为集群发展的主导力量；也可能存在多家中大型企业在不同细分领域各展其长，凭借差异化优势共同构成集群核心，引领产业集群的多元化发展。

随着核心企业的产生与壮大，它们形成了强大的集聚效应，吸引了银行、外部研发机构和行业协会等多样化集群成员，推动产业集群规模的不断扩张。银行基于对核心企业财务状况、经营前景与信用水平的综合评估，为其提供包括项目贷款、流动资金支持和供应链金融服务在内的多样化金融产品，保障产业集群资金链的稳定与顺畅，助力企业扩大生产规模并提升技术研发投入。外部研发机构因核心企业的技术创新需求与合作诚意，与其建立产学研合作关系，联合攻克关键技术难题，加速技术成果转化应用，推动产业集群的技术升级。行业协会凭借自身的行业资源整合和规范引导职能，参与制定产业标准、协调市场竞争秩序，搭建产业交流合作平台，促进集群企业间的知识共享与经验交流。在核心企业的辐射带动下，产业集群整体规模持续扩张。许多小微企业和大中型企业敏锐捕捉到与核心企业合作所蕴含的发展机遇，开始不断与核心企业建立业务联系。这些企业逐步转型为核心企业的稳定非核心业务供应商，成为我们所称之为的配套企业。它们与核心企业形成紧密协作、相互依存的产业生态关系。核心企业依托在技术研发、市场拓展、品牌建设等长期积累过程中形成的优势地位，产生与配套企业的不对称实力对比，进而对相关配套企业形成一定程度的控制力。这种控制力主要体现在核心企业通过施加市场压力和刺激竞争对手，从而迫使配套企业进行转型与升级。核心企业的强势地位使得它们能够引导配套企业的战略方向与创新步伐，推动整个产业集群的升级与转型。

（4）核心企业的行为和成长模式在产业集群内具有引领作用、示范效应和追赶效应。

核心企业凭借其卓越的学习能力和强大的知识转化效能，深入洞察前沿技术发展趋势，准确捕捉市场潜在需求变化。在技术研发领域，核心企业依托深厚的技术积累、广泛的人才储备以及完善的研发设施，能够快速抓住新兴技术机遇。它们将前沿学术研究成果和跨行业技术应用经验等内化吸收，并通过严谨的研发流程和高效的团队协作，迅速开发出契合市场需求、具有创新性和竞争力的新产品。在市场拓展方面，核心企业运用先进的市场调研方法、敏锐的市场细分策略和多元化的营销推广手段，深入挖掘消费市场的空白区域和新兴需求热点，精准定位目标客户群体，开拓出全新的市场空间，为产业集群开辟新的业务增长路径。核心企业承载着整个产业集群战略制定和创新活动的实施主体。一方面，核心企业依据产业集群所处的宏观经济环境、政策导向以及资源禀赋状况，协同政府部门、行业协会等机构，制定契合产业集群长远发展的战略规划，明确技术升级、产品结构优化和市场竞争定位等关键方向的发展路径；另一方面，在创新驱动方面，核心企业积极构建内部创新生态系统，投入大量资源用于研发创新、人才培养和知识产权保护等关键环节，引领产业集群的技术创新潮流，驱动产业集群向高端化、智能化和绿色化方向迈进。

核心企业在产业发展过程中取得的突出成就与成功实践经验，通过政府、高校等第三方组织的产业研讨会、专题研究报告发布以及企业实地考察学习等多元化途径进行推广和宣传，成为集群内其他企业竞相效仿的标杆典范。这激发了其他企业的学习热情与追赶动力，促使它们在战略规划、创新投入和运营管理等方面积极对标核心企业，不断优化自身发展模式，提升企业综合竞争力。在集群发展过程中，核心企业发挥了榜样作用，是产业集群生态演进中不可或缺的系统动力。核心企业不仅通过自身的持续发展壮大为产业集群注入源源不断的经济增长动力，推动产业集群规模扩张；还凭借在技术、人才和市场等关键资源上的集聚与辐射效应，优化产业集群的资源配置格局，促进产业集群内企业间的协同合作、知识共享与优势互补，加速产业集群的生态进程。

（5）核心企业与产业集群之间的关系是相辅相成的。

核心企业是在产业集群中萌生、成长和发展壮大起来的，这些企业凭借其强大的资源整合能力，能够有效地将周围的产业资源进行内化、吸收和优化，从而不断增强自身的竞争优势。在这一过程中，核心企业不仅仅是资源的单纯使用者，更是资源的整合者和优化者，它们通过对产业资源的有效配置和再创造，推动了自身的成长与壮大，培育了自身的竞争优势。反过来，产业集群借助集群内核心企业的知名度和影响力等，逐渐形成了集群具有自身特色的品牌。由于核心企业在行业内的知名度和影响力，它们往往能够吸引更多的相关企业和资源聚集在一起，从而形成一个相互依存、协同发展的产业生态系统。在这样的生态系统中，参与者之间通过合作与竞争，促进了整体效率的提升和创新能力的增强。核心企业的存在不仅为产业集群提供了战略引导，还为其他企业提供了学习和模仿的标杆，推动整个集群的进步。此外，随着核心企业的发展，它们所创造的品牌价值也逐渐体现在整个产业集群中。核心企业的品牌影响力不仅能够提升自身的市场竞争力，还能积极促进集群内其他企业的品牌塑造。通过共享核心企业的品牌效应，整个产业集群逐渐形成了独具特色的集群品牌。这种集群品牌的建立，使得产业集群内的各个企业能够在市场上获得更大的曝光率和认可度，从而提升了整体竞争力。

集群品牌的提升对于核心企业和整个产业集群都是双向的。核心企业在享受集群品牌带来的知名度和市场信任的同时，也通过自身的良好表现进一步增强集群品牌的价值。这种相互促进的关系，使得核心企业与产业集群之间形成了良性循环，推动了整个产业生态的健康发展。在这一过程中，核心企业不仅仅是产业集群的受益者，更是推动者和引领者。它们通过不断地创新与优化，提升了自身的核心竞争力，同时也为产业集群的其他企业提供了技术支持、市场开拓与资源共享的机会。这种协同效应使得产业集群能够在激烈的市场竞争中立于不败之地，形成了独特的产业优势。

第4章

企业资源获取、企业能力与产业集群发展绩效的关系研究

本章研究旨在探讨企业资源获取对产业集群发展绩效是如何产生影响的，企业能力和资源获取能力在推动产业集群发展绩效方面到底发挥了怎样的作用？本研究基于企业资源理论、企业能力理论和产业集群发展理论，以企业能力作为中介变量，实证检验企业资源获取与产业集群发展绩效之间的关系。

4.1 研究背景

在经济全球化趋势的驱动下，企业面临的竞争环境变得更加复杂，产业集群发展对区域经济助推效应日益显著。产业集群是相关行业的一群企业在某一区域聚集，企业的集中会产生有利于企业成长的外部性。但目前来看，我国产业集群大部分还处在全球产业链的低端水平，产品附加值比较小，创新能力明显不足。发展产业集群，优化集群内资源配置，帮助企业成长并获得核心竞争力势在必行。集群内企业为避免发展的局限、资源的匮乏、自身能力不足和核心竞争优势不明显等问题，必须在企业外部利用产业集群网络寻求开放的发展视野和丰富的资源，实现专业分工和资源互补，形成竞争优势。

有学者从资源视角研究企业资源的获取对产业集群的影响。Wang et al.（2010）认为产业集群为企业发展提供了良好的氛围，然而，外部资金、政策、技术、知识和信息等资源的易获取性只是提升绩效的必要

条件之一，还需要利用企业创新能力的异质性来补充解释产业集群发展绩效的差异。窦红宾和王正斌（2012）通过对西安光电子产业集群113家企业进行问卷调查所获数据，运用回归模型进行实证研究，发现显性知识资源获取和隐性知识资源获取在中心度、联结程度对成长绩效影响中扮演完全中介的作用；周钟和陈智高（2015）从企业知识刚性角度研究分析了产业集群中的知识转移行为对集群知识锁定和技术路径依赖的影响，指出建立深度学习和合作关系，促进知识有效转移，是缓解产业集群路径依赖和知识锁定的有效途径。陈怀超等（2020）选择山西省7个典型产业集群作为研究对象，研究了制度支持对集群企业创新绩效的影响。研究结果表明：正式制度支持和非正式制度支持均能显著提升集群企业的创新绩效；文化相似性增强了非正式制度支持对集群企业创新绩效的影响，发挥了“催化剂”效应，但不能增强正式制度支持对集群企业创新绩效的影响；技术能力在正式制度支持和非正式制度支持影响集群企业创新绩效过程中均存在部分中介效应，起到了“中介物”作用。韩玉刚等（2021）从产业链治理视角探究产业集群发展，认为区域在产业链和集群治理方面，要营造显性的和隐性的区域文化环境，通过鼓励创新创业、尊重诚信共生的区域文化，激发产业的进一步集聚和产业链内外多元主体积极的行为选择。

对于产业集群中企业能力的拓展和应用，不少研究都进行了积极的探索（Romanelli & Khessina，2005；Teal，2009；Wu & Wei，2013）。黄林和朱芳阳等（2018）从集群本地网络和超本地网络交互作用以及二者分别与集群企业网络能力交互作用的角度，对150家集群企业的调查数据进行实证分析，探讨了对集群企业升级的影响。王志亮和贾宇虹（2019）提出强化组织学习能力、加强集群企业与外部的交流、完善集群企业整体的发展以及加强集群的环境建设等政策建议。姜照君等（2019）通过选取20家国家级广告产业园，基于714家文化企业微观数据，实证检验多重网络嵌入对文化企业创新能力的影响，认为文化企业需要提高自身知识吸收能力，积极嵌入基于产业链的纵向商业网络和基于协同合作的横向服务网络。赵颜渊（2020）认为企业核心能力是在演化中不断成长和积累的，除了自身内部可以对其进行培养外，外部因素也可以对其进行影响。核心能力带有异质性，又受到外部产业集群的影响。但现有研究忽视了企业资源获取与企业能力之间的相互关系对产业集群发展绩效的影响。

本研究将从企业资源理论、企业能力理论和产业集群发展理论视角出发，探讨企业资源获取、企业能力与产业集群发展绩效之间的关系，并构建三者关系的概念模型（见图4-1）及相关假设。同时，采用问卷调查数据对该理论模型进行验证。

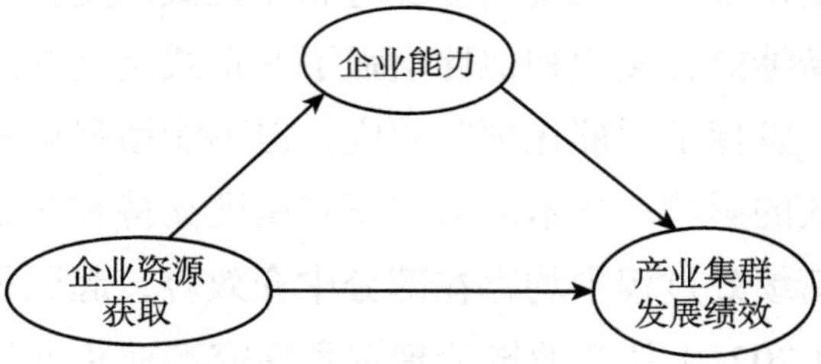

图4-1 企业资源获取、企业能力与产业集群发展绩效之间关系的概念模型

4.2 理论基础

4.2.1 企业资源理论

企业资源理论兴起于20世纪80年代中期，企业资源理论鼻祖彭罗斯（Penrose）在其经典著作《企业成长理论》里，提出了关于资源的见解：一是企业是资源的集合；二是企业就其所拥有的资源来说是异质的；三是企业资源状况影响企业绩效。国内外学者从不同的角度对企业资源做了定义，Wernerfelt（1984）明确提出了资源观理论，认为企业资源可被定义为半永久性附属于企业的有形和无形资产，包括给定企业的任何强点或弱点。企业战略规划的基础是资源而不是产品。Grant（1991）将企业资源分为技术、人力、组织、财富、物质和声望六类资源，认为企业在生产过程中的投入物包括设备、资产、资金、员工的工作技能和品牌等都是企业资源。Barney（1991）则将企业资源看成是能够帮助企业实现经营目标，所拥有的能够提高其战略效果的资产、能力、知识、信息和组织流程等，他将企业的资源分成人力资本资源、组织资本资源和物质资本资源三类，并提出强调“拥有具备价值性、稀缺性、不可模仿性和不可替代性的资源是企业获取竞争优势的重要基础”的 VRIN 框架。Amit & Shoemaker（1993）将企业资源定义为“企业拥有或者控制的要素存量”，包括可交易的专利和授权等专有产权、技术、财务、设备和工厂等物质资产及人力资本等。我国学者项保华（2003）认为，资源一般指的是那些能够由企业管理者所完全掌握的、外显的、静态的、被动的、有形的“使役对象”。然而值得注意的是，这一时期的理论研究仅从静态视角将企业竞争优势归因于其所拥有的异质性资源，忽视了该类资源的动态获取，这便导致在日益动荡的外部环境下资源基础理论与实践脱节。

资源基础理论认为资源是企业获取和维持竞争优势的必要条件，企业拥有别的企业无法模仿和难以替代的、有价值的、异质性的和稀缺的资源是形成企业竞争优势的基础（Wernerfelt，1984；Barney，1991）。这类资源不仅包括企业所拥有的资产、设备等物力资本资源，还包括组织结构、品牌、声誉、信息、知识、能力和员工综合素质等在内的组织资本资源与人力资本资源。这些资源不仅为管理者在制定与实施企业战略时提供有力支持，还促进了企业隔离机制的构建。通过构建异质性资源、实施事前竞争限制、确保资源非完全移动以及实施事后竞争限制这四种资源竞争战略，企业能够有效降低交易成本并维持利润水平，从而推动战略目标的实现（Peteraf，1993）。企业的成长是以内部资源为基础的，企业成长的方式、速度以及界限直接受到资源数量和质量的影响（邬爱其，2004）。企业是各种包括技术与管理等隐性资源和产品与设备等显性资源的集合体，这些资源在企业初创、成长及创新发展过程中起到了非常重要的作用，企业能否高效地利用现有的资源在很大程度上决定着企业发展的水平与高度。企业初创、成长和可持续发展的基础要素是资源，企业对资源的获取能力、整合能力以及重构能力直接影响企业竞争力的形成，以及企业最终的经营规模水平与发展绩效。由于单一企业家经营战略的局限性，企业具有禀赋资源少、市场与技术的信息不对称和应对竞争策略不确定等特点。企业自身资源有限，难以满足企业发展对资源的需求，所以从外部获取资源是满足企业资源需求的主要途径。

产业集群网络资源是指存在于产业集群内部，能够为集群内企业所共享的无形或深层次的资源或能力，如产业集群整体品牌、创新性知识、自组织能力和竞合氛围等无形的战略性集群资产。这些资源对于产业集群内部企业来说是可获取的、可共享的公共品，但是对于外部企业来说是具有一定排他性的、难于获取和无法模仿与替代的稀缺性资源。集群内企业的各类资源获取得到了政府、金融机构、中介组织、大学和集群内其他企业提供的便利和有力支撑，从而促进企业绩效发展（Callois，2008）。归纳起来，企业从集群中获得的外部资源包括以下八个方面：第一，来源于集群产业链条中专业化分工带来的产业核心资源；第二，来源于集群内丰富的专业性的科技资源；第三，来源于集群对口的专业技术人才、营销人才和职业经理人队伍的人力资源；第四，来源于金融机构为集群企业提供快速便捷的金融、信贷和风险投资服务的资本资源；第五，来源于集群内中介机构提供的丰富的人才、技术和信息等服务性资源；第六，来源于政府政策和制度的支持资源；第七，来源于集群区域配套的公共软硬件如公共交通、社区文化等环境资源；第八，来源于集群内的区域品牌、生产要素、营销渠道和目标市场等方面的共享资源。

因此，我们从企业的人才资源、管理资源、配置服务资源、资金资源、政策资源、技术资源和品牌资源七个方面来研究企业的资源获取能力。

4.2.2　企业能力理论

传统资源基础观主张，组织的竞争优势根植于其独特的异质性资源与能力之中，资源在这里指的是生产活动中所必需的投入要素，而能力则是指利用这些资源完成特定任务的一系列技能组合。随着研究的不断深入，“能力”这一概念被资源基础理论研究者不断强化，并被赋予了更为专门且抽象的内涵，从而与广义上的研究范畴相区分，企业能力理论逐渐形成。Barney（1991）认为，企业是“一个能力体系或者能力的独特集合体”。企业能力是企业内部资源的最优配置和使用（Penrose，1959），是与资源利用密切相关的综合知识与技能（Helfat et al.，2003），是企业能够拓展其生产机会的知识积累倾向，是企业无形资源的重要组成部分。企业在逐渐积累知识和提升技能的过程中带来的企业组织管理资源的释放，对企业快速发展、扩张和升级具有重要的推动作用。Penrose（1959）认为，企业人力资源决定了企业内部物质资源所能提供的服务以及质量。人力资源发挥的作用越大，提供的质量和数量越好，企业内部的物质资源能量的发挥就越充分，企业的成长就越迅速。在资源基础观的基础上，Parahalad & Hamel（1990）进一步提出了核心能力理论，他们将企业核心能力定义为企业独有且难以模仿的、可以为其创造竞争力的知识和技能。核心能力就是对自身拥有的产品、工艺及资金等有形资源和技术、经验及管理等无形资源的整合能力，即组织的学习创新能力。核心能力的形成与存在构成企业成长的力量源泉，是一种能够迅速对环境变化做出反应而且成本更低的建设能力，企业的这种核心能力其竞争对手无法预知，将最终决定企业的经营绩效和竞争优势。

为助力企业突破核心能力刚性，Teece & Pisano（1994）提出动态能力理论（Dynamic Capabilities），Teece et al.（1997）将其定义为企业在面对外部环境不断变化时，能够使其快速建立、整合和重构其内外部资源和技能的动态能力，能够迅速形成新的竞争优势；对于动态能力维度的划分，Eisenhardt & Martin（2000）将动态能力分为资源获取能力、吸收能力和资源的释放能力三个部分。Teece（2007）将企业动态能力分为感知能力、整合能力和重构能力。Wilhelm et al.（2015）指出动态能力包括感知能力、学习能力和重构能力。Wang & Ahmad（2007）研究认为，动态能力由吸收能力、适应能力和创新能力三个维度构成。

归纳上述文献，将企业能力分为感知能力、整合能力和重构能力这三个维度基本上得到多数学者的认可，因此本研究将企业能力分为感知能力、整合能力和重构能力三个维度，其中感知能力是指企业在激烈的竞争环境下，根据环境变化有效地配置和部署资源的能力（Eisenhardt & Martin，2000），是构建和维系自身竞争优势的能力（Day，1994；Teece et al.，1997）；整合能力是指企业对现有资源进行重新构造协调整合（Caloghirou et al.，2004），从而产生新的更高价值的能力；重构能力是指企业将资源进行复制、转移以及重新结合（Eisenhardt & Martin，2000），将组织的稀缺资源配置到需要的生产部门（Coen & Martin，2011），对组织工作关系和组织结构重新设计和调整的能力（Teece，2007）。

4.2.3 产业集群发展理论

产业集群是包括企业、高等院校、金融机构、科研机构和政府在内的一种创新的区域性经济系统，具有基于区域的专业化特征，形成了具有地域特点的创新氛围和创新环境。产业集群的发展能够增强区域的竞争优势，增强集群内企业的创新能力。

产业集群发展可分为粗放式发展和集约式发展（闫华飞，2015）。粗放式发展是以集群的外部因素作为发展的动力，注重空间的拓展、规模的不断扩大和集群内企业数量的不断增长；集约式发展是以集群的内部因素为发展的动力，注重内部资源的整合、产品品牌的提升、结构的优化和质量的不断提高，促进集群发展内涵的提升。产业集群粗放式发展主要是在集群发展初期，围绕集群的主体功能定位在数量上发展，形成规模效应，在空间发展上占领优势，快速提高集群企业产品在市场上的占有率。在集群发展成长期，集群不仅在规模和数量上求发展，更需要在质量上求突破，核心企业应采用集约式发展，整合内部资源，发挥引领作用。依托集群网络优势，广泛开展信息共享、知识服务和人才交流，从整体上提高集群企业的技术创新能力，促进产品升级及优化产业结构，打造集群的人才高地，形成产业集群升级的动力源，集中力量打造一批富有竞争力的产品品牌和服务品牌，扩大集群产品知名度与集群的影响力。

从显性上看，产业集群的发展绩效是集群中的企业通过产品研发、技术服务、市场开发及运营管理等取得的发展成果，从本质上看，产业集群的发展绩效并非单一企业所能独立实现的，而是由政府部门、中介机构、高等院校和科研机构等多方主体相互作用、相互依存、相互影响所形成的复杂管理系统的综合成果。在此过程中，政府引导发展方向，中介机构提供服务支持，科研院所为新产品开发提供新技术支持。这一切的成功，源于多个行为主体的协同合作。

在产业集群发展绩效评价指标的选取上，国内学者左和平和杨建仁（2010）选取产业集群的集聚程度、合作程度、竞争程度、产出能力、创新能力和经济促进能力6个方面作为产业集群绩效的评价指标。方永恒（2010）选择集群的集聚经济性、集群壁垒、集群创新力和集群环境作为评价产业集群发展绩效的指标。周炯和杨平儿（2011）从产出能力、创新能力、集聚程度和开放程度4个方面构建了产业集群绩效评价指标体系。吴俊杰和盛亚（2011）、郭元源等（2014）从集群产出能力、集群成长速度和集群促进就业能力三个方面来衡量集群绩效。毛才盛（2013）从服务与支持要素、主体要素、企业创新资源投入、企业知识存量水平、企业知识获取与转移、集群内企业协同和集群创新环境等七个方面研究了服务外包产业集群创新绩效的影响因素。凌婧（2015）选取财务、市场、集聚和创新四个维度作为评价汽车产业集群的绩效水平的一级指标。白孝忠和廖良美（2016）选取社会效益、产业水平、集群发展潜力和集群创新能力作为创新型产业集群绩效评价体系。张爱民等（2022）从集群的财务、市场（客户）、结构（流程）和创新（学习，成长性）四个方面，构建了评价汽车零部件产业集群绩效递阶层次指标体系。

通过梳理相关的文献资料可以看出，多数专家学者侧重于从集群创新能力、网络化水平、集聚环境、产业聚集度和产出能力等方面来衡量产业集群的发展绩效。综合专家观点，本研究采用闫华飞（2015）的观点，选用产业关联、主体交互和集群创新三个维度来衡量产业集群发展绩效。

产业关联是指产业之间在经济技术（主要包括产业之间投入产出、供给和需求）上的数量比例关系，具体体现在产业集群通过技术引领、知识服务、人才交流、产品互补和信息共享等由供需关系而形成的集群区内企业之间的互为补充、关联服务、共享依存的互动联系。伴随着集群产业的发展，企业之间关联程度的不断提高，产业集群的集聚程度也不断提高。

主体交互是在产业集群内包括企业管理者、创业者、中介机构、科研院所、金融机构和相关政府部门等各主体之间沟通、交流、往来的强度和频度，以及相互促进与相互制约的关系，体现的是产业集群的网络化水平。集群内不同产业主体间的关联程度越紧密，越能够促进各个产业主体的发展。同时，集群内部各个主体之间相互联系的频率越高，越能够促进资源在不同主体之间的流动，推动产业集群整体的发展。

集群创新是指产业集群内整体的创新水平，通过技术、产品、管理和服务等方面的创新来体现。本质上表现为集群创新主体对外部创新知识的获取、吸收、分析和采用，以及对集群内外部创新资源的整合。多数专家学者从集群创新的视角，证实了集群创新主体成员之间合作程度对于产业集群发展绩效的正向作用。

根据上述企业资源理论、企业能力理论以及产业集群发展理论，本研究构建了企业资源获取、企业能力与产业集群发展绩效各分量关系的概念模型，见图4-2。

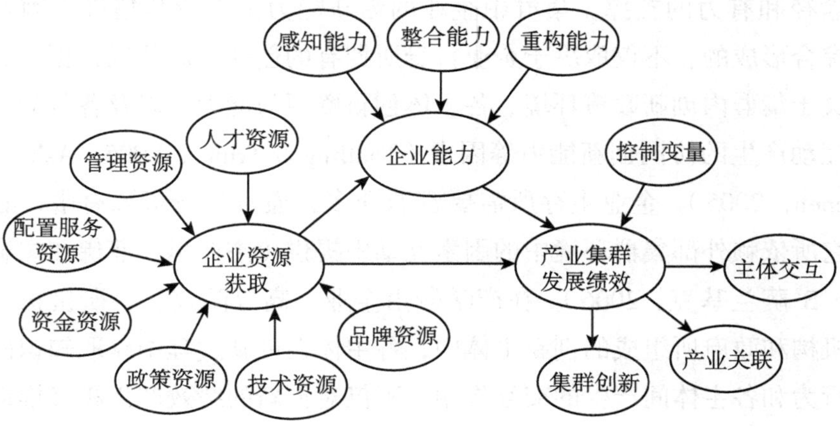

图 4-2　企业资源获取、企业能力与产业集群发展绩效各分量之间关系的概念模型

4.3　研究假设

4.3.1　企业资源获取、企业能力和产业集群发展绩效的关系

随着全球经济的快速发展，由于各产业之间相互的需求和供给，使得产业之间的关系越来越密切、依存程度越来越高，形成了相互制约、相互依赖、相互促进的产业关系网络。由于集群内不同产业之间存在一定的经济技术关联关系，所以不同资源在各个产业之间不断地转移并重构，使得资源最大限度地发挥作用。与此同时，集群中企业具有丰富的人才资源、良好的政策资源、技术资源、配置服务资源、经营管理资源以及知名品牌等不同的优质资源时，也能够最大程度地吸引相关产业的聚集与发展。集群内企业资源的获取能力越强，集群的资源聚集能力就越强，资源就会越丰富。这时，产业聚集的向心力将得到加强。相关的产业聚集越多，产业之间的关联度就越强，最重要的是集群效应将进一步显著增强，从而推动产业集群的发展绩效持续提升。

产业集群为企业创新活动提供了金融、技术和政策等各类资源获取的途径和有力的支撑。集群中企业的创新能力是企业与集群多因素交互综合形成的，不仅取决于企业自身所拥有的创新资源状况，更多的是取决于集群内创新政策环境、各主体创新资源与能力，以及各行为主体间互动产生的协同创新能力等因素（Todtling & Trippl，2005；Asheim & Coenen，2005）。企业生存所需要资源众多，通常自身资源有限，必须由它所依赖外部集群环境中的因素互动中提供（杰弗里·菲佛和杰勒尔德·R.萨兰基克，2006）。在产学研由企业、高等院校、科研机构、中介机构和政府所组成的创新主体中，各主体在创新过程中获取知识的学习行为和各主体间产生的交互作用，不仅对创新的绩效产生积极推动作用，也会促进创新的产生。企业作为创新主体通过互动构成创新的组织与空间结构的集群网络系统，并在互动过程中不断学习、交流、共享和发展，推动整个集群网络系统的演进和发展（Doloreux & Parto，2005）。企业在对各种资源的获取、整合和利用的过程中，主体之间的沟通交流不断增加，交互作用也在相应增强。

产业集群是以核心企业为主体，与配套企业形成上下游关系的一批区位相对集中的企业集群，集群内聚焦了一批主业相同或相近的企业，当地政府往往会从政策上给予引导扶持，投入众多的资源解决企业共性技术和共性需求问题（丘海雄和徐建牛，2004），在产业集群内众多企业比邻而居，不仅为彼此之间的互相学习提供了极大的便利，还促进了信息与知识的快速传播。企业通过多种方式努力与其他组织建立紧密联系，以获取创业成长所需的关键资源。它们利用信任机制和关系契约来强化内部合作，通过内部结合实现资源和能力的互补；同时，企业也积极与外部组织进行交流与合作，补充自身不足，进一步拓宽资源获取渠道。这种紧密的合作关系，不仅有助于降低交易成本，还能加速创新进程。独特的资源是企业取得竞争优势的主要来源。当企业面临关键资源不足的挑战时，可以通过与供应链中的伙伴建立紧密的合作关系，获取合作伙伴所独有的资源。这种合作不仅能够帮助企业创造新的竞争优势，还能有效维护其现有的竞争地位（李维安等，2016）。因此，产业集群作为一个整体，有利于企业对资源的获取及创新能力的产生。集群内的企业对各种资源的获取能力越强，资源转化为企业竞争能力的概率就越高，集群的创新能力也随之增高。因此，提出以下假设：

H1：企业资源获取对产业集群发展绩效具有正向影响。

H1a：企业资源获取对产业关联具有正向影响。

H1b：企业资源获取对主体交互具有正向影响。

H1c：企业资源获取对集群创新具有正向影响。

企业拥有的资源，无论是资金、技术、人才、设备还是信息等，本身并不直接具备生产能力，而是企业对资源的组织、协调以及整合利用，通过一系列复杂的活动转化为实际的产品或服务，满足市场的需求，实现企业的价值创造，在这个过程中资源产生功效，企业能力得以体现。因此，企业能力的高低，不仅取决于拥有多少资源，更在于其如何有效地组织、协调和整合利用这些资源，使资源在企业的运营过程中发挥出最大的功效。企业通过广泛的信息搜寻，获取企业内外资源、识别潜在市场机会、开发创业机会，学习先进的成功经验，通过优化调整各生产与管理部门的功能与运作，不断扩充并建构自身的优势资源与能力基础。随着外部条件的变化，企业及时地调整内外部资源结构，使各部门职能清晰、密切配合、高效协调和相互促进，从而形成企业组织系统的结构优化与管理升级，提升企业对外部技术、产品、市场环境变化的适应能力和内外资源的整合能力，实现各种资源向企业自身能力的转化。企业对外界变化的反应和整合能力，可以极大地增强组成企业复杂系统网络中的各子网络系统之间的匹配有效性，使之实现企业系统网络效能最优和系统网络的整体柔性（高晶等，2007）。集群内企业的感知能力、整合能力和重构能力，将各种资源更加有效地转化为企业的经营绩效，最终提升集群的发展绩效。因此，提出以下假设：

H2：企业能力在企业资源获取对产业集群发展绩效的影响中具有中介效应。

H2a：感知能力在企业资源获取对产业集群发展绩效的影响中具有

中介效应。

H2b：整合能力在企业资源获取对产业集群发展绩效的影响中具有中介效应。

H2c：重构能力在企业资源获取对产业集群发展绩效的影响中具有中介效应。

4.3.2 企业资源获取分量和产业集群发展绩效分量的关系

（1）企业资源获取分量与产业关联的关系。

①人才资源获取与产业关联的关系。

产业集群作为具有区域特征的特殊产业组织形式，其内部独特的结构和要素连接模式成为产业具有蓬勃生命力的重要原因，推动了集群企业的内涵发展，促进了区域经济发展模式的变革与效益增长，在国内催生了一批具有良好行业前景的产业集群，构建了国家区域经济发展的竞争优势。同时，由于产业集群的集聚效应，也集聚、吸引、培养和锻炼了一大批优秀的产品开发和经营管理人才。在经济全球化的竞争环境中，产业集群成了大批高端专业技术人才的吸引与集聚地，也极大地促进了产业集群的跃升与发展，使产业集群的竞争优势不断增强，对增强产业关联度起到积极的作用。因此，提出以下假设：

H1a1：人才资源获取对产业关联具有正向影响。

②管理资源获取与产业关联的关系。

管理资源是企业资源整合、利用、开发和经营有效、持续、规范最主要的内在推动力，企业管理通过对企业经营前景的分析、现有资源的统计和潜在市场消费者的估计，最终确定企业未来的发展方向，对企业的资源进行有效的调配，让不同的资源能够在自身最适合的位置发挥综合利益最大化的效益；企业管理通过对企业经营操作程序的控制、优化、改造和管理，让企业经营活动实现规范化、统一化、专业化和标准化。产业集群内企业管理的获取能力越强，产业内涵式发展能力就会越强，产业关联度就会越来越强。因此，提出以下假设：

H1a2：管理资源获取对产业关联具有正向影响。

③配置服务资源获取与产业关联的关系。

在全球经济竞争日益激烈的背景下，产业集群内配置服务的完善程度、优惠政策的实施效果以及公开、公平、透明的市场环境，对于改善产业发展的外部环境具有至关重要的作用。这些因素共同作用下，能够为企业提供更加优越的生存和发展条件，确保企业能够灵活应对市场变化，根据实际发展需要，对各类资源进行有效的整合与优化配置。当某一产业在集群内成功发展起来，并形成有利于该产业发展的资源配置格局时，不仅能够显著提升该产业内企业在国内外市场的竞争力，巩固和扩大其在全球市场的领先地位，推动整个产业的持续繁荣与发展，还能够促使不同产业之间进行更为深入和广泛的交流与合作。这种跨产业的互动与合作，有助于增强产业之间的关联程度，促进产业链上下游的协同发展，从而进一步推动区域经济的整体升级和转型。因此，提出以下假设：

H1a3：配置服务资源获取对产业关联具有正向影响。

④资金资源获取与产业关联的关系。

资金资源是企业内生增长不可或缺的核心要素，企业的运营资金规模越大，其市场拓展、产品研发和生产管理等各个环节的运作就越为顺畅，盈利能力也越强。然而，在激烈的市场竞争中，企业仅凭内部积累的资金往往难以满足长远发展的需求，尤其是在开展研究与开发活动、增强技术创新基础与实力方面，更需要大量的资金支持。为了保障企业生产经营活动的平稳运行，加大技术创新力度，企业通常会积极寻求外部资金的支持。这些外部资金可能来源于政府及主管部门的专项扶持资金、金融机构的贷款、其他企业的合作投资，以及技术创新补贴、税收优惠等政策性资金。这些外部资金的注入，不仅为企业提供了稳定持续的发展动力，还显著增强了企业在面对创新活动失败及经营运作失误时的承受能力和抗风险能力。在此过程中，企业间的资金合作与资源共享促进了产业之间的协作与互动，加深了各企业之间的产业关联性。因此，提出以下假设：

H1a4：资金资源获取对产业关联具有正向影响。

⑤政策资源获取与产业关联的关系。

建立健全配套的政策资源，通过一系列的产业政策、金融政策、税收政策、生态环境政策，以及技术政策等引导更多的资本流向新兴产业，营造良好的产业发展政策环境，促进新兴产业的发展。例如，对于高新技术产业，政府可能会提供研发补贴、税收优惠等激励措施，吸引更多的企业和资源涌入，进而带动相关配套产业的发展，形成紧密的产业集群。这些政策不仅能够提升企业运行效率，促进企业之间在人才、技术、产品和信息等关键领域的交流与合作，还通过产业链上下游的延伸，加强了产业间的联系与协作，推动整个产业链的完善与升级，最终实现整体产业结构的优化与协调。因此，提出以下假设：

H1a5：政策资源获取对产业关联具有正向影响。

⑥技术资源获取与产业关联的关系。

技术作为企业最重要的战略资源，在实现企业战略目标和创造价值的过程中具有关键导向作用。企业获取外部技术有助于企业集中资本，提高劳动生产率，对企业绩效具有显著的正面效应（kiyota & Okazaki，2005）。企业获取外部技术资源，可以通过技术联盟合作，了解、吸收和消化合作企业的技术、产品与知识，从而提升企业的技术积累与学习创新能力，不断增强企业内部的研发能力，继而转化为自身的技术能力，从而实现知识和技术的转移过程，最终提高企业的绩效（高宇等，2011）。同时技术的内在特征和属性决定了技术关联企业的集聚和产业集群的形成，而且技术关联企业的聚集推动了产业关联与技术创新。因此，提出以下假设H1a6：

技术资源获取对产业关联具有正向影响。

⑦品牌资源获取与产业关联的关系。

随着市场竞争的日益加剧，企业品牌形象凭借其识别度的提升、质量承诺和保障的强化、广告和导购效率的提升、心理效应的增强、资产积累的加速、盈利能力的提升、竞争优势的构建以及价值链延伸等多重功能（Balmer & Podnar，2021；徐业坤和郑秀峰，2024），已成为企业突破市场瓶颈，实现可持续发展的关键途径（Rahman et al.，2023）。尤其在智能网联的时代背景下，品牌引流作为企业开拓市场的核心战略决策，其重要性日益凸显（张瑶等，2024）。品牌资源获取就是对品牌显性和隐性知识的收集、共享和利用的过程。开展综合性品牌管理有利于促进企业经营水平和营销产出效益，使品牌助推和优化营销环境，有效促进品牌发展与进化。企业获取外部顾客所持有的、对品牌建设具有重要价值的品牌知识。通过学习共享机制转变为企业自有知识并有效利用，推进品牌的进化和经营业绩的提升，扩大企业品牌的传播范围，当企业品牌在市场上建立起独特的竞争优势和良好的口碑时，它将成为吸引合作伙伴、推动产业链上下游协同发展的重要力量，从而促进产业之间的正向联动与协同发展。因此，提出以下假设：

H1a7：品牌资源获取对产业关联具有正向影响。

（2）企业资源获取分量与主体交互的关系。

①人才资源获取与主体交互的关系。

企业获取人才通常是通过外部聚集和内部培育两种方式，外部聚集是人才获取的主要方式，通过政府、社会和个人共同发挥作用（梁林和刘兵，2015）。企业的发展需要创新型人才的不断注入，而企业作为市场经济的活动主体，具有决定企业行为并发挥其作为市场主体作用相应的属性，人才是主体作用发展的根本，而主体参与市场竞争的核心就是人才竞争，人才的获取程度决定着一个企业的兴衰存亡，不仅能够为企业注入新鲜的血液，还能够促进企业与其他市场主体之间的交互作用，从而推动行业的合作与创新。因此，提出以下假设：

H1b1：人才资源获取对主体交互具有正向影响。

②管理资源获取与主体交互的关系。

产业集群内的关系主体涉及核心企业、配套企业、政府、金融机构、科研院所和中介服务等众多方面，业务互动交往频繁，呈现多元化的发展特征，导致整个产业集群内部的各个行为主体之间形成了复杂的关系网络结构（吴荻，2013），管理尤其是知识管理在这些复杂的主体之间显得特别重要，知识管理是从对外部知识的搜索开始的。在知识与信息爆炸的大数据时代，我们的眼前常被各种知识与信息包围，而有用的知识与信息却较少或者没有接触到，所以有必要对外部知识在更广阔的范围作一个全面的搜索。因为管理资源的获取，有助于找出集群内主体之间有机的切合点，有助于集群内主体之间的发展与合作，使资本结构更加地合理，使资源得到有效的整合，增加主体之间的相互合作机会，提高各自的产品与服务，使产业集群的经济效益得到提高。因此，提出以下假设：

H1b2：管理资源获取对主体交互具有正向影响。

③配置服务资源获取与主体交互的关系。

企业获取集群内多样化的配置服务资源，将使企业的价值资源倍增，使企业快速发展，实现价值增值，显著地增加和提高企业在市场上的竞争力和竞争优势。从产品到服务的转变依靠价值链中的单一企业很难实现，而且配置服务资源的价值不是由服务供应商提供完美的总体解决方案决定的，也不是由现有的客户需求决定，而是由服务供应商与客户之间的深层次互动决定的（宋华和张松波，2013）。因此，提出以下假设：

H1b3：配置服务资源获取对主体交互具有正向影响。

④资金资源获取与主体交互的关系。

产业集群内的企业是具有适应性的主体，在竞争与合作的行为上进行主动选择，实际上就是企业之间在基于自身利益前提下的博弈行为。在这场博弈中，企业不断权衡利弊，寻求最佳的竞争与合作策略，以实现自身利益的最大化。而在激烈的市场竞争中，资金的获取成为了决定企业命运的关键因素。如果没有充足的资金，或者是资金短缺或不足，再好的经营计划、再好的项目和产品，都是不切实际的空想，再好的投资活动都有可能中途搁浅或夭折。因为充足的资金对企业主体之间经营活动起着根本性作用。在资金的支持下，企业可以更加自信地参与市场竞争，更加积极地寻求合作伙伴，共同开发新产品、开拓新市场。有了资金的支持，主体之间的合作才能更好地进行与发展。因此，提出以下假设：

H1b4：资金资源获取对主体交互具有正向影响。

⑤政策资源获取与主体交互的关系。

政府作为宏观经济调控的核心力量，不仅掌握着企业经营政策的导向，还掌控着众多具有极高价值且稀缺的资源，具有其他资源不可比拟的优势。在产业集群发展中，政府为企业推出引导性的扶持政策，加大对企业的支持力度，意味着企业可以从政府获得更多的稀缺资源。政府的政策性资源将极大地促进企业主体作用的发挥，对集群各主体间互动演化也会产生巨大的影响，对主体之间的合作与发展起着积极的方向性引导。具体而言，政府通过提供税收优惠、研发补贴和低息贷款等经济激励措施，极大地降低了企业的运营成本和创新风险，使得企业能够从政府手中获取更多的稀缺资源，进而增强其在市场中的竞争力和可持续发展能力。此外，政府通过规划产业布局、优化营商环境和搭建公共服务平台等方式，为企业创造了更加公平、开放和透明的市场环境；通过政策的引导和调控，能够有效地调节集群内部资源分配，优化产业结构，促进产业链上下游企业的紧密合作与协同创新；还通过搭建行业交流平台、组织产学研合作等活动，促进集群内部知识与技术的交流与共享，促进产业集群内部各主体之间的良性互动与协同发展。因此，提出以下假设：

H1b5：政策资源获取对主体交互具有正向影响。

⑥技术资源获取与主体交互的关系。

由于企业自身在技术力量、产品开发以及创新能力方面存在一定的局限性，对于前沿性技术、先进知识和最新信息的学习、消化与吸收能力相对有限。因此，为了推动企业的持续发展和竞争力提升，企业必须积极主动地寻求外部资源，特别是技术资源的支持。这种对外部技术资源的依赖和需求，反映了企业在面对快速变化的市场环境和日益激烈的竞争态势时，所展现出的一种自我发展和利益最大化的本能追求。复杂适应系统的核心是系统中的各个主体（如企业、机构等）为了自身的发展和利益最大化，主动地进行适应、学习和创新。针对产业集群这样一个多主体的复杂适应系统，技术的传播与应用并非孤立存在，而是基于各主体间为了获取更多利益而形成的交互行为。企业作为集群中的核心主体，通过引入外部技术资源，丰富自身的知识体系，使得企业在技术研发、产品创新等方面拥有了更多的可能性和选择。同时，企业间的关联关系因为技术的共享和交流而变得更加紧密，增强了与其他企业主体之间的关联性和互动性。因此，提出以下假设：

H1b6：技术资源获取对主体交互具有正向影响。

⑦品牌资源获取与主体交互的关系。

品牌资源是企业发展的一项重要资源。品牌竞争力的大小是由企业所拥有的技术深度、知识广度和资源多少，以及由企业综合运用品牌而产生市场影响力的大小决定的，是企业对各项资源有效配置和高效使用的结果。在产业集群这一特定的经济环境中，企业能够积极利用产业集群的品牌资源，深入开展综合性品牌知识管理，有利于促进企业营销水平，能够使自身品牌更好地适应复杂多变的营销市场环境，促进行为主体之间技术、知识、资源和信息等要素投入相互促进与相互制约的关系，促进品牌的有效传播与进化。因此，提出以下假设：

H1b7：品牌资源获取对主体交互具有正向影响。

（3）企业资源获取分量与集群创新的关系。

①人才资源获取与集群创新的关系。

人才资源是企业最重要的内在资源，是创新活动的主体，他们不仅是技术进步的推动者，更是产业升级和集群竞争力提升的核心驱动力。首先，人才是企业技术创新的源泉。他们凭借深厚的专业知识和丰富的实践经验，能够不断探索新技术、新工艺和新方法，推动产业集群内的企业不断突破技术瓶颈，实现产品和服务的持续升级。其次，人才在产业集群中发挥着知识传播和扩散的作用。他们通过交流与合作，将最新的技术成果和行业经验传递给集群内的其他企业和个人，加速知识的共享和转化。这种知识传播不仅有助于提升整个集群的知识水平，还能激发更多的创新灵感和实践。最后，人才还是产业集群内企业创新合作的重要纽带。他们通过参与各种创新联盟、产学研合作项目等，促进不同企业、高校和研究机构之间的协同创新，推动产业集群形成开放、合作、共赢的创新生态。因此，集群的创新离不开大量具有创新意识的人才，建立科学的引进人才激励机制，吸引、聚集和获得更多的人才，共享与整合人才资源，凸显人才创新的优势，使创新者能有更多资源来扩大产业创新活动，进而保证产业集群创新获得持续发展的活力，提升产业集群整体竞争力。因此，提出以下假设：

H1c1：人才资源获取对集群创新具有正向影响。

②管理资源获取与集群创新的关系。

企业拥有的管理资源与管理能力和集群创新具有不可分割的密切关系，管理尤其是知识管理是集群创新的基础和核心，推动了集群创新的发展步伐。在集群创新过程中，专利技术、品牌商标以及一系列其他形式的知识产权是基本的构成要素，这些知识产权不仅是企业创新成果的直接体现，也是其在激烈的市场竞争中保持竞争优势的关键所在。从知识管理的视角出发，集群创新网络组织运用正式契约或隐含契约的方式，将集群内企业组合起来，在企业协同互动过程中，组织内部充分利用知识共享与转移的渠道，促进不同企业间的知识交流与融合，从而催生出新的知识成果，即具有创新性的产出（郭永辉，2013）。知识管理的集群创新成为推动集群发展的主导力量。因此，提出以下假设：

H1c2：管理资源获取对集群创新具有正向影响。

③配置服务资源获取与集群创新的关系。

从资源优化的角度来看，合理配置服务资源能够提升集群的创新效率。在集群创新过程中，服务资源如研发投入、技术支持、市场信息和高端人才等合理配置，有助于提升企业的创新能力。通过优化这些资源的配置，可以确保它们被有效地利用在创新的关键环节上，从而避免资源的浪费和冗余。这种资源优化不仅提升了企业的创新效率，还促进了集群内部企业之间的协同创新，带动整个集群的创新能力和竞争力的提升，形成良性循环。另外，服务资源的配置对于集群创新网络的构建和完善也起着重要作用。集群创新网络是由企业、大学、科研院所、中介机构以及地方政府等多个行为主体构成的复杂系统。这些行为主体之间通过正式的契约关系或非正式的社会关系相互连接，共同推动着集群的创新发展。合理配置服务资源，如建立共享的技术平台、提供便捷的信息交流渠道等，有助于加强这些行为主体之间的联系和合作，促进知识的共享和转移，从而推动集群创新网络的形成和完善。因此，提出以下假设：

H1c3：配置服务资源获取对集群创新具有正向影响。

④资金资源获取与集群创新的关系。

在产业集聚过程中，大量的金融机构会进入集群内，为集群内的企业提供融资服务。资金资源的集聚有助于解决产业集群内的基本生产融资问题，确保企业有足够的资金进行日常运营和扩大再生产。集群内企业之间的竞争表面上看是市场的竞争，实际上已经演变成企业科技实力的竞争。科技投入对企业技术创新绩效的作用也日益增强，为了适应新技术的快速发展，提高产品的技术含量，应对激烈的市场竞争，集群内企业必须加大对产品技术研究的支持力度，通过资金的合理投入来提高企业的创新绩效。而资金资源是创新活动的重要保障，企业资金的获取对集群的创新至关重要。只有充足的研发资金的投入，才能满足集群内企业研发活动及技术创新，不断开发出符合市场需求的新产品，促进集群内技术的升级和产品的更新换代，推动集群创新的演进和发展。因此，提出以下假设：

H1c4：资金资源获取对集群创新具有正向影响。

⑤政策资源获取与集群创新的关系。

产业集群具有聚集效应、协同效应、共生效应、激励效应与晕轮效应等，其中政策资源在产业集群中发挥了重要的作用，具有其他资源不可比拟的优势。产业集群是区域经济发展的重要载体，是各级政府及相关管理部门的关注的重点。从产业集群的形成与发展过程来看，本质上就是集群中各行为主体之间创新资源的互动、整合、交换与共享，实现创新资源有序流动与合理配置，使集群资源效益最大化，促进各主体价值增值，提升企业创新能力，主客体彼此作用构成集群复杂关系结构的过程。政策资源为集群内的创新型企业提供了基本的利益保障和政策激励，如税收优惠、资金扶持等，这些政策能够降低企业的创新成本，提高企业的创新积极性。政府培育产业集群是推出引导性的政策资源，区域政策、产业政策和科技创新政策等能够引导集群内的企业朝着特定的创新方向发展，通过构建集群创新网络来实现，引导支持创新资源有序流动，协调并促进网络成员之间的合作与竞争，促进企业主体作用的发挥，克服产业集群发展的盲目性和无序性（陈伟丽和王雪原，2009）。在政策资源的支持下，集群内的创新活动会不断加速和深化，形成自我增强的创新机制，集群内的企业会通过技术共享、知识溢出等方式加强彼此之间的合作与交流，推动集群创新的持续发展。政府部门作为参与者和管理者的角色，对推动集群创新，不断提升集群创新资源配置效率起到了积极的作用。因此，提出以下假设：

H1c5：政策资源获取对集群创新具有正向影响。

⑥技术资源获取与集群创新的关系。

企业技术获取是实现技术转移活动的一种方式，包括从组织系统内部和外部两种渠道获取。企业为了突破发展瓶颈而寻求外部技术资源的获取，近年来已成为技术管理领域一种引人注目的创新与变革，受到了业界的广泛关注。越来越多的企业采取“走出去”战略，积极向外部寻求技术资源的引入与融合。如企业嵌入知识网络除了能通过信息分享和信任机制实现显性知识的分享和转移，获取竞争优势外，还可通过与其他网络主体联合解决问题，实现复杂的隐形知识转移。目前众多企业主体与研究机构联合建立技术联盟是普遍采用一种创新形式，企业通过技术联盟能够汇集各合作方的优势核心技术资源，通过联盟的合作互补自组织机制，对以技术资源为核心的各类资源进行整合，联盟内部通过技术转移、资源共享、分工协作、组织学习和优势互补，形成一个紧密合作的利益共同体，完成单个企业无法完成的技术创新活动，提升综合技术实力，进而形成企业的核心竞争力，实现企业持续创新（吴琨和顾阳，2010），最终推动产业集群创新。通过集群内知识溢出和集群学习可导致集群内部知识的共享和转移、扩散和产生，进而促进集群创新和成长。因此，提出以下假设：

H1c6：技术资源获取对集群创新具有正向影响。

⑦品牌资源获取与集群创新的关系。

品牌资源具有强大的吸引力，能够吸引消费者、投资者以及各类创新要素的关注和投入。在集群创新中，品牌资源的这种吸引力可以促使人才、技术和资金等更多的创新资源向集群内聚集。这些资源的聚集为集群内的企业提供了更多的创新机会和可能性，扩大企业产品的市场影响力和占有率，增强企业产品的竞争力，这对促进集群创新能力提升具有重要的作用。品牌资源可以激发集群内企业的创新动力。一方面，品牌资源的存在使企业更加注重自身的技术创新和产品质量；另一方面，品牌资源的共享和协同作用可以促使集群内的企业形成创新合作网络，共同开展技术创新和产品研发，提升集群的整体创新能力。通过品牌的影响力和传播力，可以将集群内的创新成果迅速推向市场，实现商业化应用，推动集群内创新成果的共享和转化。在特定区域内，一旦集群品牌形成，就会对集群内的所有产品和服务领域产生影响和作用。凭借品牌所带来的影响力，产业集群能够更有效地进行外部交流与互动。这不仅帮助产业集群迅速占领国内外的产品市场，同时也显著增强了它们在行业中的竞争力。因此，提出以下假设：

H1c7：品牌资源获取对集群创新具有正向影响。

4.3.3 感知能力在企业资源获取与产业集群发展绩效分量之间的中介效应

（1）感知能力在企业资源获取与产业集群发展绩效分量之间的中介效应。

感知反应理论认为，开放系统复杂性的相互作用关系集中地体现在系统边界上（严广乐和王浣尘，2000；刘媛华，2013）。系统的边界是可变的，当系统的环境条件与其结构条件达到某种组合时，其边界可能发生扩张或收缩，从而形成不同规模、不同特性的新系统（丁明磊和刘秉镰，2010）。企业资源获取的过程，感知反应理论从根本上给出了解释，即企业首先通过系统与环境的相互作用，将企业内外部进行资源整合，形成一个不同规模与不同特性的新系统。在此过程中系统内产业间共享各种管理资源、人才资源、资金资源、技术资源、配置服务资源和政策环境资源等，以期望用最小的投入得到最大的收益。产业集群是指在一定的区域之内以相关企业、科研机构和高等院校为核心，以金融机构、中介机构、公共服务设施、政府机构和创新管理为支撑，在与集群管理、集群文化相容的创新环境下，各类集群主体在互动交流、协同创新的过程中，围绕技术、人才、产品和服务等不同渠道与方式，通过不断地感知反应而建立起来的相对稳定、正式和非正式的网络关系，最终形成各种资源的转移、交换、整合和共享利用，形成集群发展能力系统和动力源泉，系统中产业间的关联度也随之大幅增加。企业对资源的感知是其开展创新活动的起点，在产业集群系统中，产业关联度的增强，极大地提升了企业对外部资源的感知能力，从而使企业获取和整合外部资源的能力日益增强。资源被集群内企业利用的频率越高，不同企业间的相互作用频率也越高，从而导致各集群主体之间的交互作用进一步增强。集群中企业的感知创新能力是企业展开创新活动的前提条件，企业间通过感知能力建立起稳定的、能进行创新活动的、正式或非正式关系，最后促进技术和知识的创造、扩散及应用，提升集群的创新能力（刘媛华，2011）。由此，提出以下假设。

H3：感知能力在企业资源获取对产业关联的影响中具有中介效应。

H4：感知能力在企业资源获取对主体交互的影响中具有中介效应。

H5：感知能力在企业资源获取对集群创新的影响中具有中介效应。

（2）感知能力在企业资源获取分量与产业集群发展绩效分量之间的中介效应。

①感知能力在人才资源获取与产业集群发展绩效分量之间的中介效应。

感知能力是企业获取实时市场信息，正确理解市场需求，对外部环境、内部条件以及潜在机会和风险的识别、理解和把握能力。人才资源是产业集群发展的核心要素之一。优秀的人才资源能够为产业集群提供智力支持和创新动力，推动产业集群的技术进步、产业升级和可持续发展。在人才资源获取过程中，感知能力强的产业集群能够更准确地评估人才的技能、经验和潜力。随着经济全球化的持续深化，企业所面临的环境日益复杂多变。为了有效应对外部环境的变化和日益加剧的竞争压力，企业迫切需要获取两类关键人才：一类是具备高新技术、能够准确洞察并满足市场需求、有效开发新产品的专业人才；另一类是精通国际市场运营、擅长开拓国际业务的复合型高级管理人才。企业获取人才通常采用外部聚集和内部培育两种方式，而外部聚集是人才获取的主导方式，内部培育也依赖于外部聚集人才。产业关联与升级需要人才来促进，企业主体之间的相互合作与交流，其实就是高层次复合型人才之间的交流。人才是集群创新发展的主导力量，在很大程度上影响或决定着集群创新的发展方向、发展速度、市场竞争力和经济效益。由此，提出以下假设：

H31：感知能力在人才资源获取对产业关联的影响中具有中介效应。

H41：感知能力在人才资源获取对主体交互的影响中具有中介效应。

H51：感知能力在人才资源获取对集群创新的影响中具有中介效应。

②感知能力在管理资源获取与产业集群发展绩效分量之间的中介效应。

企业管理具备两大功能，一是提高企业内部资源的综合利用效率，二是提高企业对环境的感知能力和适应能力（梁嘉骅等，2004）。感知能力在动态环境中能帮助企业管理者识别运营中存在的风险，适时改变自己的管理模式，不断调整和深化，使之与外界迅速变化的环境相适应，成功地做出响应并能够及时调整，把握外部环境变化的趋势，提升企业的管理能力，发挥企业内各要素效能，提高资源的利用效率，通过不断地感知反应建立企业之间相对稳定的交互网络关系，从而使网络中产业间的关联度大幅增强，促进各种资源的整合和共享。这样企业才能在集群中提升竞争实力与优势，增强抗风险能力，在市场中抢占先机，在竞争中发展壮大，促进企业实现可持续发展。

企业在社会系统中不是独立存在的，企业与各主体之间相互联系、相互合作、相互依存，同时在合作、依存与竞争中谋求各自的发展。企业主体对内外部的感知能力越强，对企业内外部环境的把控能力也随之越强，企业的管理能力也越强，从而也加强了企业主体之间的相互合作、依存与竞争。企业领导应具备对外部环境敏锐的感知力和深刻洞察力，以便能够迅速判断环境的变化。对整个企业而言，这将有助于提升其操控能能力，并展现出更强的灵活性。感知环境，面对客户的需求不断变化，企业适时改变管理模式，对产品和服务进行创新与升级。随着新技术和新产品的不断出现，集群内企业之间的相互作用随之增强，从而促进了集群创新的发展。由此，提出以下假设：

H32：感知能力在管理资源获取对产业关联的影响中具有中介效应。

H42：感知能力在管理资源获取对主体交互的影响中具有中介效应。

H52：感知能力在管理资源获取对集群创新的影响中具有中介效应。

③感知能力在配置服务资源获取与产业集群发展绩效分量之间的中介效应。

企业感知到环境变化所带来的机会、潜在风险或潜在威胁时，会迅速启动一系列内部与外部资源能力的协调与整合机制，以灵活把握市场机遇、有效抵御风险，并巧妙地避开各种威胁。这一过程不仅要求企业具备高度的市场敏感性和洞察力，还考验其资源整合与战略调整的能力。为了更好地适应环境变化，企业不仅需要对现有资源能力进行充分调配和利用，更需时刻准备进行策略性调整和优化。在应对环境动态性挑战时，企业还要不断深化系统的组织学习和知识更新。当现有资源难以满足市场需求的快速变化时，企业需要迅速进行创新和变革，通过引入新技术、开发新产品、拓展新市场等方式，增强组织的柔性和适应性。这种柔性不仅体现在企业对市场变化的快速响应上，更体现在其能够不断更新和升级现有资源能力，以适应外部环境的变化。因此，推动产业的发展必须对资源进行有效配置，有效配置服务资源对产业之间的关联具有重要意义。由此，提出以下假设：

H33：感知能力在配置服务资源获取对产业关联的影响中具有中介效应。

H43：感知能力在配置服务资源获取对主体交互的影响中具有中介效应。

H53：感知能力在配置服务资源获取对集群创新的影响中具有中介效应。

④感知能力在资金资源获取与产业集群发展绩效分量之间的中介效应。

感知能力较强的企业凭借其敏锐的洞察力和高效的反应机制，往往能够在激烈的市场竞争中占据先机，展现出更强的经济实力和技术基础（陈红涛，2013）。这种优势不仅体现在企业对市场动态的精准把握，还反映在其能够快速识别并抓住潜在市场机遇，以及有效应对各种挑战和风险的能力。由于拥有较强的经济实力和技术基础，这些企业往往能够获得更多金融机构和投资者的青睐，进而获得更多资金支持。这些资金不仅为企业提供了充足的运营资本，还为其扩大生产规模、提升技术水平和优化产品结构提供了有力保障。同时，随着企业经济实力的增强，其在研发创新方面的投入也会相应增加，推动新产品、新技术、新工艺的不断涌现，为企业创造更多竞争优势。在经济实力和技术基础不断壮大的基础上，这些企业还能够积极开拓产业之间的关联程度，增进与其他企业的互动与合作。通过构建紧密的产业链和价值链，企业之间能够实现资源共享、优势互补与协同创新，共同推动整个产业集群的升级和发展。由此，提出以下假设：

H34：感知能力在资金资源获取对产业关联的影响中具有中介效应。

H44：感知能力在资金资源获取对主体交互的影响中具有中介效应。

H54：感知能力在资金资源获取对集群创新的影响中具有中介效应。

⑤感知能力在政策资源获取与产业集群发展绩效分量之间的中介效应。

感知反应理论对企业资源获取的过程提供了全面准确的解释。企业的感知能力是其生存、发展和壮大的重要能力。企业只有有效、准确地感知内外部环境的变化，才能识别面临的各种变化与趋势、机遇与挑战、风险与威胁。综合考虑产业的现状与趋势，企业需要有针对性地分析和评估这些变化、机遇与风险。适时整合资源、重构组织结构与管理流程，并开展创新活动，以维持竞争优势。政策资源在产业集群发展中具有其他资源不可比拟的优势。企业能够及时感知国家经济政策的新动向、新特点和新变化，并把握经济政策的具体变动和重点布局，有助于企业在快速变化的外部环境中进行战略调整与优化（Kwon，2013），规划新一轮的发展，从而形成有助于实现产业创新升级和企业创新发展的良性循环。同时，企业有效感知并获取政策资源，有利于创新行为的组织和实施，并促进各相关主体的关联及集群创新行为的开展。由此，提出以下假设：

H35：感知能力在政策资源获取对产业关联的影响中具有中介效应。

H45：感知能力在政策资源获取对主体交互的影响中具有中介效应。

H55：感知能力在政策资源获取对集群创新的影响中具有中介效应。

⑥感知能力在技术资源获取与产业集群发展绩效分量之间的中介效应。

企业感知有助于企业超越当前的经验与认知局限，获取“认知远距型”的新技术和新知识（冯军政，2012）。对外部市场信号的感知是企业对市场环境变化的感受和认知活动。企业能够感知并获取市场环境变化的信号，了解市场对产品的需求和技术发展趋势，进而加强技术资源获取能力，提升产品研发的柔性与市场适应性，使企业在复杂多变的竞争环境中赢得先机。技术的进步提高了企业的工作效率与产品质量，产生了技术外溢效应。随着技术外溢程度的加大，相关产业不断升级，且关联程度随之进一步强化（张露露，2013）。快速的技术获取能力促进了企业主体之间的相互作用。技术资源获取能力的逐渐提高导致了不同企业间相互作用频度的增加，各集群主体的交互作用也因此得以增强。市场信号感知能力是企业对外部动态环境的感受与认知能力，使其能够对环境变化迅速做出判断与反应。在高技术产业中，随着产业的飞速发展，技术资源在诸多资源中占据重要地位，因此需不断增强技术资源的获取能力，不断提升企业的技术创新能力，实现企业产品创新。感知能力能够增强企业高管对新兴技术的感知紧迫性与重要性，促进企业在新兴技术领域的追加投资，从而对集群创新产生一定影响。由此，提出以下假设：

H36：感知能力在技术资源获取对产业关联的影响中具有中介效应。

H46：感知能力在技术资源获取对主体交互的影响中具有中介效应。

H56：感知能力在技术资源获取对集群创新的影响中具有中介效应。

⑦感知能力在品牌资源获取与产业集群发展绩效分量之间的中介效应。

品牌是企业发展的一项重要资源，品牌竞争力是企业有效资源配置的结果。企业品牌创建与培育是一个复杂的系统过程，是企业家创新战略及企业技术优势的市场表现，品牌除了聚合效应、衍生效应和引领效应外，还具有磁场、宣传、衍生、放大和驱动等效应，新产品能够凭借品牌影响力获得竞争优势。感知能力是企业对顾客和其他企业的整体认识和评价，企业若能感知市场环境的变化，创新品牌发展意识，加大产品技术投入，不断提高品牌竞争力水平，及时转向隐性品牌竞争力的培育，以使显性和隐性品牌竞争力协调发展，那么企业品牌竞争力将大大提升，从而创造品牌的“群落经济”。感知价值若能被顾客和合作企业认同，那么将在品牌创建和培育，对产业关联、主体交互、产业升级以及集群的创新都起到积极的作用。由此，提出以下假设：

H37：感知能力在品牌资源获取对产业关联的影响中具有中介效应。

H47：感知能力在品牌资源获取对主体交互的影响中具有中介效应。

H57：感知能力在品牌资源获取对集群创新的影响中具有中介效应。

4.3.4 整合能力在企业资源获取与产业集群发展绩效分量之间的中介效应

（1）整合能力在企业资源获取与产业集群发展绩效分量之间的中介效应。

企业的整合能力是指在不断变化的环境中，企业对内外部的资源迅速地感知之后，将各种资源从外界转化为自身优势的能力。企业的整合能力将直接影响企业对各种资源的获取，及这些资源最终能否转化为企业的竞争优势。集群内企业对内外部资源的整合能力，是企业获取外部资源的开端。企业对外部资源的整合能力越强，企业获取的外部资源越多，企业利用资源的效率越高，同时能增加集群内产业之间的联系，增强产业的关联度，最终使得集群的发展绩效随之提升。而对资源的获取和共享是维系集群内各个主体相互联系与依存的重要纽带。集群内企业在共享资源的过程中，企业与外部主体的交流与沟通不断增强。企业联系的密切程度越高，集群主体间的交互作用就越强。在此过程中创新主体不仅影响创新活动，还对集群内主体的交互能力产生影响。集群内企业的资源与创新能力密切相关，企业的创新需要源源不断的资源条件作为支撑。集群内企业的资源环境越优越，集群的创新能力就越强。由此，提出以下假设：

H6：整合能力在企业资源获取对产业关联的影响中具有中介效应。

H7：整合能力在企业资源获取对主体交互的影响中具有中介效应。

H8：整合能力在企业资源获取对集群创新的影响中具有中介效应。

（2）整合能力在企业资源获取分量与产业集群发展绩效分量之间的中介效应。

①整合能力在人才资源获取与产业集群发展绩效分量之间的中介效应。

人才是企业发展的根本，而企业参与市场竞争的核心就是人才竞争，高素质人才的获取决定着一个企业的兴衰存亡，高素质人才能极大地提高企业的核心竞争力与创新能力。优秀的人才不仅能够为企业带来先进的技术和管理经验，还能激发集群内部的创新活力，推动产业集群向更高层次发展。高素质人才的获取能够促进主体之间的交互作用，创新型人才是集群获得持续发展和提升集群整体创新能力的根本保证。企业人力资本的数量、质量和结构要素都对创新绩效有正向影响，但其作用方式与机制不同（裴政和罗守贵，2020）。因此，需要根据不同领域和项目的需求，合理调配和整合人才资源，确保人才能够在最适合的岗位上发挥最大效能。整合能力强的企业或产业集群，能够构建完善的人才引进和培养机制，为人才提供良好的工作环境和发展空间，从而吸引和留住更多优秀人才。整合能力还能够促进人才之间的知识共享和技能互补，通过定期的培训、交流和合作项目，提升集群内人才的整体素质和创新能力。在整合能力的推动下，不同企业和人才之间能够形成紧密的协同创新网络，共同攻克技术难题，推动产业集群的创新升级。因此，提出以下假设：

H61：整合能力在人才资源获取对产业关联的影响中具有中介效应。

H71：整合能力在人才资源获取对主体交互的影响中具有中介效应。

H81：整合能力在人才资源获取对集群创新的影响中具有中介效应。

②整合能力在管理资源获取与产业集群发展绩效分量之间的中介效应。

在当今复杂多变的市场环境中，整合能力成为企业竞争力的核心要素。管理资源是一种能够将潜在生产力转化为现实生产力的无形资源。在全球化背景下，如何有效掌控经营管理能力，进而充分利用全球制造网络的空间集聚效应，整合其中的创新资源，以提升企业自主创新能力，对集群创新产生积极影响。集群内企业获取管理资源的能力越强，越有利于企业之间的相互合作与交流，产业之间的关联度也会随之增强。提高经营管理能力，企业能够实现有效的快速发展。全球制造网络的兴起为我国本土集群企业参与全球市场竞争与合作、进行学习与创新提供了重要的战略机遇。整合能力不仅能帮助企业更好地利用现有资源，还能通过创新方式发掘新资源，激发企业的创新活力，推动新产品、新技术和新服务的开发。整合能力使产业集群内的企业能够更有效地获取和利用管理资源，如先进的管理理念、方法和工具，有助于企业应对外部环境的变化，增强集群的适应性和韧性。整合能力不仅体现在单个企业内部，还体现在产业集群内部企业间的协同合作上。集群内的企业可以通过共享创新资源，形成协同创新效应，提升整个集群的创新能力。因此，提出以下假设：

H62：整合能力在管理资源获取对产业关联的影响中具有中介效应。

H72：整合能力在管理资源获取对主体交互的影响中具有中介效应。

H82：整合能力在管理资源获取对集群创新的影响中具有中介效应。

③整合能力在配置服务资源获取与产业集群发展绩效分量之间的中介效应。

企业是具有异质性的知识体，其竞争优势来源于对知识的获取、应用和创造（蔡彬清和陈国宏，2013）。作为知识创造与应用的重要载体，企业的创新活动不可避免地带来知识、信息和技术等的外溢效应。集群内的企业对这种知识外溢效应的整合能力不仅决定了企业能否有效捕捉和利用外部知识资源，还决定了企业自身资源配置优化能力的大小。这使得企业能够以更低的成本进行模仿创新，加速技术迭代和产品升级。集群内的企业构成一个特定类产品上下游完整的产业链，因此这种外溢性可以不断获得、创造和应用。链式产业集群作为一种特殊的产业组织形式，其内部呈现出主体知识互补性强和主体间联系紧密等显著特征。这种紧密的联系不仅促进了知识的高效传播，还增强了集群内部企业的协同创新能力。企业创新活动的外溢性对集群内其他企业在产品开发、运营管理和市场拓展等多个维度产生了积极的外部效应，激发了新的创意和解决方案，促进了基于模仿的再创新。而创新能力是产业集群持续发展的动力和竞争优势的来源，知识溢出、吸收能力和企业把握都是产业集群创新的关键要素。因此，提出以下假设：

H63：整合能力在配置服务资源获取对产业关联的影响中具有中介效应。

H73：整合能力在配置服务资源获取对主体交互的影响中具有中介效应。

H83：整合能力在配置服务资源获取对集群创新的影响中具有中介效应。

④整合能力在资金资源获取与产业集群发展绩效分量之间的中介效应。

资金是企业抗风险能力的基本保证。企业管理者在经营中必须正确把握筹集和有效运用资金的能力，这样企业才能发挥资金效应，实现利润增加，保护投资者的权益，从而使有限的资金创造尽可能多的经济效益。加强企业资金获取是确保企业良好发展的重要基础。整合能力强的产业集群通常拥有更完善的金融体系和更多的融资渠道，这使得产业集群内的企业能够以更低的成本获得资金资源，更好地应对市场风险和财务风险。在面临资金短缺或市场波动时，企业可以通过整合内部和外部资源来降低风险。集群内企业的不断发展能够增强集群的产业关联性，使得集群内各个主体之间的交互程度越来越高。企业的创新活动需要大量的资金注入，因此，企业在政策、自身组织结构稳定性、新产品新技术以及目标市场等方面的整合能力，决定着企业能否获得投资方的认可并获得持续的资金注入。这也是企业创新活动能否顺利进行的保障，进而影响集群的创新。因此，提出以下假设：

H64：整合能力在资金资源获取对产业关联的影响中具有中介效应。

H74：整合能力在资金资源获取对主体交互的影响中具有中介效应。

H84：整合能力在资金资源获取对集群创新的影响中具有中介效应。

⑤整合能力在政策资源获取与产业集群发展绩效分量之间的中介效应。

在企业技术创新活动中，特别是在涉及基础研究的高风险、高投入且回报周期长的创新领域，政府发挥着重要作用。政策资源是产业集群发展的重要推动力。政府通过制定和实施一系列政策，如资金支持、税收优惠及人才引进，为产业集群内企业提供必要的资金和资源保障。同时，政府还通过制定和完善相关法律法规，为企业营造一个公平、公正、开放的创新环境。这些政策资源的获取和利用程度直接影响产业集群的发展绩效。在推动自身技术升级或寻求对外投资机会时，企业需要密切关注并充分利用政府的各项扶持政策，保持对政策动态的敏锐洞察和深刻理解，确保企业的发展战略与国家的政策导向相契合，以顺应政策调整。这种政策支持不仅体现在资金扶持上，还包括在政策引导下的市场准入、资源配置和人才引进等多个方面。政府通过一系列政策工具，如财政补贴、税收优惠和贷款贴息，有效引导社会资本向政策鼓励的新兴产业倾斜。政府的政策引导促进了新兴产业的快速发展，推动了新技术、新工艺和新模式的不断涌现，为整个产业结构的优化升级注入了强劲动力。整合能力强的产业集群能够更有效地解读和利用政策资源，降低政策使用的门槛和成本，使产业集群内的更多企业享受到政策红利。整合能力使产业集群内的企业能够高效地将政策资源与技术、人才、资金等其他资源相结合，形成优势互补，从而优化资源配置。通过优化资源配置，增强产业集群内企业之间的交互作用，产业集群能够更有效地利用政策资源，提升整体绩效。集群内的企业可以共享、学习和交流政策信息，从而减少企业活动中的信息不对称和不完全问题。这种信息共享机制不仅提升了集群内企业的整体竞争力，还促进了集群内企业形成协同创新网络，利用政策资源共同进行技术研发、产品创新等。协同创新不仅提升了企业的创新能力，还推动了整个产业集群的产业关联与创新。因此，提出以下假设：

H65：整合能力在政策资源获取对产业关联的影响中具有中介效应。

H75：整合能力在政策资源获取对主体交互的影响中具有中介效应。

H85：整合能力在政策资源获取对集群创新的影响中具有中介效应。

⑥整合能力在技术资源获取与产业集群发展绩效分量之间的中介效应。

技术资源的获取是企业实现技术创新的重要战略。通过获取先进的技术资源，企业可以极大地改善人才结构，提升技术水平，增强创新能力，培育“核心能力”，实现产品创新，优化产品结构，提高市场占有率，从而实现快速发展，增强长期竞争优势。根据市场的不断变化与竞争的加剧，企业准确把握新技术的发展趋势，培育自身具有竞争力的核心技术，增强产业之间的聚合与联系。技术的不断进步与提升，加强了产业关联的程度。在企业发展过程中，通过对技术资源的创新性开发与利用，各主体之间的共享、沟通与交流不断增加，主体之间的交互作用也在相应增强。从技术视角来看，任何技术创新网络可以根据主体层次关系分解为不同层次。一般情况下，行为主体内部关系及其相互作用在同一层次进行。通过提升行为主体的层次，可以将下一层次行为主体之间的外部关系转化为上一层次行为主体的内部关系（蒋军锋和王宇佩，2015）。整合能力能够帮助企业高效地将技术资源与人才、资金和信息等其他资源结合，优化技术资源配置，推动企业的技术创新和产品升级。整合能力强的企业能够更有效地解读和利用政策资源，降低技术获取的成本。通过整合能力，产业集群能够将分散的技术资源集中起来，形成规模效应和协同创新效应，并与高校、科研机构等建立长期合作关系，以更优惠的条件获取先进技术，推动整个产业集群的技术进步和产业升级。因此，提出以下假设：

H66：整合能力在技术资源获取对产业关联的影响中具有中介效应。

H76：整合能力在技术资源获取对主体交互的影响中具有中介效应。

H86：整合能力在技术资源获取对集群创新的影响中具有中介效应。

⑦整合能力在品牌资源获取与产业集群发展绩效分量之间的中介效应。

集群内企业品牌与集群品牌具有较强的关联性，两者相互依赖、相互促进。企业品牌对集群品牌起支撑作用，而集群品牌对企业品牌则起到背书作用。骆建艳和丁颖（2007）认为，集群品牌效应包括市场“聚焦”效应、产业资本集中效应、产品销售中的价值信息传递效应以及关联产业的聚集带动效应。集群品牌是集群重要的无形资产，对集群发展具有十分重要的作用。品牌价值的增强可以极大地提升外部资源的聚集效应和内部资源的整合效应。外部资源聚集效应与内部资源整合效应相互促进、相互补充，两者共同作用进一步提升集群品牌价值，进而促进集群产业结构的优化升级。集群内企业品牌的发展水平与质量决定了产业集群的成长质量，直接影响产业集群品牌的影响力和竞争力。产业集群品牌的发展过程不仅是内外环境各主体要素之间的相互作用过程，还是内部各主体要素之间的协同运行过程。只有系统内各构成要素良性协同运行，才能实现集群品牌的持续发展（陆鹏飞和贺红权，2016）。因此，企业要在品牌效应方面把握有利时机，增强品牌创建意识，在集群内开展全方位、多层次的联合协作，对资源进行有效配置和整合，从而实现集群内优势资源的共享和生产要素的优化配置，进而形成具有强大竞争力的集群品牌，促进产业集群发展。品牌生态圈的构建对后发企业提升竞争力、实现追赶和超越具有重要战略意义。在后发企业品牌生态圈的成长过程中，差异性动因驱动资源行动和组织变革的协同共演，推动企业能力进阶，是加速品牌生态圈形成的核心机制。后发企业品牌生态圈的构建目标，从强化核心产品竞争力逐步扩展至突破行业边界的限制，加速多元主体的协同赋能与品牌共创，最终形成系统性竞争优势（张瑶等，2024）。整合能力使产业集群内的企业能够更有效地利用品牌资源，将其与产品、服务和营销等资源相结合，形成独特的品牌优势和品牌协同效应。这种品牌协同效应能够提升整个产业集群的品牌价值和影响力，增强产业集群的发展绩效。因此，提出以下假设：

H67：整合能力在品牌资源获取对产业关联的影响中具有中介效应。

H77：整合能力在品牌资源获取对主体交互的影响中具有中介效应。

H87：整合能力在品牌资源获取对集群创新的影响中具有中介效应。

4.3.5　重构能力在企业资源获取与产业集群发展绩效分量之间的中介效应

（1）重构能力在企业资源获取与产业集群发展绩效分量之间的中介效应。

随着人工智能、区块链及互联网技术的飞速发展，数字经济时代的特征逐渐显现。企业对于各类人才、技术、金融、产品、制造和创新知识的需求日益丰富，分布也更加广泛（Teece，2000）。企业需要及时收集和研究各类资源，以便进行甄别、吸收与整合，实现技术和产品的创新，从而获得战略优势。重构能力不仅能够促进企业对外部创新技术、产品、知识和信息资源的吸收，还能够确保这些资源在企业内部的广泛传播，提升企业的实力和市场竞争力。企业对资源结构的重构能力是获得持续竞争优势的主要来源（Mathews，2002）。企业获取外部资源的途径多种多样，利用集群网络关系的优势以及加入技术联盟，是解决资源流动的有效渠道。企业可以充分利用与核心企业、顾客、供应商、竞争者、金融机构、科研机构、高等院校和各种中介服务机构之间的广泛社会关系，获取人力资本、关键技术、专利信息、金融资本和管理经验等资源信息，积极克服自身劣势，解决资源不足的瓶颈问题（Hite & Hesterly，2001）。组织重构能力有利于打破部门之间的障碍，创造新的组织惯例和创新型企业文化，从而促进新技术和新知识的快速应用。重构能力是企业进行创新过程中最重要且关键的环节，是企业通过对外部环境的感知和对资源的整合，将外部资源转化为自身能力的过程。集群内企业的重构能力直接影响企业在未来环境中对资源的输出。企业对资源的输出越多，集群产业的关联度就越高，集群各主体的交互作用就越频繁。集群内的企业不断从集群主体获取所需的各种资源，通过重构转化为自身的竞争优势，提升企业的创新绩效，最终影响集群的创新。因此，提出以下假设：

H9：重构能力在企业资源获取对产业关联的影响中具有中介效应。

H10：重构能力在企业资源获取对主体交互的影响中具有中介效应。

H11：重构能力在企业资源获取对集群创新的影响中具有中介效应。

（2）重构能力在企业资源获取分量与产业集群发展绩效分量之间的中介效应。

①重构能力在人才资源获取与产业集群发展绩效分量之间的中介效应。

重构能力是指企业或产业集群在面对市场、技术和政策等外部环境变化时，能够迅速调整内部组织结构、资源配置和运营策略，以适应新的环境和挑战的能力。在产业集群中，重构能力帮助集群内的企业更好地应对市场变化，提升整体竞争力。为了适应网络化、信息化和数字化的环境，企业通过外部招聘和内部培训，优化人才整合，以获取创新所需的各类专业人才，从而最大限度地发挥自身价值，实现技术创新和管理创新，提升企业的创新能力，促进发展，并带动上下游关联产业的进步。重构能力使产业集群内的企业能够根据自身发展需求，灵活调整人才资源配置，更有效地利用人才资源。通过重构与整合，集群内企业实现人才的合理流动，加强相互交流与学习，促进人才的共享，提升人才的利用效率，增强产业集群的适应性，推动技术创新和产业升级，提高集群创新的绩效。因此，提出以下假设：

H91：重构能力在人才资源获取对产业关联的影响中具有中介效应。

H101：重构能力在人才资源获取对主体交互的影响中具有中介效应。

H111：重构能力在人才资源获取对集群创新的影响中具有中介效应。

②重构能力在管理资源获取与产业集群发展绩效分量之间的中介效应。

一个企业要适应复杂多变的环境，立于不败之地，必须增强自身实力并实现管理模式及制度体系的重构。企业仅仅依靠自身努力是不够的，需要突破原有的经营惯性。在内部，企业应改变自身结构和内外部关系，使其成为外部更大系统的一部分。这意味着在利用他人的同时，也被他人所利用。与此同时，集群内产业的关联度逐渐增强，主体的交互作用也会越来越强。在产业集群中，常常存在“产业高端企业流出、低端企业流入”的问题。这主要是因为集群企业在获取技术、信息和知识等方面渠道不畅、效率不高，导致集群创新能力低、效果不佳。管理资源的获取和利用程度直接影响产业集群的发展绩效。重构能力使产业集群内的企业能够根据自身发展需求，灵活调整管理资源的配置。通过优化资源配置，企业能够更有效地利用管理资源，提升运营效率，降低成本。重构能力有助于产业集群内的企业进行管理创新，包括创新管理模式、优化管理流程、引入先进的管理工具和技术等。通过调整内部组织结构和管理模式，产业集群能够更快适应市场需求、技术进步和政策调整等外部环境变化，保持竞争优势。重构能力还促使产业集群内的企业形成协同效应，共同利用管理资源。通过协同合作，企业能够共享管理经验、技术和资源，实现优势互补。重构能力为产业集群的持续发展提供了有力保障。因此，提出以下假设：

H92：重构能力在管理资源获取对产业关联的影响中具有中介效应。

H102：重构能力在管理资源获取对主体交互的影响中具有中介效应。

H112：重构能力在管理资源获取对集群创新的影响中具有中介效应。

③重构能力在配置服务资源获取与产业集群发展绩效分量之间的中介效应。

服务资源是指企业为了支持其运营和发展而获取和利用的各种资源。企业的服务资源通常包括以下几类：人力资源服务、会计与财务服务、法律与合规服务、市场营销与品牌推广服务、IT与技术服务、咨询与管理服务、物流与供应链服务和创新与研发服务。此外，还可能包括行政服务（如企业用车、绿植、保洁、物业管理和办公用品供应等）、企业管理软件服务（如微办公OA、CRM、ERP、OMS和WMS等）、企业云计算服务（如IDC机房、云服务器、云数据库和云带宽等）以及海外业务服务（如海外企业设立、知识产权申请和海外融资上市等）。企业在获取和利用服务资源时，需要根据具体需求和行业特点进行选择和配置。这些资源可以帮助企业提高效率、降低成本和增强竞争力，以确保实现战略目标。企业整合资源和优化配置，本质上旨在实现整体的最优化。企业资源配置的最优化可以使有限的资源得到充分和合理的发挥，从而促进整个产业链的整合、优化与升级，以提供更优质的产品和服务。随着专业化分工日益精细，企业结合优势资源在一定区域内聚集，形成区域整体的竞争优势，提升产业关联度，带动集群内主体之间的互动与共享，促使企业主动实施技术创新与管理创新，并在竞争中获取比较优势。通过制度创新、市场机制及基础设施建设等方式完善服务配置，调动产业集群创新主体的积极性，促进产业集群创新的优化。在配置服务资源时，重构能力帮助企业识别并整合最有利于提升竞争力的资源，从而实现资源的优化配置。这能够帮助企业打破原有的技术和管理壁垒，引入创新元素，提升产品和服务的质量。有效的服务资源配置能够提升产业集群的创新能力、生产效率和市场竞争力，进而推动产业集群的发展绩效。因此，提出以下假设：

H93：重构能力在配置服务资源获取对产业关联的影响中具有中介效应。

H103：重构能力在配置服务资源获取对主体交互的影响中具有中介

效应。

H113：重构能力在配置服务资源获取对集群创新的影响中具有中介效应。

④重构能力在资金资源获取与产业集群发展绩效分量之间的中介效应。

资金资源是产业集群内企业进行技术研发和创新的基础。充足的资金可以支持企业引进先进技术，开展研发活动，不断推出新产品、新工艺，推动产品升级和工艺创新；有助于企业进行技术改造、设备更新和人才引进等活动；有助于企业进行市场调研、广告宣传和销售渠道建设等活动；有助于企业进行技术改造、设备更新和人才引进等活动，提升产业的整体素质和竞争力。从而提升产业集群的整体技术水平。然而，资金资源的获取并非易事，需要企业具备强大的融资能力和良好的信用记录。企业获取资金的能力制约着企业的发展。一个企业融资能力较强且自身财务状况良好，就可以很好地融入产业集群中，与集群内的企业进行交互式学习，促进企业自身的发展。重构能力使企业能够灵活调整融资结构，选择最适合自身发展的融资方式。例如在面临资金短缺时，企业可以通过股权融资、债务融资或混合融资等方式筹集资金，以应对市场需求和技术变革。重构能力使企业能够更高效地利用资金资源。通过优化内部资源配置和流程管理，企业可以降低融资成本，提高资金使用效率，从而加快产品研发和市场拓展的速度。重构能力有助于企业建立良好的信用记录。通过规范财务管理、提高透明度和履行社会责任等方式，企业可以增强自身的信用评级，从而获得更多金融机构和投资者的信任和支持。资金获取能力强的企业可以充分重构和优化自身资源，而企业重构又会进一步影响关联产业，从而建立更为紧密的企业间联系，拓宽融资渠道，吸纳更多资金注入，促进产业集群的创新与发展。因此，提出以下假设：

H94：重构能力在资金资源获取对产业关联的影响中具有中介效应。

H104：重构能力在资金资源获取对主体交互的影响中具有中介效应。

H114：重构能力在资金资源获取对集群创新的影响中具有中介效应。

⑤重构能力在政策资源获取与产业集群发展绩效分量之间的中介效应。

政策资源是政府为促进产业集群发展而提供的各类支持措施，包括财政补贴、税收优惠、土地使用优惠和创新资金支持等。政策环境对企业的重构行为产生重要影响。企业的重构涉及到投资者、经营者等多个利益相关者。举例来说，企业的兼并与重组在很大程度上受到政策的制约，政策的支持程度对企业重组的顺利进行起着关键作用。企业重组符合政策导向，有助于吸引更优质的合作伙伴或相关产业，增强产业的关联性，同时也会影响集群内企业主体的互动。在政策资源获取过程中，重构能力帮助企业识别并整合最有利于提升自身竞争力的政策资源，实现资源的优化配置。比如，企业可以根据政策导向调整研发投入方向，以符合政府的支持重点，及时调整战略方向，从而更有效地利用政策资源，促进产业集群形成更具竞争力的产业生态链，从而提高集群发展绩效。因此，提出以下假设：

H95：重构能力在政策资源获取对产业关联的影响中具有中介效应。

H105：重构能力在政策资源获取对主体交互的影响中具有中介效应。

H115：重构能力在政策资源获取对集群创新的影响中具有中介效应。

⑥重构能力在技术资源获取与产业集群发展绩效分量之间的中介效应。

当今企业面临全球化竞争带来的不稳定和难以预测的环境。为了适应这一环境，企业需要转变技术资源，实现技术资源的重构。通过技术的重构，企业能够获取关键的技术资源，不断增强自身的竞争优势。由于集群内不同企业之间存在一定的经济与技术联系，资源在各个企业之间不断转移和重构，从而使资源得以最大限度地开放和利用，产业的关联度也逐渐增强。技术资源重构的过程具有丰富的动态特征，这些特征为后来者设置了难以逾越的技术门槛。企业必须充分领悟这些特征，通过不断地能力重构与提升来攻克这些门槛。技术资源的不断重构使得企业在获取、整合和利用技术资源的过程中，各主体之间的沟通交流不断增加，交互作用也相应增强。同时，这也提升了集群内企业的自主创新能力，带来一系列外溢效应，从而推动集群内的创新。因此，提出以下假设：

H96：重构能力在技术资源获取对产业关联的影响中具有中介效应。

H106：重构能力在技术资源获取对主体交互的影响中具有中介效应。

H116：重构能力在技术资源获取对集群创新的影响中具有中介效应。

⑦重构能力在品牌资源获取与产业集群发展绩效分量之间的中介效应。

树立品牌实际上是一种确保企业在市场获得竞争优势的有力手段。一个品牌能否持续发展，在很大程度上取决于企业能否及时提升品牌意识，做出精准且富有前瞻性的品牌决策，以及能否灵活应对市场变化，不断调整和优化品牌战略。在产业集群的背景下，企业间的竞争不仅仅局限于产品本身，更体现在品牌的塑造与传播上。集群内企业只有以先进的重构营销传播思想为指导，深入剖析市场需求和消费者心理，从公共关系管理、广告宣传、促销活动、活动赞助、人员推销以及数字化营销等多个维度进行全面考虑，选择多种沟通手段，然后依据整合营销传播的一致性和互补性原则，对这些沟通手段进行有效整合，才有可能达到品牌传播的经济性和有效性（王慧灵和朱亚莉，2011）。从而实现从产品运营向品牌运营、从产品竞争向品牌竞争的跨越式发展。随着品牌实力的不断增强，企业有望完成从区域名牌向中国名牌乃至世界名牌的转型升级，这将极大地提升企业的市场竞争力和盈利能力。品牌资源的有效获取和充分利用，能够显著提升产业集群的整体发展绩效，推动产业集群实现结构优化、技术创新和市场拓展，进而形成更具竞争力的产业集群生态。因此，提出以下假设：

H97：重构能力在品牌资源获取对产业关联的影响中具有中介效应。

H107：重构能力在品牌资源获取对主体交互的影响中具有中介效应。

H117：重构能力在品牌资源获取对集群创新的影响中具有中介效应。

4.4　变量选择

本研究所涉及的变量包括：因变量—产业集群发展绩效；自变量—

企业资源获取；中介变量—企业能力；控制变量—企业成立年限、企业性质、企业所属行业和企业员工人数。

4.4.1 因变量——产业集群发展绩效

本研究在文献研究的基础上，从产业关联、主体交互、集群创新3个维度，参考闫华飞和胡蓓（2015）的测量条目，选取具体测量条目见表4-1。

表4-1 产业集群发展绩效的测度

变量名称	测量条目	来源及依据
产业关联	集群内信息关联程度较高C1 集群内产品关联程度较高C2 集群内人才关联程度较高C3 集群内技术关联程度较高C4	闫华飞和胡蓓（2015）
主体交互	集群内主体之间交流与互动较深入C5 集群内主体之间交流与互动较广泛C6 集群内主体之间交流与互动较便捷C7 集群内主体之间交流与互动较稳定C8	闫华飞和胡蓓（2015）
集群创新	集群具有较高的产品创新能力C9 集群具有较高的技术创新能力C10 集群具有较高的知识创新能力C11 集群具有较高的管理创新能力C12	闫华飞和胡蓓（2015）

4.4.2 自变量——企业资源获取

根据Penrose（1959）、Wernerfelt（1984）、Barney（1991）和Grant（1991）对企业资源的具体阐述，参考了Chandler & Hanks（1998）、Timmons（1999）、Becker（1996）、Brush & Vanderwerf（2001）、Dollinger（2003）、Koeller & Lechler（2006）、葛宝山和董保宝（2009）、孙丽辉（2010）、田卫东（2010）、王晓辉（2013）、余绍忠（2013）和杨永峰（2014）等对企业资源获取测量指标和测量题项的研究成果，并通过实地访谈和预调查，本研究对企业资源获取选取7个维度测量：人才资源、管理资源、

配置服务资源、资金资源、政策资源、技术资源和品牌资源，具体测量条目见表4-2。

表 4-2　企业资源获取的测度

变量名称	测量条目	来源及依据
人才资源获取	吸引在校大学生到本企业兼职 A1 吸引大学毕业生到本企业工作 A2 集群环境和氛围等有助于企业吸引所需的人才 A3 集群有助于本企业帮助员工获得本市户口 A4	Chandler & Hanks（1998）和 Becker（1996）的研究以及本研究访谈和预调查
管理资源获取	从集群开展的各种培训中获得管理知识 A5 从集群获得管理咨询与策划服务 A6 与集群内其他企业进行管理经验的交流 A7 学习集群内成功企业的管理经验 A8	Koeller & Lechler（2006）、葛宝山和董保宝（2009）的研究以及本研究访谈和预调查
配置服务资源获取	获得咨询、审计和法律等专业服务 A9 获得金融、邮寄、订票和就餐等商务服务 A10 获取市场信息 A11 获得图书资源、实验设备、网络资源和研讨场所 A12	孙丽辉（2010）和杨永峰（2014）的研究以及本研究访谈和预调查
资金资源获取	获得政府的研发资助 A13 获得风险投资公司的资金 A14 获得银行贷款 A15 获得其他企业的投资 A16	Chandler & Hanks（1998）和王晓辉（2013）的研究以及本研究访谈和预调查
政策资源获取	简化在政府办事的手续 A17 获得与企业相关的政策信息 A18 建立与某些政府机关的联系 A19 获得政府的优惠政策 A20	Brush &Vanderwerf（2001）、Dollinger（2003）和田卫东（2010）的研究以及本研究访谈和预调查
技术资源获取	吸收集群内的技术知识和信息 A21 企业较容易获取各种外部的技术帮助和技术成果 A22 与集群内科研单位或企业的技术交流与合作 A23 与集群外科研单位或企业的技术交流与合作 A24	Dollinger（2003）和余绍忠（2013）的研究以及本研究访谈和预调查

续表

变量名称	测量条目	来源及依据
品牌资源获取	集群的品牌有助于本企业宣传自身的服务产业A25 集群的品牌有助于提升本企业的形象A26 集群的品牌有助于提升本企业的声誉A27 集群的品牌有助于本企业宣传自身的产品A28	孙丽辉（2010）的研究以及本研究访谈和预调查

4.4.3 中介变量——企业能力

根据Teece et al.（1997，2000，2007）和Eisenhardt & Martin（2000）对企业能力各维度的具体阐述，参考了Pavlou & El Sawy（2011）、冯军政（2012）和康健（2015）对企业能力测量指标和测量题项的研究成果，并通过实地访谈和预调查，本研究对企业能力选取3个维度测量：感知能力、整合能力和重构能力，并各有4个测量题项，具体测量条目见表4-3。

表4-3 企业能力的测度

变量名称	测量条目	来源及依据
感知能力	能迅速地收集消费者对产品功能的需求信息B1 能准确地定位目标市场B2 能及时地获知外部的技术发展趋势并开展研发工作B3 能及时地把掌握竞争者的技术状态B4	Pavlou & El Sawy（2011）的研究以及本研究访谈和预调查
整合能力	能够有效地利用属于不同技术或应用领域的知识B5 根据市场需求灵活地调整企业技术和组织结构B6 企业赋予了不同部门很大的自主决定权B7 能够根据市场需求及时地与外部机构进行专业化合作B8	冯军政（2012）和康健（2015）的研究以及本研究访谈和预调查
重构能力	能够有效地调整创新战略以适应环境变化B9 能够动态地组建跨部门的创新团队B10 能够适时地对已有的工作流程和程序进行再设计B11 能够高效利用创新资源（资金、设备和人力等）B12	Pavlou & El Sawy（2011）、冯军政（2012）和康健（2015）的研究以及本研究访谈和预调查

4.5　样本的描述性统计

4.5.1　数据收集与样本基本特征

根据问卷前测的结果对问卷进行修改后，采用Likert 5点计量尺度，形成调查问卷。为了使样本具有代表性，使研究结果更有效、可靠，首先选取郑州经济产业集群、郑州航空港区、荥阳市产业集群、安阳县产业集群、滑县产业集群、开封精细化工产业集群、郏县产业集群、郑州市上街装备制造产业集群、平顶山高新技术产业集群、洛阳高新技术产业集群、洛阳市洛龙科技园区、洛阳市洛新产业集群、新密市产业集群、封丘县产业集群和卫辉市产业集群15个产业集群的企业，对集群内企业采用随机性原则发放问卷。为了尽量减少同源方差问题，研究人员在前后间隔10个月的时间内对集群内的企业进行了调研，同时通过MBA学员，共发放600份问卷，回收548份，回收率为91.3%，剔除漏答、多答、答案矛盾和存在明显倾向的问卷，最终得到有效问卷为482份，有效率为88.0%。表4–4反映了本次调查样本的统计特征。

表 4–4　　样本的统计特征

样本统计特征	分类	样本数目（n=482）	百分比（%）
企业成立年限	5年（含）以下	140	29.1
	5~10年（含）	164	34.0
	10~15年（含）	107	22.2
	15年以上	71	14.7
企业性质	国有企业	54	11.2
	集体企业	98	20.3
	私营企业	306	62.5
	外商独资或合伙	24	5.0

续表

样本统计特征	分类	样本数目（n=482）	百分比（%）
企业所属行业	电子与信息	31	6.4
	生物与医药	155	32.2
	新材料、新能源与高效节能	74	15.4
	农业与农村	37	7.7
	纺织与服装	41	8.5
	石油化工	9	1.9
	食品、饮料	97	20.1
	机械制造	34	7.0
	其他	4	0.8
企业员工人数	100人（含）以下	154	32.0
	100~500人（含）	177	36.7
	500~1 000人（含）	93	16.3
	1 000人以上	58	12.0

4.5.2 描述性分析

首先利用SPSS 23.0检查样本数据是否符合正态分布。样本数据描述性统计分析结果，见表4–5、表4–6和表4–7。

表4–5　　产业集群发展绩效测量指标描述性统计

测量指标	均值	标准差	方差	偏度	偏度标准差	峰度	峰度标准差
C1	2.99	0.817	0.667	–0.586	0.111	–0.045	0.222
C2	2.96	0.806	0.649	–0.534	0.111	–0.066	0.222
C3	2.99	0.829	0.688	–0.566	0.111	–0.147	0.222
C4	4.06	0.822	0.676	–0.593	0.111	–0.199	0.222
C5	4.09	0.829	0.687	–0.736	0.111	0.109	0.222
C6	4.02	0.833	0.694	–0.573	0.111	–0.205	0.222
C7	4.02	0.855	0.731	–0.589	0.111	–0.293	0.222
C8	2.96	0.896	0.803	–0.661	0.111	–0.227	0.222
C9	4.02	0.803	0.644	–0.619	0.111	0.076	0.222
C10	4.06	0.770	0.593	–0.632	0.111	0.240	0.222
C11	2.94	0.814	0.662	–0.544	0.111	–0.055	0.222
C12	4.00	0.840	0.705	–0.631	0.111	–0.063	0.222

表 4-6　企业资源获取测量指标描述性统计

测量指标	均值	标准差	方差	偏度	偏度标准差	峰度	峰度标准差
A1	4.00	0.923	0.852	−0.629	0.111	−0.464	0.222
A2	2.93	0.942	0.887	−0.515	0.111	−0.652	0.222
A3	4.04	0.917	0.840	−0.770	0.111	−0.102	0.222
A4	4.03	0.908	0.825	−0.739	0.111	−0.109	0.222
A5	4.02	0.905	0.819	−0.777	0.111	−0.069	0.222
A6	4.02	0.924	0.854	−0.664	0.111	−0.419	0.222
A7	2.98	0.930	0.864	−0.629	0.111	−0.453	0.222
A8	2.94	0.941	0.886	−0.612	0.111	−0.484	0.222
A9	2.95	0.837	0.700	−0.440	0.111	−0.407	0.222
A10	2.89	0.966	0.933	−0.479	0.111	−0.751	0.222
A11	2.98	0.876	0.767	−0.579	0.111	−0.333	0.222
A12	2.97	0.872	0.760	−0.549	0.111	−0.366	0.222
A13	2.88	0.865	0.749	−0.426	0.111	−0.459	0.222
A14	2.92	0.889	0.790	−0.491	0.111	−0.489	0.222
A15	2.86	0.905	0.818	−0.348	0.111	−0.717	0.222
A16	2.79	0.945	0.892	−0.333	0.111	−0.802	0.222
A17	2.88	0.901	0.812	−0.506	0.111	−0.460	0.222
A18	2.81	0.890	0.793	−0.406	0.111	−0.528	0.222
A19	2.94	0.869	0.755	−0.475	0.111	−0.460	0.222
A20	2.90	0.886	0.784	−0.580	0.111	−0.285	0.222
A21	2.93	0.870	0.756	−0.595	0.111	−0.214	0.222
A22	2.90	0.849	0.721	−0.496	0.111	−0.277	0.222
A23	2.99	0.800	0.640	−0.621	0.111	0.138	0.222
A24	2.88	0.843	0.710	−0.489	0.111	−0.250	0.222
A25	2.93	0.747	0.559	−0.638	0.111	0.545	0.222
A26	2.92	0.780	0.608	−0.540	0.111	0.137	0.222
A27	4.00	0.784	0.615	−0.649	0.111	0.294	0.222
A28	4.03	0.810	0.656	−0.745	0.111	0.344	0.222

表 4-7　企业能力测量指标描述性统计

测量指标	均值	标准差	方差	偏度	偏度标准差	峰度	峰度标准差
B1	4.01	0.809	0.655	−0.705	0.111	0.272	0.222
B2	4.02	0.803	0.644	−0.692	0.111	0.267	0.222
B3	4.06	0.776	0.602	−0.714	0.111	0.453	0.222

续表

测量指标	均值	标准差	方差	偏度	偏度标准差	峰度	峰度标准差
B4	4.09	0.803	0.644	−0.723	0.111	0.225	0.222
B5	4.02	0.823	0.677	−0.772	0.111	0.353	0.222
B6	4.02	0.818	0.669	−0.725	0.111	0.259	0.222
B7	2.94	0.833	0.695	−0.553	0.111	−0.131	0.222
B8	2.99	0.867	0.753	−0.771	0.111	0.125	0.222
B9	4.04	0.816	0.666	−0.695	0.111	0.165	0.222
B10	4.00	0.858	0.736	−0.686	0.111	−0.024	0.222
B11	2.95	0.841	0.707	−0.648	0.111	0.021	0.222
B12	2.95	0.874	0.764	−0.611	0.111	−0.215	0.222

从表4–5、表4–6和表4–7的数据统计结果可以看出，调查指标样本数据的偏度和峰度的绝对值都小于1，说明样本数据比较符合正态分布，达到了结构方程模型数据分析的要求。

4.6 相关分析

4.6.1 企业资源获取、企业能力和产业集群发展绩效相关分析

由表4–8可知，企业资源获取与企业能力显著正相关（$r_1 = 0.370$，$p < 0.001$），企业资源获取与产业集群发展绩效显著正相关（$r_2 = 0.378$，$p < 0.001$），企业能力与产业集群发展绩效显著正相关（$r_3 = 0.809$，$p < 0.001$），这与研究假设的方向一致，为进一步验证假设提供了支持和依据。

表4–8 各变量相关分析结果（N=482）

	企业成立年限	企业性质	企业所属行业	企业员工人数	产业集群发展绩效	企业能力	企业资源获取
企业成立年限	1						
企业性质	−0.056	1					
企业所属行业	−0.046	0.240***	1				
企业员工人数	0.296***	−0.202***	−0.032	1			

续表

	企业成立年限	企业性质	企业所属行业	企业员工人数	产业集群发展绩效	企业能力	企业资源获取
产业集群发展绩效	−0.035	0.053	0.053	−0.041	1		
企业能力	0.005	0.051	0.055	−0.028	0.809***	1	
企业资源获取	0.003	0.062	0.031	−0.099**	0.378***	0.370***	1

注：+ 表示 p<0.10；* 表示 p<0.05；** 表示 p<0.01；*** 表示 p<0.001

4.6.2　企业资源获取、企业能力各分量和产业集群发展绩效相关分析

由表4–9可知，企业资源获取与感知能力、整合能力和重构能力显著正相关（$r_1 = 0.282$，$p < 0.001$；$r_2 = 0.202$，$p < 0.001$；$r_3 = 0.287$，$p < 0.001$），企业资源获取与产业集群发展绩效显著正相关（$r_4 = 0.378$，$p < 0.001$），感知能力、整合能力和重构能力与产业集群发展绩效显著正相关（$r_5 = 0.653$，$p < 0.001$；$r_6 = 0.429$，$p < 0.001$；$r_7 = 0.604$，$p < 0.001$），这为进一步验证假设提供了支持和依据。

表 4–9　　　　各变量相关分析结果（N=482）

	企业成立年限	企业性质	企业所属行业	企业员工人数	企业资源获取	感知能力	整合能力	重构能力	产业集群发展绩效
企业成立年限	1								
企业性质	−0.056	1							
企业所属行业	−0.046	0.240*	1						
企业员工人数	0.296***	−0.202***	−0.032	1					
企业资源获取	0.003	0.062	0.031	−0.099*	1				
感知能力	0.031	0.009	−0.032	0.021	0.282***	1			
整合能力	−0.012	0.104+	0.110+	−0.075	0.202***	0.267***	1		
重构能力	−0.010	−0.003	0.040	−0.007	0.287***	0.282***	0.133***	1	
产业集群发展绩效	−0.035	0.053	0.053	−0.041	0.378***	0.653***	0.429***	0.604***	1

注：+ 表示 p<0.10；* 表示 p<0.05；** 表示 p<0.01；*** 表示 p<0.001

4.6.3 企业资源获取、企业能力和产业集群发展绩效各个分量的相关分析

由表4–10可知，企业资源获取、企业能力和产业集群发展绩效各测量变量之间具有显著的相关关系，这为进一步验证假设提供了支持和依据。但相关关系只是表明变量之间是否存在关系，不一定表示变量之间有因果关系，还不能说明变量之间影响作用的大小和方向。因此，后面采用层次回归分析方法对各研究变量之间的关系进行更精确的检验，以验证前面提出的理论假设。

表4–10　　各变量相关分析结果（N=482）

	技术资源	政策资源	资金资源	配置服务资源	管理资源	人才资源	品牌资源	感知能力	整合能力	重构能力	产业关联	主体交互	集群创新
技术资源	1												
政策资源	0.582***	1											
资金资源	0.327***	0.338***	1										
配置服务资源	0.308***	0.326***	0.288***	1									
管理资源	0.466***	0.533***	0.300***	0.401***	1								
人才资源	0.246***	0.291**	0.247***	0.237***	0.422***	1							
品牌资源	0.172***	0.195***	0.143***	0.202***	0.178***	0.098**	1						
感知能力	0.165***	0.253***	0.135***	0.222***	0.241***	0.100**	0.126***	1					
整合能力	0.102**	0.208***	0.095**	0.092**	0.174***	0.083+	0.159***	0.267***	1				
重构能力	0.168***	0.297***	0.147***	0.178***	0.268***	0.084+	0.130***	0.282***	0.133***	1			
产业关联	0.191***	0.307***	0.118***	0.243***	0.304***	0.119***	0.117**	0.777***	0.168***	0.347***	1		
主体交互	0.080+	0.219***	0.085+	0.173***	0.181***	0.077+	0.167***	0.359***	0.604***	0.293***	0.325***	1	
集群创新	0.189***	0.306***	0.129***	0.220***	0.294***	0.128***	0.189***	0.359***	0.196***	0.732***	0.387***	0.372***	1

注：+表示p<0.10；*表示p<0.05；**表示p<0.01；***表示p<0.001

4.7　信度与效度分析

4.7.1　样本总体信度与效度分析

在进行假设检验之前，先对量表的信度与效度进行检验，本研究采用Cronbach's Alpha系数作为检验量表内部一致性的标准。

由表4–11可知，本次调查问卷的整体Cronbach's Alpha系数为0.936，说明该问卷具有较好的信度。从表4–12方差分析表可以看出，检验统计量F=2.296，Sig.=0.000<0.001，说明该量表的重复度量效果良好。

表 4–11　　样本总体信度分析

Cronbach's Alpha	N of Items
0.936	52

表 4–12　　方差分析表

		Sum of Squares	df	Mean Square	F	Sig.
Between People		4 154.942	481	5.638		
Within People	Between Items	92.396	51	1.831	2.296	0.000
	Residual	13 631.661	24 531	0.556		
	Total	13 725.058	24 582	0.558		
Total		17 880.000	25 063	0.713		

Grand Mean =4.00

4.7.2　产业集群发展绩效的信度与效度分析

首先，对产业集群发展绩效中的产业关联、主体交互和集群创新进行信度分析。计算结果如表4-13所示，各量表中，所有题项的CITC均大于0.7，各题项后的Cronbach's Alpha系数均大于0.8，删除此题项后的Cronbach's Alpha系数均小于层面的Cronbach's Alpha系数，说明产业集群发展绩效各分量表的内部一致性良好。

表4-13　　产业集群发展绩效的信度与效度检验

变量名称	测量项	修正的项目总相关（CITC）	删除该条款后的Cronbach's Alpha系数	Cronbach's Alpha系数
产业关联	C1	0.745	0.871	0.894
	C2	0.785	0.856	
	C3	0.753	0.868	
	C4	0.780	0.858	
主体交互	C5	0.731	0.868	0.890
	C6	0.766	0.855	
	C7	0.768	0.854	
	C8	0.766	0.855	
集群创新	C9	0.753	0.877	0.898
	C10	0.813	0.854	
	C11	0.756	0.875	
	C12	0.777	0.868	
KMO值=0.881，Bartlett检验的显著性水平Sig.=0.000				

其次，对产业集群发展绩效量表进行探索性因子分析。对产业集群量表是否适合做因子分析进行判断，表4-13计算结果显示，KMO值为0.881，同时Bartlett检验的显著性水平Sig.=0.000<0.01，说明数据比较适合做因子分析。我们采用主成分分析法，按照特征根大于1的选择标准提取因子，并选择最大方差旋转法进行因子旋转，对产业集群发展绩效做探索性因子分析，共有三个因子被提取，累积解释方差为72.087%，大于70%的最低要求，各项因子载荷系数见表4-14，结果表明产业集群发展绩效量表具有较好的建构效度。

表 4–14　　产业集群发展绩效的因子载荷系数矩阵

变量名称	集群创新（F1）	产业关联（F2）	主体交互（F3）
产业集群内信息关联程度高 C1	0.194	0.819	0.154
产业集群内产品关联程度高 C2	0.174	0.862	0.103
产业集群内人才关联度高 C3	0.154	0.845	0.097
产业集群内技术关联程度高 C4	0.124	0.857	0.172
产业集群内主体之间联系具有深入性 C5	0.157	0.169	0.815
产业集群内主体之间具有广泛性 C6	0.104	0.153	0.856
产业集群内主体之间具有便捷性 C7	0.171	0.114	0.850
产业集群内主体之间具有稳定性 C8	0.178	0.083	0.852
产业集群具有较高的产品创新 C9	0.817	0.163	0.212
产业集群具有较高的技术创新 C10	0.873	0.167	0.146
产业集群具有较高的知识创新 C11	0.847	0.150	0.116
产业集群具有较高的管理创新 C12	0.846	0.176	0.156
特征值	2.065	2.043	2.023
方差贡献率（%）	25.538	25.357	25.193
累积方差贡献率（%）	25.538	50.894	72.087

最后，运用 AMOS 23.0 对产业集群发展绩效中的产业关联、主体交互和集群创新进行验证性因子分析，具体结果如图 4–3 和表 4–15 所示。

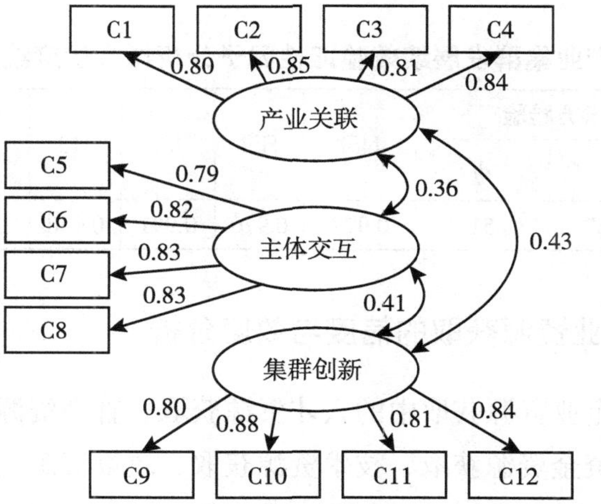

图 4–3　产业集群发展绩效的测量模型

表 4-15　　产业集群发展绩效验证性因子分析拟合结果

路径	标准化路径系数	未标准化路径系数	S.E.	C.R.	P
C1←— 产业关联	0.803	1.000			
C2←— 产业关联	0.847	1.049	0.051	20.424	***
C3←— 产业关联	0.805	0.967	0.050	16.216	***
C4←— 产业关联	0.841	1.050	0.052	20.270	***
C5←— 主体交互	0.789	0.909	0.047	16.283	***
C6←— 主体交互	0.823	0.940	0.046	20.369	***
C7←— 主体交互	0.832	0.973	0.047	20.656	***
C8←— 主体交互	0.829	1.000			
C9←— 集群创新	0.804	0.851	0.042	20.460	***
C10←— 集群创新	0.875	1.001	0.044	22.967	***
C11←— 集群创新	0.806	0.906	0.044	20.511	***
C12←— 集群创新	0.838	1.000			

注：+表示 $p<0.10$；*表示 $p<0.05$；**表示 $p<0.01$；***表示 $P<0.001$

产业集群发展绩效验证因子分析拟合结果表4-15和拟合优度统计值表4-16显示，χ^2/df=1.62，小于5；NFI、RFI、IFI、TLI和CFI均大于0.9；RMSEA小于0.1，各路径系数均在0.001水平上具有统计显著性。因而可以认为，我们对产业集群发展绩效从产业关联、主体交互和集群创新3个变量的划分和测度是有效的，该模型拟合效果良好。

表 4-16　产业集群发展绩效验证性因子分析拟合优度统计值

指标值	卡方检验		NFI	RFI	IFI	TLI	CFI	RMSEA
	χ^2	df						
数值	82.727	51	0.977	0.970	0.991	0.988	0.991	0.036

4.7.3　企业资源获取的信度与效度分析

首先，对企业资源获取中的人才资源获取、管理资源获取、配置服务资源获取、资金资源获取、技术资源获取、政策资源获取和品牌资源获取7个方面进行信度分析。计算结果如表4-17所示，各量表中，所有题项的CITC均大于0.7，各题项后的Cronbach's Alpha系数均大于0.8，删除此题项后的Cronbach's Alpha系数均小于层面的Cronbach's Alpha系数，说明企业资源获取中各分量表的内部一致性良好。

表 4-17　　　企业资源获取量表的信度与效度检验

变量名称	测量项	修正的项目总相关（CITC）	删除该条款后的Cronbach's Alpha系数	Cronbach's Alpha系数
人才资源获取	A1	0.762	0.852	0.887
	A2	0.779	0.845	
	A3	0.762	0.852	
	A4	0.712	0.870	
管理资源获取	A5	0.787	0.882	0.907
	A6	0.828	0.867	
	A7	0.789	0.881	
	A8	0.761	0.891	
配置服务资源获取	A9	0.758	0.885	0.904
	A10	0.803	0.869	
	A11	0.813	0.866	
	A12	0.766	0.883	
资金资源获取	A13	0.792	0.875	0.904
	A14	0.787	0.877	
	A15	0.773	0.880	
	A16	0.795	0.873	
政策资源获取	A17	0.794	0.875	0.905
	A18	0.778	0.881	
	A19	0.798	0.874	
	A20	0.777	0.881	
技术资源获取	A21	0.806	0.879	0.910
	A22	0.759	0.896	
	A23	0.829	0.871	
	A24	0.788	0.886	
品牌资源获取	A25	0.782	0.875	0.903
	A26	0.798	0.869	
	A27	0.762	0.882	
	A28	0.789	0.873	
KMO值=0.899，Bartlett检验的显著性水平Sig.=0.000				

其次，对企业资源获取量表进行探索性因子分析。对企业资源获取量表是否适合做因子分析进行判断，表4–17结果显示，KMO值为0.901，同时Bartlett检验的显著性水平Sig.=0.000<0.01，说明数据比较适合做因子分析。我们采用主成分分析法，按照特征根大于1的选择标准提取因子，并选择最大方差旋转法进行因子旋转，对企业资源获取做探索性因子分析，共有7个因子被提取，累积解释方差为75.10%，大于70%的最低要求。各项因子载荷系数见表4–18，结果表明企业资源获取量表具有较好的建构效度。

表4–18　　企业资源获取的因子载荷系数矩阵

	技术资源获取F1	资金资源获取F2	配置服务资源获取F3	品牌资源获取F4	管理资源获取F5	人才资源获取F6	政策资源获取F7
吸引在校大学生到本企业兼职A1	0.011	0.123	0.095	0.014	0.118	0.849	0.094
吸引大学毕业生到本企业工作A2	0.088	0.018	0.053	–0.008	0.196	0.847	0.133
集群环境和氛围等有助于企业吸引所需的人才A3	0.113	0.101	0.114	0.028	0.129	0.837	0.079
集群有助于本企业帮助员工获得本市户口A4	0.072	0.108	0.050	0.082	0.154	0.810	0.029
从集群开展的各种培训中获得管理知识A5	0.172	0.131	0.207	0.073	0.773	0.183	0.214
从集群获得管理咨询与策划服务A6	0.184	0.140	0.188	0.062	0.820	0.158	0.188
与集群内其他企业进行管理经验的交流A7	0.179	0.088	0.084	0.056	0.823	0.203	0.153
学习集群内成功企业的管理经验A8	0.151	0.056	0.161	0.064	0.782	0.185	0.231
获得咨询、审计和法律等专业服务A9	0.151	0.103	0.828	0.047	0.098	0.079	0.149
获得金融、邮寄、订票和就餐等商务服务A10	0.126	0.161	0.848	0.079	0.120	0.097	0.087
获取市场信息A11	0.073	0.062	0.878	0.066	0.103	0.086	0.120
获得图书资源、实验设备、网络资源和研讨场所A12	0.049	0.106	0.826	0.129	0.229	0.064	0.028

续表

	技术资源获取F1	资金资源获取F2	配置服务资源获取F3	品牌资源获取F4	管理资源获取F5	人才资源获取F6	政策资源获取F7
获得政府的研发资助 A13	0.119	0.845	0.112	0.044	0.113	0.118	0.126
获得风险投资公司的资金 A14	0.123	0.864	0.099	0.068	0.104	0.029	0.048
获得银行贷款 A15	0.107	0.845	0.078	0.026	0.053	0.081	0.157
获得其他企业的投资 A16	0.092	0.852	0.128	0.068	0.080	0.135	0.101
简化在政府办事的手续 A17	0.286	0.105	0.118	0.072	0.203	0.105	0.785
获得与企业相关的政策信息 A18	0.318	0.041	0.148	0.120	0.265	0.080	0.749
建立与某些政府机关的联系 A19	0.221	0.156	0.072	0.078	0.151	0.147	0.824
获得政府的优惠政策 A20	0.179	0.207	0.124	0.034	0.199	0.072	0.810
吸收集群内的技术知识和信息 A21	0.816	0.112	0.062	0.050	0.207	0.071	0.262
企业较容易获取各种外部的技术帮助和技术成果 A22	0.781	0.160	0.153	0.043	0.212	0.093	0.177
与集群内科研单位或企业的技术交流与合作 A23	0.844	0.105	0.115	0.067	0.158	0.059	0.243
与集群外科研单位或企业的技术交流与合作 A24	0.837	0.123	0.102	0.087	0.084	0.095	0.207
集群的品牌有助于宣传本企业的服务 A25	0.040	0.070	0.030	0.875	0.058	0.031	0.034
集群的品牌有助于提升本企业的形象 A26	0.059	0.037	0.116	0.877	0.061	0.046	0.067
集群的品牌有助于提升本企业的声誉 A27	0.035	0.043	0.103	0.855	0.031	0.024	0.058
集群品牌有助于宣传本企业的产品 A28	0.078	0.040	0.040	0.875	0.053	0.013	0.069
特征值	2.204	2.189	2.173	2.140	2.075	2.069	2.018
方差贡献率（%）	11.444	11.391	11.333	11.215	7.983	7.959	7.778
累积方差贡献率（%）	11.444	22.835	34.168	45.383	52.366	64.325	75.103

最后，对企业资源获取中的人才资源获取、管理资源获取、配置服务资源获取、资金资源获取、政策资源获取、技术资源获取和品牌资源获取进行验证性因子分析，具体结果如图 4–4 和表 4–19 所示。

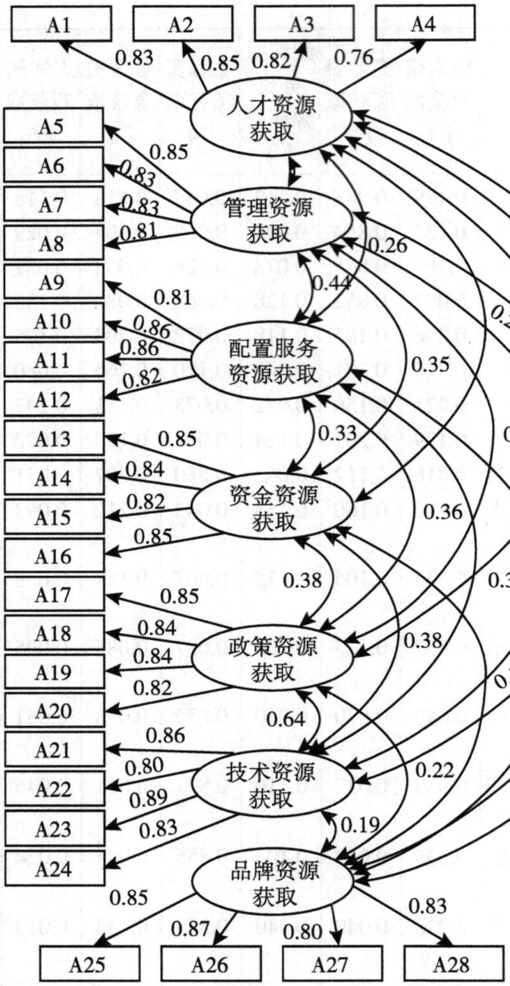

图4-4 企业资源获取的测量模型

表4-19 企业资源获取验证性因子分析拟合结果

路径	标准化路径系数	未标准化路径系数	S.E.	C.R.	P
A1←—— 人才资源获取	0.826	1.000			
A2←—— 人才资源获取	0.846	0.999	0.048	21.009	***
A3←—— 人才资源获取	0.822	0.915	0.045	20.304	***

续表

路径	标准化路径系数	未标准化路径系数	S.E.	C.R.	P
A4←—— 人才资源获取	0.764	0.896	0.049	15.455	***
A5←—— 管理资源获取	0.850	1.071	0.050	21.387	***
A6←—— 管理资源获取	0.886	1.103	0.049	22.577	***
A7←—— 管理资源获取	0.828	1.006	0.049	20.618	***
A8←—— 管理资源获取	0.808	1.000			
A9←—— 配置服务资源获取	0.815	0.906	0.044	20.507	***
A10←—— 配置服务资源获取	0.857	0.979	0.045	21.984	***
A11←—— 配置服务资源获取	0.860	0.999	0.045	22.058	***
A12←—— 配置服务资源获取	0.824	1.000			
A13←—— 资金资源获取	0.848	0.958	0.042	22.630	***
A14←—— 资金资源获取	0.837	1.092	0.049	22.211	***
A15←—— 资金资源获取	0.823	0.973	0.045	21.649	***
A16←—— 资金资源获取	0.850	1.000			
A17←—— 政策资源获取	0.851	0.995	0.045	21.886	***
A18←—— 政策资源获取	0.844	1.007	0.047	21.623	***
A19←—— 政策资源获取	0.842	1.011	0.047	21.555	***
A20←—— 政策资源获取	0.822	1.000			
A21←—— 技术资源获取	0.861	1.048	0.046	22.010	***
A22←—— 技术资源获取	0.804	0.998	0.048	20.759	***
A23←—— 技术资源获取	0.888	1.073	0.045	24.061	***
A24←—— 技术资源获取	0.835	1.000			
A25←—— 品牌资源获取	0.845	0.939	0.043	21.724	***
A26←—— 品牌资源获取	0.866	1.004	0.045	22.423	***
A27←—— 品牌资源获取	0.804	0.937	0.046	20.246	***
A28←—— 品牌资源获取	0.831	1.000			

注：+ 表示 $p<0.10$；* 表示 $p<0.05$；** 表示 $p<0.01$；*** 表示 $P<0.001$

企业资源获取验证性因子分析拟合结果表4–19和拟合优度统计值表4–20显示，χ^2/df=1.77，小于5；NFI、RFI、CFI、IFI和TLI均大于0.9；RMSEA小于0.1，各路径系数均在0.001水平上具有统计显著性。因而可以认为，我们对企业资源获取从人才资源获取、管理资源获取、配置服务资源获取、资金资源获取、政策资源获取、技术资源获取和品牌资源获取7个变量的划分和测度是有效的，该模型拟合效果良好。

表4-20 企业资源获取验证性因子分析拟合优度统计值

指标值	卡方检验			NFI	RFI	IFI	TLI	CFI	RMSEA
	χ^2	*df*	p						
数值	584.572	329	0.000	0.940	0.931	0.973	0.969	0.973	0.040

4.7.4 企业能力的信度与效度分析

首先，对企业的能力中的感知能力、整合能力和重构能力三个方面进行信度分析。计算结果如表4-21所示，各量表中，所有题项的CITC均大于0.7，各题项后的Cronbach's Alpha系数均大于0.8，删除此题项后的Cronbach's Alpha系数均小于层面的Cronbach's Alpha系数，说明企业能力中各分量表的内部一致性良好。

表4-21 企业能力量表的信度与效度检验

变量名称	测量项	修正的项目总相关（CITC）	删除该条款后的Cronbach's Alpha系数	Cronbach's Alpha系数
感知能力	B1	0.744	0.872	0.894
	B2	0.786	0.857	
	B3	0.735	0.875	
	B4	0.803	0.850	
整合能力	B5	0.772	0.851	0.890
	B6	0.744	0.862	
	B7	0.762	0.855	
	B8	0.749	0.860	
重构能力	B9	0.758	0.856	0.889
	B10	0.762	0.854	
	B11	0.766	0.853	
	B12	0.738	0.863	
KMO值=0.891，Bartlett检验的显著性水平Sig.=0.000				

其次，对企业能力量表进行探索性因子分析。对企业能力量表是否适合做因子分析进行判断，表4-21结果显示，KMO值为0.891，同时

Bartlett 检验的显著性水平 Sig.=0.000<0.01，说明数据比较适合做因子分析。我们采用主成分分析法，按照特征根大于1的选择标准提取因子，并选择最大方差旋转法进行因子旋转，对企业能力进行探索性因子分析。共有3个因子被提取，累积解释方差为75.49%，大于70%的最低要求，各项因子载荷系数见表4-22，结果表明企业能力量表具有较好的建构效度。

表 4-22　　　　企业能力的因子载荷系数矩阵

变量名称	重构能力（F1）	整合能力（F2）	感知能力（F3）
能迅速地收集消费者对产品功能的需求信息 B1	0.095	0.145	0.851
能准确地定位目标市场 B2	0.129	0.142	0.848
能及时地获知外部的技术发展趋势并开展研发工作 B3	0.157	0.050	0.860
能及时地掌握竞争者的技术状态 B4	0.105	0.123	0.840
能够有效地利用属于不同技术或应用领域的知识 B5	0.045	0.866	0.125
根据市场需求灵活地调整企业技术和组织结构 B6	0.031	0.857	0.069
企业赋予了不同部门很大的自主决定权 B7	0.054	0.860	0.118
能够根据市场需求及时地与外部机构进行专业化合作 B8	0.072	0.847	0.136
能够有效地调整创新战略以适应环境变化 B9	0.852	0.057	0.090
能够动态地组建跨部门的创新团队 B10	0.880	0.032	0.093
能够适时地对已有的工作流程和程序进行再设计 B11	0.840	0.064	0.115
能够高效利用创新资源（资金、设备和人力等）B12	0.875	0.050	0.184
特征值	2.043	2.011	2.005
方差贡献率（%）	25.356	25.094	25.039
累积方差贡献率（%）	25.356	50.450	75.489

最后，对企业能力中的感知能力、整合能力和重构能力进行验证性因子分析，具体结果如图4-5和表4-23所示。

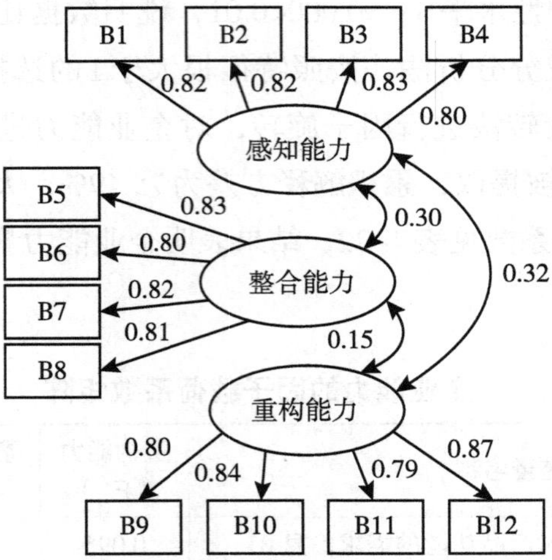

图 4-5 企业能力的测量模型

表 4-23 企业能力验证性因子分析拟合结果

路径	标准化路径系数	未标准化路径系数	S.E.	C.R.	P
B1←— 感知能力	0.821	1.000			
B2←— 感知能力	0.825	0.967	0.048	20.114	***
B3←— 感知能力	0.825	0.942	0.047	20.119	***
B4←— 感知能力	0.795	0.954	0.050	16.218	***
B5←— 整合能力	0.831	1.061	0.053	20.040	***
B6←— 整合能力	0.799	0.984	0.051	16.129	***
B7←— 整合能力	0.824	0.964	0.049	16.855	***
B8←— 整合能力	0.814	1.000			
B9←— 重构能力	0.796	0.840	0.040	20.915	***
B10←— 重构能力	0.842	0.888	0.039	22.748	***
B11←— 重构能力	0.787	0.846	0.041	20.579	***
B12←— 重构能力	0.873	1.000			

注：+表示p<0.10；*表示p<0.05；**表示p<0.01；***表示P<0.001

企业能力验证性因子分析拟合结果表4-23和拟合优度统计值表4-24显示，χ^2/df=1.88，小于5；NFI、RFI、CFI、IFI和TLI均大于0.9；RMSEA小于0.05，各路径系数均在0.001水平上具有统计显著性。因而可以认为，我们对企业能力从感知能力、重构能力和整合能力3个变量的划分和测度是有效的，该模型拟合效果良好。

表 4-24　企业能力验证性因子分析拟合优度统计值

指标值	卡方检验		NFI	RFI	IFI	TLI	CFI	RMSEA
	χ^2	*df*						
数值	95.969	51	0.971	0.963	0.986	0.982	0.986	0.044

4.8　结构方程模型检验

采用结构方程模型验证企业能力各变量对产业集群发展绩效各变量的影响，计算具体结果如图4-6和表4-25所示。

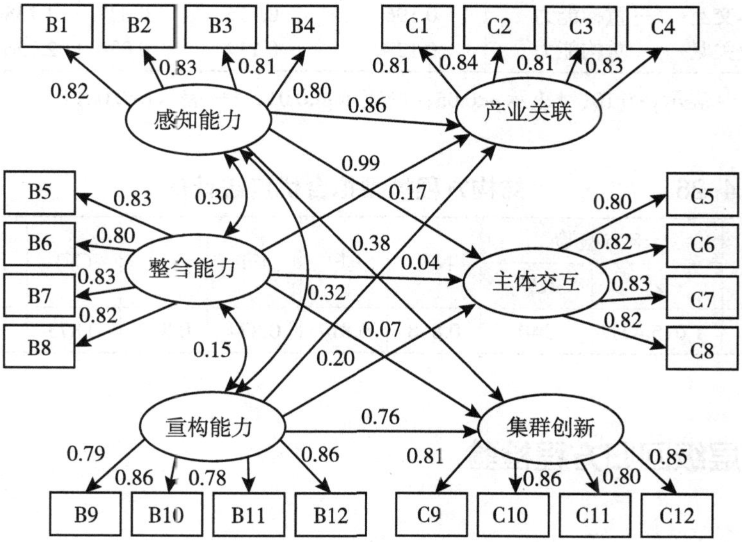

图 4-6　企业能力各变量对产业集群发展绩效各变量的影响结构模型

结构方程模型拟合结果表4-25和拟合优度统计值表4-26显示，χ^2/df=4.2，小于5；NFI、RFI、CFI、IFI和TLI均大于0.8；RMSEA小于0.10，模型各参数基本符合拟合要求。从各路径系数检验来看，感知能力分别对产业关联、主体交互和集群创新有显著的正向影响。整合能力分别对产业关联、主体交互和集群创新有显著的正向影响。重构能力分别对产业关联、主体交互和集群创新有显著的正向影响。

表 4-25　　结构方程模型拟合结果路径系数分析

路径	标准化路径系数	未标准化路径系数	S.E.	C.R.	P
产业关联←—— 感知能力	0.856	0.818	0.049	12.596	***
主体交互←—— 感知能力	0.170	0.164	0.042	2.948	***
集群创新←—— 感知能力	0.141	0.151	0.040	2.768	***
产业关联←—— 整合能力	0.087	0.089	0.035	2.549	**
主体交互←—— 整合能力	0.599	0.625	0.051	12.206	***
集群创新←—— 整合能力	0.074	0.085	0.041	2.073	**
集群创新←—— 重构能力	0.759	0.757	0.045	12.726	***
主体交互←—— 重构能力	0.196	0.176	0.037	4.738	***
产业关联←—— 重构能力	0.128	0.114	0.030	2.756	***

注：+ 表示 p<0.10；* 表示 p<0.05；** 表示 p<0.01；*** 表示 p<0.001

表 4-26　　结构方程模型拟合优度统计值

指标值	卡方检验		NFI	RFI	IFI	TLI	CFI	RMSEA
	χ^2	*df*						
数值	1 015.421	240	0.858	0.814	0.874	0.832	0.873	0.061

4.9　层级回归方程检验

4.9.1　企业资源获取、企业能力与产业集群发展绩效的关系

企业资源获取、企业能力与产业集群发展绩效关系的概念模型见图4–7。为了检验主效应和中介效应，我们根据Baronrm和Kenny（1986）的建议分四个步骤进行层级回归方程分析（以下检验中介效应依然使用

此步骤进行）。层级回归分析的结果见表4-27。

图4-7　企业资源获取、企业能力与产业集群发展绩效关系的概念模型

表4-27　　　　　　层级回归结果（N=482）

变量		产业集群发展绩效			企业能力	
		模型1	模型2	模型3	模型4	模型5
控制变量	企业成立年限	−0.023	−0.037	−0.031	0.016	0.003
	企业性质	0.037	0.022	0.006	0.036	0.022
	企业所属行业	0.042	0.035	0.005	0.046	0.039
	企业员工人数	−0.026	0.013	0.003	−0.024	0.013
自变量	企业资源获取		0.377***	0.092***		0.368***
中介变量	企业能力			0.775***		
	F值	0.73	12.359***	152.495***	0.614	15.386***
	F值的变化	0.73	75.402***	731.622***	0.614	74.095***
	R^2值	0.06	0.147	0.664	0.005	0.139
	R^2值的变化	0.06	0.141	0.517	0.005	0.134

注：+表示$p<0.10$；*表示$p<0.05$；**表示$p<0.01$；***表示$p<0.001$

由表4-27可知，控制变量企业成立年限、企业性质、企业所属行业和企业员工人数对产业集群发展绩效没有显著影响（见模型1），控制变量企业成立年限、企业性质、企业所属行业和企业员工人数对企业能力没有显著影响（见模型4）。企业资源获取对产业集群发展绩效（见模型2，$\beta=0.377$，$p<0.001$）有显著的正向影响，假设H1得到支持。在加入中介变量企业能力后，企业资源获取对产业集群发展绩效的影响显著下降（系数从0.377下降到0.092），且企业能力对产业集群发展绩效也有显著的正向影响（见模型3，$\beta=0.775$，$p<0.001$）。由此，企业能力在企业资源获取与产业集群发展绩效之间起着部分中介作用，假设H2得到部分支持。

4.9.2 企业资源获取、企业能力分量与产业集群发展绩效分量的关系

（1）企业资源获取、感知能力、整合能力、重构能力与产业集群发展绩效的关系。

企业资源获取、感知能力、整合能力、重构能力和产业集群发展绩效关系的概念模型见图4–8。由表4–28可知，控制变量企业成立年限、企业性质、企业所属行业和企业员工人数对感知能力没有显著影响（见模型1）；控制变量企业成立年限、企业性质、企业所属行业和企业员工人数对整合能力没有显著影响（见模型3）；控制变量企业成立年限、企业性质、企业所属行业和企业员工人数对重构能力没有显著影响（见模型5）。企业资源获取对感知能力有显著正向影响（见模型2，$\beta=0.287$，$p<0.001$）；企业资源对整合能力有显著正向影响（见模型4，$\beta=0.191$，$p<0.001$）；企业资源获取对重构能力有显著正向影响（见模型6，$\beta=0.290$，$p<0.001$）。

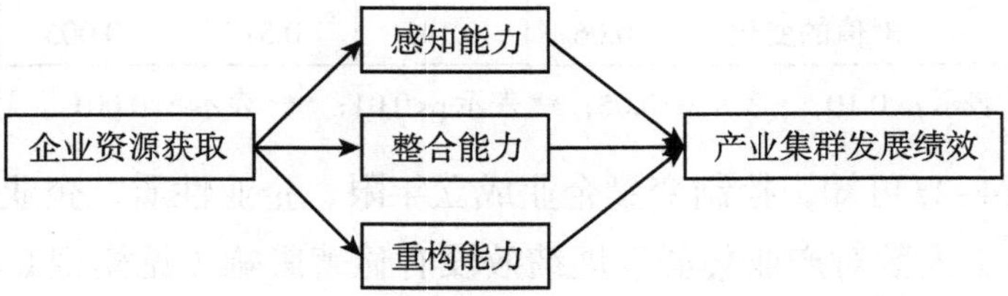

图4–8 企业资源获取、感知能力、整合能力和重构能力与产业集群发展绩效关系的概念模型

表4-28 企业资源获取对感知能力、整合能力和重构能力的影响

变量		感知能力		整合能力		重构能力	
		模型1	模型2	模型3	模型4	模型5	模型6
控制变量	企业成立年限	0.026	0.015	0.015	0.008	–0.007	–0.017
	企业性质	0.022	0.011	0.070	0.063	–0.015	–0.026
	企业所属行业	–0.036	–0.042	0.092	0.088	0.043	0.037
	企业员工人数	0.017	0.046	–0.063	–0.043	–0.070	0.022
自变量	企业资源获取		0.287***		0.191***		0.290***
	F值	0.301	5.683***	2.679	5.866***	0.227	5.800***
	F值的变化	0.301	42.108***	2.679	15.231***	0.227	42.014***
	R^2值	0.003	0.084	0.022	0.058	0.002	0.085
	R^2值的变化	0.003	0.081	0.022	0.036	0.002	0.083

注：+表示p<0.10；*表示p<0.05；**表示p<0.01；***表示p<0.001

由表4–29可知，企业资源获取对产业集群发展绩效（见模型8，$\beta=0.377$，$p<0.001$）有显著的正向影响，假设H1得到支持。在加入中介变量感知能力、整合能力和重构能力后，企业资源获取对产业集群发展绩效的影响显著下降（模型9~模型15中系数显著下降），且感知能力对产业集群发展绩效也有显著的正向影响（见模型9，$\beta=0.599$，$p<0.001$），整合能力对产业集群发展绩效也有显著的正向影响（见模型10，$\beta=0.369$，$p<0.001$），重构能力对产业集群发展绩效也有显著的正向影响（见模型11，$\beta=0.540$，$p<0.001$）。由此，感知能力在企业资源获取与产业集群发展绩效之间起着部分中介作用，假设H2a得到部分支持；整合能力在企业资源获取与产业集群发展绩效之间起着部分中介作用，假设H2b得到部分支持；重构能力在企业资源获取与产业集群发展绩效之间起着部分中介作用，假设H2c得到部分支持。

表 4-29　感知能力、整合能力和重构能力在企业资源获取与集群发展绩效之间的中介效应

变量		产业集群发展绩效								
		模型 7	模型 8	模型 9	模型 10	模型 11	模型 12	模型 13	模型 14	模型 15
控制变量	企业成立年限	−0.023	−0.037	−0.046	−0.040	−0.028	−0.047	−0.037	−0.031	−0.039
	企业性质	0.037	0.022	0.016	0.000	0.037	0.001	0.028	0.015	0.014
	企业所属行业	0.042	0.035	0.060	0.002	0.015	0.036	0.040	−0.013	0.017
	企业员工人数	−0.026	0.013	−0.015	0.029	0.001	−0.002	−0.020	0.015	−0.007
自变量	企业资源获取		0.377***	0.206***	0.307***	0.221***	0.176***	0.109***	0.166***	0.082***
中介变量	感知能力			0.599***			0.541***	0.504***		0.451***
	整合能力				0.369***		0.245***		0.328***	0.232***
	重构能力					0.540***		0.428***	0.513***	0.421***
	F 值	0.730	12.359***	71.676***	26.996***	55.724***	75.929***	114.658***	71.563***	124.165***
	F 值的变化	0.730	75.402***	294.337***	82.929***	215.661***	192.027***	312.660***	175.985***	262.257***
	R^2 值	0.006	0.147	0.475	0.275	0.413	0.529	0.635	0.514	0.683
	R^2 值的变化	0.006	0.141	0.329	0.128	0.266	0.382	0.488	0.367	0.536

注：+表示 $p<0.10$；*表示 $p<0.05$；**表示 $p<0.01$；***表示 $p<0.001$

（2）企业资源获取、感知能力、整合能力和重构能力与产业关联的关系。

企业资源获取、感知能力、整合能力和重构能力与产业关联关系的概念模型见图4–9。由表4–30可知，企业资源获取对产业关联有显著的正向影响（见模型8，$\beta = 0.319$，$p < 0.001$），假设H1a得到支持。在加入中介变量感知能力、整合能力和重构能力后，企业资源获取对产业关联的影响显著下降（模型9~模型15中系数显著下降），且感知能力对产业关联也有显著的正向影响（见模型9，$\beta = 0.750$，$p < 0.001$），整合能力对产业关联也有显著的正向影响（见模型10，$\beta = 0.113$，$p < 0.05$），重构能力对产业关联也有显著的正向影响（见模型11，$\beta = 0.279$，$p < 0.001$）。由此，感知能力在企业资源获取与产业关联之间起着部分中介作用，假设H3得到部分支持；整合能力在企业资源获取与产业关联之间起着部分中介作用，假设H6得到部分支持；重构能力在企业资源获取与产业关联之间起着部分中介作用，假设H9得到部分支持。

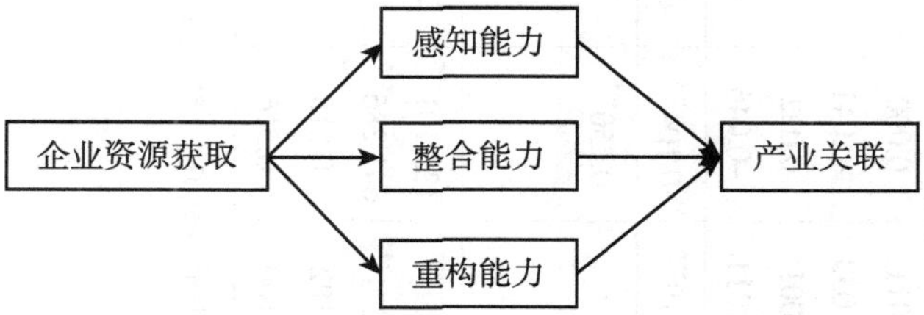

图4–9　企业资源获取、感知能力、整合能力和重构能力与产业关联关系的概念模型

表 4-30　感知能力、整合能力和重构能力在企业资源获取与产业关联之间的中介效应

变量		产业关联								
		模型7	模型8	模型9	模型10	模型11	模型12	模型13	模型14	模型15
控制变量	企业成立年限	0.023	0.011	0.000	0.010	0.016	0.000	0.002	0.015	0.030
	企业性质	-0.021	-0.033	-0.041	-0.040	-0.026	-0.038	-0.038	-0.031	-0.034
	企业所属行业	0.007	0.001	0.032	-0.009	-0.010	0.038	0.027	-0.017	0.033
	企业员工人数	-0.043	-0.011	-0.046	-0.006	-0.017	-0.049	-0.047	-0.013	-0.051
自变量	企业资源获取		0.319***	0.104***	0.297***	0.238***	0.112***	0.077*	0.223***	0.085**
中介变量	感知能力			0.750***			0.765***	0.724***		0.739***
	整合能力				0.113*		0.062*		0.091*	0.066*
	重构能力					0.279***		0.118***	0.271***	0.121***
	F值	0.230	7.858***	125.101***	7.223***	12.608***	111.199***	115.432***	14.985***	102.492***
	F值的变化	0.230	52.271***	641.286***	2.428*	40.813***	325.084***	335.383***	22.812***	226.189***
	R^2值	0.002	0.102	0.618	0.114	0.173	0.622	0.630	0.181	0.634
	R^2值的变化	0.002	0.100	0.516	0.012	0.071	0.519	0.528	0.079	0.532

注：+表示 p<0.10；*表示 p<0.05；**表示 p<0.01；***表示 p<0.001

另外，从表4–30还可以看出，在分别两两加入或全部加入中介变量感知能力、整合能力和重构能力后，企业资源获取对产业关联的影响显著下降（模型12~模型15中系数显著下降），而加入的中介变量对产业关联有显著影响。因此，感知能力、整合能力和重构能力在企业资源获取与产业关联之间起着部分中介作用，即企业能力在企业资源获取与产业关联之间起着部分中介作用。

（3）企业资源获取、感知能力、整合能力和重构能力与主体交互的关系。

企业资源获取、感知能力、整合能力和重构能力与主体交互关系的概念模型见图4–10。由表4–31可知，企业资源获取对主体交互有显著的正向影响（见模型8，$\beta=0.207$，$p<0.001$），假设H1b得到支持。在加入中介变量感知能力、整合能力和重构能力后，企业资源获取对主体交互的影响显著下降（模型9~模型15中系数显著下降），且感知能力对产业集群发展绩效也有显著的正向影响（见模型9，$\beta=0.332$，$p<0.001$），整合能力对主体交互也有显著的正向影响（见模型10，$\beta=0.579$，$p<0.001$），重构能力对主体交互也有显著的正向影响（见模型11，$\beta=0.251$，$p<0.001$）。由此，企业感知能力在企业资源获取与主体交互之间起着部分中介作用，假设H4得到部分支持；企业整合能力在企业资源获取与主体交互之间起着部分中介作用，假设H7得到部分支持；企业重构能力在企业资源获取与主体交互之间起着部分中介作用，假设H10得到部分支持。

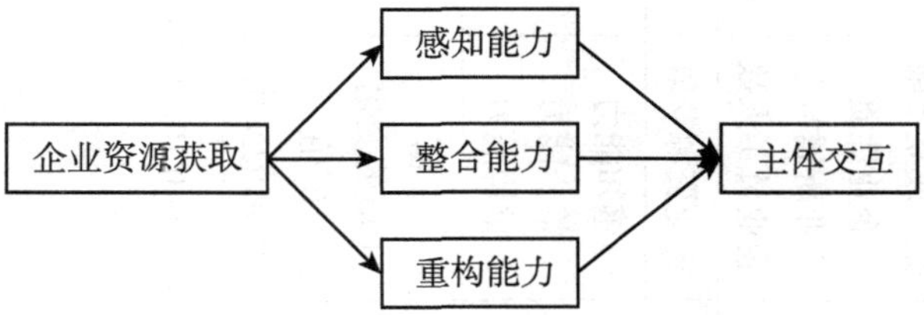

图4–10　企业资源获取、感知能力、整合能力和重构能力与主体交互关系的概念模型

表 4-31　感知能力、整合能力和重构能力在企业资源获取与主体交互之间的中介效应

变量		主体交互								
		模型7	模型8	模型9	模型10	模型11	模型12	模型13	模型14	模型15
控制变量	企业成立年限	−0.038	−0.045	−0.050	−0.050	−0.041	−0.053	−0.046	−0.046	−0.049
	企业性质	0.058	0.050	0.046	0.014	0.056	0.014	0.051	0.020	0.019
	企业所属行业	0.083	0.079	0.093	0.028	0.070	0.041	0.084	0.022	0.033
	企业员工人数	−0.054	−0.033	−0.049	−0.008	−0.039	−0.020	−0.051	−0.014	−0.022
自变量	企业资源获取		0.207***	0.112**	0.097**	0.135**	0.046	0.070	0.040	0.008
中介变量	感知能力			0.332***			0.207***	0.291***		0.171***
	整合能力				0.579***		0.531***		0.562***	0.526***
	重构能力					0.251***		0.187***	0.205***	0.170***
	F值	2.459	2.354***	15.515***	45.128***	7.820***	45.104***	12.317***	45.288***	42.553***
	F值的变化	2.459	21.511***	54.545***	240.96***	31.137***	142.00***	35.709***	142.606***	102.509***
	R^2值	0.020	0.063	0.164	0.378	0.120	0.415	0.194	0.416	0.441
	R^2值的变化	0.020	0.042	0.101	0.315	0.058	0.353	0.132	0.354	0.378

注：+表示 p<0.10；*表示 p<0.05；**表示 p<0.01；***表示 p<0.001

另外，从表4-31还可以看出，在分别两两加入或全部加入中介变量感知能力、整合能力和重构能力后，企业资源获取对主体交互没有影响（见模型12~模型15），而加入的中介变量对主体交互有显著影响。因此，感知能力、整合能力和重构能力在企业资源获取与主体交互之间起着完全中介作用，即企业能力在企业资源获取与主体交互之间起着完全中介作用。

（4）企业资源获取、感知能力、整合能力和重构能力与集群创新的关系。

企业资源获取、感知能力、整合能力和重构能力与集群创新关系的概念模型见图4-11。由表4-32可知，企业资源获取对集群创新有显著的正向影响（见模型8，$\beta = 0.334$，$p < 0.001$），假设H1c得到支持。在加入中介变量感知能力、整合能力和重构能力后，企业资源获取对集群创新的影响显著下降（模型9~模型15中系数显著下降），且感知能力对集群创新也有显著的正向影响（见模型9，$\beta = 0.289$，$p < 0.001$），整合能力对集群创新也有显著的正向影响（见模型10，$\beta = 0.139$，$p < 0.01$），重构能力对集群创新也有显著的正向影响（见模型11，$\beta = 0.695$，$p < 0.001$）。由此，感知能力在企业资源获取与集群创新之间起着部分中介作用，假设H5得到部分支持；整合能力在企业资源获取与集群创新之间起着部分中介作用，假设H8得到部分支持；重构能力在企业资源获取与集群创新之间起着部分中介作用，假设H11得到部分支持。

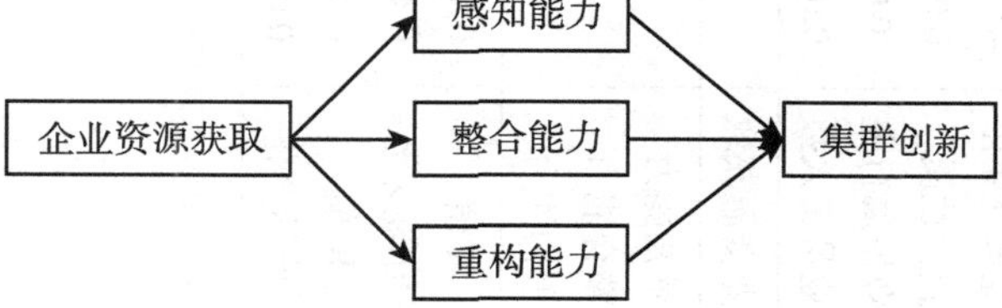

图4-11　企业资源获取、感知能力、整合能力和重构能力与集群创新关系的概念模型

表 4-32　感知能力、整合能力和重构能力在企业资源获取与集群创新之间的中介效应

变量		集群创新								
		模型7	模型8	模型9	模型10	模型11	模型12	模型13	模型14	模型15
控制变量	企业成立年限	−0.037	−0.049	−0.053	−0.050	−0.037	−0.054	−0.040	−0.038	−0.040
	企业性质	0.045	0.032	0.029	0.023	0.051	0.024	0.048	0.045	0.045
	企业所属行业	0.05	−0.002	0.010	−0.014	−0.028	0.003	−0.021	−0.035	−0.026
	企业员工人数	0.039	0.073	0.060	0.079	0.058	0.064	0.052	0.061	0.055
自变量	企业资源获取		0.334^{***}	0.251^{***}	0.307^{***}	0.132^{***}	0.241^{***}	0.101^{***}	0.118^{***}	0.094^{*}
中介变量	感知能力			0.289^{***}			0.270^{***}	0.142^{***}		0.129^{***}
	整合能力				0.139^{**}		0.077^{+}		0.084^{**}	0.056^{+}
	重构能力					0.695^{***}		0.664^{***}	0.688^{***}	0.662^{***}
	F值	0.437	12.187^{***}	15.543^{***}	11.996^{***}	96.054^{***}	12.404^{***}	91.001^{***}	84.019^{***}	80.384^{***}
	F值的变化	0.437	55.973^{***}	44.726^{***}	6.903^{***}	472.972^{***}	24.003^{***}	255.460^{***}	242.105^{***}	172.137^{***}
	R^2值	0.004	0.113	0.190	0.132	0.556	0.195	0.573	0.562	0.576
	R^2值的变化	0.004	0.110	0.076	0.018	0.442	0.082	0.460	0.449	0.463

注：+表示 $p<0.10$；*表示 $p<0.05$；**表示 $p<0.01$；***表示 $p<0.001$

另外，从表4–32还可以看出，在分别两两加入或全部加入中介变量感知能力、整合能力和重构能力后，企业资源获取对集群创新的影响显著下降（模型12~模型15中系数显著下降），而加入的中介变量对集群创新有显著影响。因此，感知能力、整合能力和重构能力在企业资源获取与集群创新之间起着部分中介作用，企业能力在企业资源获取与集群创新之间起着部分中介作用。

4.9.3　人才资源获取、感知能力、整合能力和重构能力与产业集群发展绩效分量的关系

（1）人才资源获取、感知能力、整合能力和重构能力与产业关联的关系。

人才资源获取、感知能力、整合能力和重构能力与产业关联关系的概念模型见图4–12。由表4–33可知，控制变量企业成立年限、企业性质、企业所属行业和企业员工人数对感知能力、整合能力和重构能力没有显著影响（见模型1、模型3和模型5），人才资源获取对感知能力有正向影响（见模型2，$\beta=0.099$，$p<0.05$），人才资源获取对整合能力有正向影响（见模型4，$\beta=0.077$，$p<0.1$），人才资源获取对重构能力有正向影响（见模型6，$\beta=0.075$，$p<0.1$）。

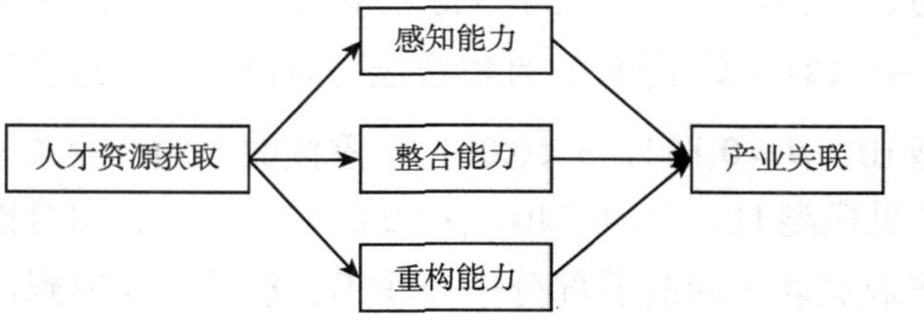

图4–12　人才资源获取、感知能力、整合能力和重构能力与产业关联关系的概念模型

表4-33　人才资源获取对感知能力、整合能力和重构能力的影响

变量		感知能力		整合能力		重构能力	
		模型1	模型2	模型3	模型4	模型5	模型6
控制变量	企业成立年限	0.026	0.020	0.015	0.011	–0.007	–0.011
	企业性质	0.022	0.027	0.070	0.074	–0.015	–0.012
	企业所属行业	–0.036	–0.036	0.092*	0.092	0.043	0.043
	企业员工人数	0.017	0.016	–0.063	–0.063	–0.007	–0.008
自变量	人才资源获取		0.099*		0.077+		0.075+
	F值	0.301	1.184	2.679*	2.730*	0.227	0.716
	F值的变化	0.301	4.705*	2.679*	2.896+	0.227	2.670
	R^2值	0.003	0.012	0.022	0.028	0.002	0.007
	R^2值的变化	0.003	0.010	0.022	0.006	0.002	0.006

注：+表示p<0.10；*表示p<0.05；**表示p<0.01；***表示p<0.001

由表4-34可知，企业人才资源获取对产业关联有显著的正向影响（见模型8，$\beta=0.118$，$p<0.01$），假设H1a1得到支持。在加入中介变量感知能力后，人才资源获取对产业关联没有影响（见模型9，$\beta=0.042$，$p>0.1$），且感知能力对产业关联也有显著的正向影响（见模型9，$\beta=0.776$，$p<0.001$）。由此，感知能力在人才资源获取与产业关联之间起着完全中介作用，假设H31 得到完全支持；在分别加入中介变量整合能力、重构能力后，人才资源获取对产业关联的影响下降（模型10~模型11中系数显著下降），且整合能力对产业关联也有显著的正向影响（见模型10，$\beta=0.162$，$p<0.001$），重构能力对产业关联也有显著的正向影响（见模型11，$\beta=0.340$，$p<0.001$）。由此，整合能力在人才资源获取与产业关联之间起着部分中介作用，假设H61得到部分支持；重构能力在人才资源获取与产业关联之间起着部分中介作用，假设H91得到部分支持。

表 4-34　　感知能力、整合能力和重构能力在人才资源获取与产业关联之间的中介效应

变量		产业关联								
		模型 7	模型 8	模型 9	模型 10	模型 11	模型 12	模型 13	模型 14	模型 15
控制变量	企业成立年限	0.023	0.016	0.001	0.014	0.020	0.001	0.003	0.018	0.003
	企业性质	−0.021	−0.015	−0.036	−0.027	−0.011	−0.033	−0.033	−0.020	−0.029
	企业所属行业	0.007	0.007	0.035	−0.008	−0.008	0.040	0.028	−0.018	0.034
	企业员工人数	−0.043	−0.045	−0.057^{+}	−0.034	−0.042	−0.060*	−0.055^{+}	−0.034	−0.059*
自变量	人才资源获取		0.118**	0.042	0.106*	0.093*	0.044	0.035	0.085*	0.038
中介变量	感知能力			0.776***			0.789***	0.738***		0.753***
	整合能力				0.162***		−0.051^{+}		0.121**	−0.059*
	重构能力					0.340***		0.134***	0.325***	0.137***
	F 值	0.230	1.534	122.787***	2.413**	11.882***	102.933***	112.511***	11.428***	100.436***
	F 值的变化	0.230	2.738**	722.414***	12.623***	62.630***	364.572***	384.230***	35.605***	261.082***
	R^2 值	0.002	0.016	0.610	0.041	0.131	0.612	0.626	0.144	0.629
	R^2 值的变化	0.002	0.014	0.594	0.025	0.115	0.596	0.610	0.129	0.614

注：+ 表示 $p<0.10$；* 表示 $p<0.05$；** 表示 $p<0.01$；*** 表示 $p<0.001$

另外，从表4–34还可以看出，若同时加入中介变量感知能力和整合能力或者同时加入感知能力和重构能力，企业人才资源获取对产业关联没有影响（模型12和模型13），而加入的中介变量对产业关联有显著影响，因此它们在人才资源获取与产业关联之间起着完全中介作用。但在同时加入中介变量整合能力和重构能力后，人才资源获取对产业关联的影响显著下降（模型14中系数显著下降），而加入的中介变量对产业关联有显著影响，它们在人才资源获取与产业关联之间起着部分中介作用。若同时加入感知能力、整合能力和重构能力三个中介变量后，人才资源获取对产业关联没有影响，而加入的中介变量对产业关联有显著影响（模型15），因此，企业能力在人才资源获取与产业关联之间起着完全中介作用。

（2）人才资源获取、感知能力、整合能力和重构能力与主体交互的关系。

人才资源获取、感知能力、整合能力和重构能力与主体交互关系的概念模型见图4–13。由表4–35可知，企业人才资源获取对主体交互有正向影响（模型8，$\beta = 0.086$，$p < 0.1$），假设H1b1得到支持。在分别加入中介变量感知能力、整合能力和重构能力后，人才资源获取对主体交互的没有影响（见模型9~模型11），且感知能力对主体交互也有显著的正向影响（见模型9，$\beta = 0.359$，$p < 0.001$），整合能力对主体交互也有显著的正向影响（见模型10，$\beta = 0.594$，$p < 0.001$），重构能力对主体交互也有显著的正向影响（见模型11，$\beta = 0.285$，$p < 0.001$）。由此，感知能力在人才资源获取与主体交互之间起着完全中介作用，假设H41得到支持；整合能力在人才资源获取与主体交互之间起着完全中介作用，假设H71得到支持；重构能力在人才资源获取与主体交互之间起着完全中介作用，假设H101得到支持。

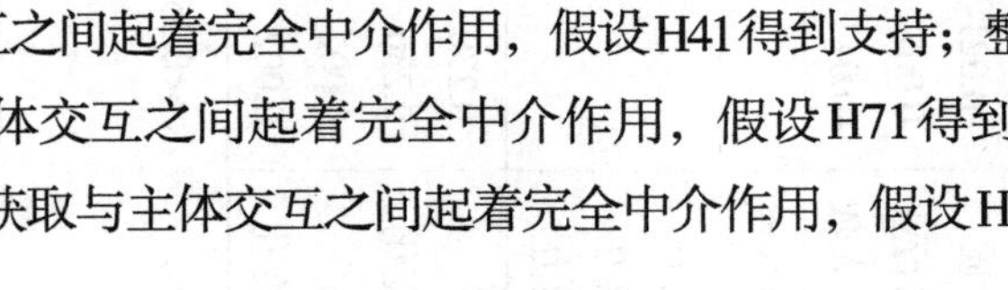

图4–13　人才资源获取、感知能力、整合能力和重构能力与主体交互关系的概念模型

表 4-35　　感知能力、整合能力和重构能力在人才资源获取与主体交互之间的中介效应

变量		主体交互								
		模型 7	模型 8	模型 9	模型 10	模型 11	模型 12	模型 13	模型 14	模型 15
控制变量	企业成立年限	−0.038	−0.043	−0.050	−0.049	−0.040	−0.053	−0.046	−0.046	−0.050
	企业性质	0.058	0.062	0.052	0.018	0.065	0.017	0.056	0.023	0.020
	企业所属行业	0.083^{+}	0.083^{+}	0.096^{*}	0.028	0.071	0.041	0.085^{*}	0.022	0.033
	企业员工人数	−0.054	−0.055	−0.061	−0.017	−0.053	−0.025	−0.058	−0.018	−0.023
自变量	人才资源获取		0.086^{+}	0.050	0.040	0.065	0.023	0.041	0.026	0.016
中介变量	感知能力			0.359^{***}			0.217^{***}	0.303^{***}		0.171^{***}
	整合能力				0.594^{***}		0.536^{***}		0.567^{***}	0.526^{***}
	重构能力					0.285^{***}		0.200^{***}	0.214^{***}	0.171^{***}
	F 值	2.459^{*}	2.699^{*}	14.523^{***}	42.656^{***}	6.586^{***}	44.832^{***}	12.055^{***}	45.139^{***}	42.587^{***}
	F 值的变化	2.459^{*}	2.603^{+}	71.645^{***}	256.125^{***}	42.835^{***}	152.264^{***}	45.110^{***}	154.310^{***}	112.462^{***}
	R^2 值	0.020	0.028	0.155	0.371	0.108	0.414	0.192	0.416	0.441
	R^2 值的变化	0.020	0.007	0.127	0.343	0.080	0.386	0.164	0.388	0.413

注：+表示 $p<0.10$；*表示 $p<0.05$；**表示 $p<0.01$；***表示 $p<0.001$

另外，从表4–35还可以看出，在分别两两加入或全部加入中介变量感知能力、整合能力和重构能力后，企业人才资源获取对主体交互的没有影响（见模型12~模型15），而加入的中介变量对主体交互有显著影响，因此，企业能力在人才资源获取与主体交互之间起着完全中介作用。

（3）人才资源获取、感知能力、整合能力和重构能力与集群创新的关系。

人才资源获取、感知能力、整合能力和重构能力与集群创新关系的概念模型见图4–14。由表4–36可知，企业人才资源获取对集群创新有正向影响（见模型8，$\beta=0.132$，$p<0.01$），假设H1c1得到支持。在分别加入中介变量感知能力、整合能力和重构能力后，人才资源获取对集群创新的影响显著下降（模型9~模型11中系数显著下降），且感知能力对集群创新也有显著的正向影响（见模型9，$\beta=0.350$，$p<0.001$），整合能力对集群创新也有显著的正向影响（见模型10，$\beta=0.189$，$p<0.001$），重构能力对集群创新也有显著的正向影响（见模型11，$\beta=0.727$，$p<0.001$）。由此，感知能力在人才资源获取与集群创新之间起着部分中介作用，假设H51得到支持；整合能力在人才资源获取与集群创新之间起着部分中介作用，假设H81得到支持；重构能力在人才资源获取与集群创新之间起着部分中介作用，假设H111得到支持。

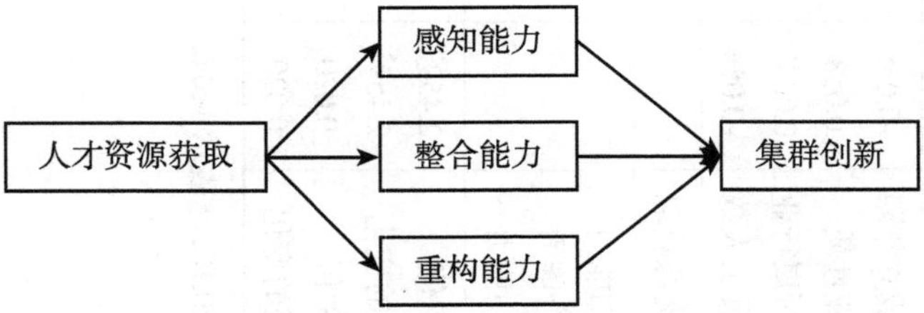

图4–14　人才资源获取、感知能力、整合能力和重构能力与集群创新关系的概念模型

表 4-36 感知能力、整合能力和重构能力在人才资源获取与集群创新之间的中介效应

变量		集群创新								
		模型 7	模型 8	模型 9	模型 10	模型 11	模型 12	模型 13	模型 14	模型 15
控制变量	企业成立年限	−0.037	−0.044	−0.051	−0.046	−0.036	−0.052	−0.040	−0.037	−0.040
	企业性质	0.045	0.051	0.042	0.037	0.060	0.035	0.055	0.053	0.051
	企业所属行业	0.005	0.005	0.017	−0.013	−0.027	0.007	−0.019	−0.035	−0.025
	企业员工人数	0.039	0.038	0.032	0.050	0.044	0.039	0.041	0.050	0.045
自变量	人才资源获取		0.132**	0.097*	0.117**	0.077*	0.092*	0.065*	0.071*	0.062*
中介变量	感知能力			0.350***			0.323***	0.159***		0.143***
	整合能力				0.189***		0.101*		0.098**	0.064*
	重构能力					0.727***		0.683***	0.715***	0.679***
	F 值	0.437	2.036^{+}	12.101***	4.656***	95.158***	12.070***	86.312***	84.446***	76.151***
	F 值的变化	0.437	5.402**	64.015***	14.407***	546.049***	32.399***	301.087***	284.411***	202.351***
	R^2 值	0.004	0.021	0.142	0.056	0.546	0.151	0.569	0.555	0.572
	R^2 值的变化	0.004	0.017	0.121	0.035	0.525	0.130	0.548	0.534	0.551

注：+ 表示 $p<0.10$；* 表示 $p<0.05$；** 表示 $p<0.01$；*** 表示 $p<0.001$

另外，从表4–36还可以看出，在分别两两加入或全部加入中介变量感知能力、整合能力和重构能力后，企业人才资源获取对集群创新的影响显著下降（模型12~模型15中系数显著下降），而加入的中介变量对集群创新有显著影响，因此，企业能力在人才资源获取与集群创新之间起着部分中介作用。

4.9.4 管理资源获取、感知能力、整合能力和重构能力与产业集群发展绩效分量的关系

（1）管理资源获取、感知能力、整合能力和重构能力与产业关联的关系。

管理资源获取、感知能力、整合能力和重构能力与产业关联关系的概念模型见图4–15。由表4–37可知，控制变量企业成立年限、企业性质、企业所属行业和企业员工人数对感知能力、整合能力和重构能力没有显著影响（见模型1、模型3和模型5）。管理资源获取对感知能力有显著的正向影响（见模型2，$\beta = 0.247$，$p < 0.001$），管理资源获取对整合能力有显著的正向影响（见模型4，$\beta = 0.169$，$p < 0.001$），管理资源获取对重构能力有显著的正向影响（见模型6，$\beta = 0.270$，$p < 0.001$）。

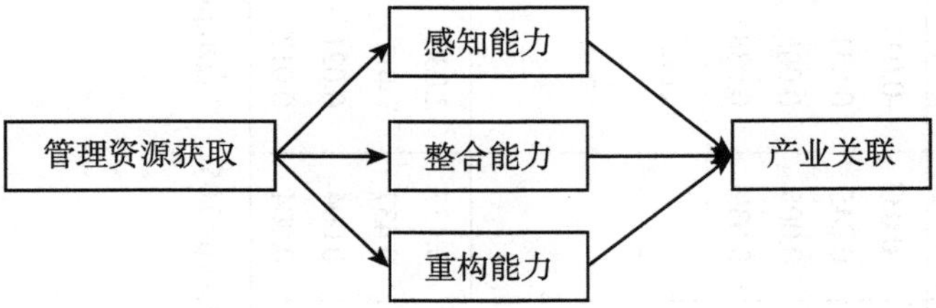

图4–15 管理资源获取、感知能力、整合能力和重构能力与产业关联关系的概念模型

表 4-37　　管理资源获取对感知能力、整合能力和重构能力的影响

变量		感知能力		整合能力		重构能力	
		模型 1	模型 2	模型 3	模型 4	模型 5	模型 6
控制变量	企业成立年限	0.026	0.017	0.015	0.009	−0.007	−0.016
	企业性质	0.022	0.035	0.070	0.078+	−0.015	−0.002
	企业所属行业	−0.036	−0.045	0.092*	0.086+	0.043	0.033
	企业员工人数	0.017	0.045	−0.063	−0.044	−0.007	0.023
自变量	管理资源获取		0.247***		0.169***		0.270***
	F 值	0.301	2.366***	2.679*	5.030***	0.227	4.575***
	F 值的变化	0.301	30.550***	2.679*	14.142***	0.227	32.898***
	R^2 值	0.003	0.063	0.022	0.050	0.002	0.074
	R^2 值的变化	0.003	0.060	0.022	0.028	0.002	0.072

注：+ 表示 p<0.10；* 表示 p<0.05；** 表示 p<0.01；*** 表示 p<0.001

由表 4–38 可知，企业管理资源获取对产业关联有显著的正向影响（见模型 8，$\beta=0.303$，$p<0.001$），假设 H1a2 得到支持。在分别加入中介变量感知能力、整合能力和重构能力后，管理资源获取对产业关联的影响显著下降（模型 9~ 模型 11 中系数显著下降），且感知能力对产业关联也有显著的正向影响（见模型 9，$\beta=0.751$，$p<0.001$），整合能力对产业关联也有显著的正向影响（见模型 10，$\beta=0.122$，$p<0.001$），重构能力对产业关联也有显著的正向影响（见模型 11，$\beta=0.287$，$p<0.001$）。由此，感知能力在管理资源获取与产业关联之间起着部分中介作用，假设 H32 得到部分支持；整合能力在管理资源获取与产业关联之间起着部分中介作用，假设 H62 得到部分支持；重构能力在管理资源获取与产业关联之间起着部分中介作用，假设 H92 得到部分支持。

另外，从表 4–38 还可以看出，在分别两两加入或全部加入中介变量感知能力、整合能力和重构能力后，企业管理资源获取对产业关联的影响显著下降（模型 12~ 模型 15 中系数显著下降），而加入的中介变量对产业关联有显著影响。因此，企业能力在管理资源获取与产业关联之间起着部分中介作用。

表 4-38　感知能力、整合能力和重构能力在管理资源获取与产业关联之间的中介效应

变量		产业关联								
		模型7	模型8	模型9	模型10	模型11	模型12	模型13	模型14	模型15
控制变量	企业成立年限	0.230	0.012	0.000	0.011	0.017	0.000	0.002	0.016	0.002
	企业性质	–0.021	–0.005	–0.031	–0.015	–0.005	–0.027	–0.030	–0.012	–0.026
	企业所属行业	0.007	–0.004	0.030	–0.014	–0.013	0.036	0.025	–0.021	0.031
	企业员工人数	–0.043	–0.010	–0.043	–0.004	–0.016	–0.046	–0.045	–0.012	–0.048
自变量	管理资源获取		0.303***	0.118***	0.282***	0.226***	0.125***	0.093**	0.212***	0.100***
中介变量	感知能力			0.751***			0.766***	0.724***		0.740***
	整合能力				0.122**		–0.063*		0.097*	–0.067*
	重构能力					0.287***		0.116***	0.278***	0.118***
	F值	0.230	6.718***	126.768***	6.462***	12.064***	112.658***	112.706***	14.623***	102.659***
	F值的变化	0.230	44.581***	662.490***	4.515**	42.460***	335.828***	345.681***	24.488***	232.216***
	R^2值	0.002	0.093	0.621	0.107	0.169	0.625	0.633	0.178	0.637
	R^2值的变化	0.002	0.091	0.528	0.014	0.076	0.532	0.540	0.085	0.544

注：+表示 $p<0.10$；*表示 $p<0.05$；**表示 $p<0.01$；***表示 $p<0.001$

（2）管理资源获取、感知能力、整合能力和重构能力与主体交互的关系。

管理资源获取、感知能力、整合能力和重构能力与主体交互关系的概念模型见图4–16。由表4–39可知，企业管理资源获取对主体交互有显著的正向影响（见模型8，$\beta=0.178$，$p<0.001$），假设H1b2得到支持。在分别加入中介变量感知能力、整合能力和重构能力后，在0.05的显著性水平上，管理资源获取对主体交互的影响显著下降（模型9~模型11中系数显著下降），且感知能力对主体交互也有显著的正向影响（见模型9，$\beta=0.341$，$p<0.001$），整合能力对主体交互也有显著的正向影响（见模型10，$\beta=0.584$，$p<0.001$），重构能力对主体交互也有显著的正向影响（见模型11，$\beta=0.261$，$p<0.001$）。由此，感知能力在管理资源获取与主体交互之间起着部分中介作用，假设H42得到部分支持；整合能力在管理资源获取与主体交互之间起着部分中介作用，假设H72得到部分支持；重构能力在管理资源获取与主体交互之间起着部分中介作用，假设H102得到部分支持。

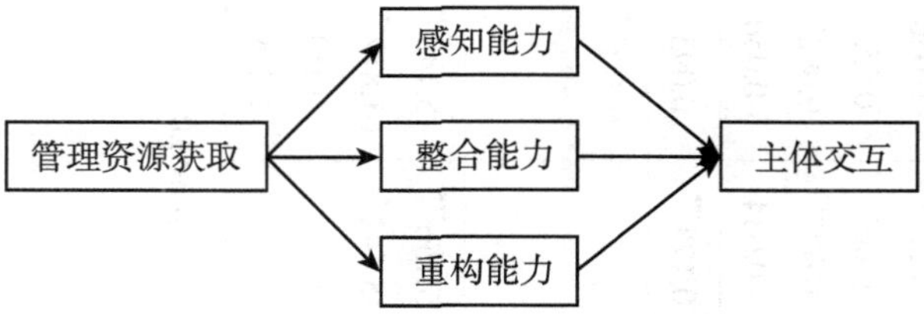

图4–16　管理资源获取、感知能力、整合能力和重构能力与主体交互关系的概念模型

另外，从表4–39还可以看出，在分别两两加入或全部加入中介变量感知能力、整合能力和重构能力后，企业管理资源获取对主体交互没有影响（模型12~模型15），而加入的中介变量对主体交互有显著影响，因此，在0.001的显著性水平上，企业能力在管理资源获取与主体交互之间起着完全中介作用。

表 4-39　感知能力、整合能力和重构能力在管理资源获取与主体交互之间的中介效应

变量		主体交互								
		模型7	模型8	模型9	模型10	模型11	模型12	模型13	模型14	模型15
控制变量	企业成立年限	−0.038	−0.044	−0.050	−0.049	−0.040	−0.052	−0.046	−0.046	−0.049
	企业性质	0.058	0.067	0.055	0.021	0.067	0.017	0.057	0.023	0.020
	企业所属行业	0.083^{+}	0.077^{+}	0.092^{*}	0.026	0.068	0.040	0.084^{*}	0.021	0.033
	企业员工人数	−0.054	−0.034	−0.050	−0.009	−0.040	−0.021	−0.052	−0.015	−0.023
自变量	管理资源获取		0.178^{***}	0.093^{*}	0.079^{*}	0.107^{*}	0.035	0.053	0.026	0.000
中介变量	感知能力			0.341^{***}			0.211^{***}	0.297^{***}		0.173^{***}
	整合能力				0.584^{***}		0.533^{***}		0.565^{***}	0.527^{***}
	重构能力					0.261^{***}		0.191^{***}	0.209^{***}	0.172^{***}
	F值	2.459^{*}	5.156^{***}	15.148^{***}	44.538^{***}	7.228^{***}	44.945^{***}	12.141^{***}	45.122^{***}	42.542^{***}
	F值的变化	2.459^{*}	15.642^{***}	61.812^{***}	242.172^{***}	32.812^{***}	144.040^{***}	41.414^{***}	144.596^{***}	106.634^{***}
	R^2值	0.020	0.051	0.161	0.375	0.114	0.415	0.192	0.415	0.440
	R^2值的变化	0.020	0.031	0.109	0.324	0.063	0.363	0.141	0.364	0.389

注：+表示 $p<0.10$；*表示 $p<0.05$；**表示 $p<0.01$；***表示 $p<0.001$

（3）管理资源获取、感知能力、整合能力和重构能力与集群创新的关系。

管理资源获取、感知能力、整合能力和重构能力与集群创新关系的概念模型见图4–17。由表4–40可知，企业管理资源获取对集群创新有显著的正向影响（见模型8，$\beta = 0.302$，$p < 0.001$），假设H1c2得到支持。在分别加入中介变量感知能力、整合能力和重构能力后，管理资源获取对集群创新的影响显著下降（模型9~模型11系数明显下降），且感知能力对集群创新也有显著的正向影响（见模型9，$\beta = 0.304$，$p < 0.001$），整合能力对集群创新也有显著的正向影响（见模型10，$\beta = 0.151$，$p < 0.001$），重构能力对集群创新也有显著的正向影响（见模型11，$\beta = 0.703$，$p < 0.001$）。由此，感知能力在管理资源获取与集群创新之间起着部分中介作用，假设H52得到部分支持；整合能力在管理资源获取与集群创新之间起着部分中介作用，假设H82得到部分支持；重构能力在管理资源获取与集群创新之间起着部分中介作用，假设H112得到部分支持。

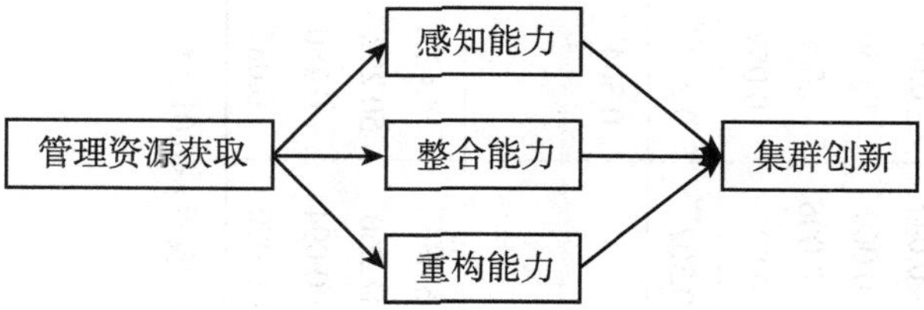

图4–17　管理资源获取、感知能力、整合能力和重构能力与集群创新关系的概念模型

表 4-40　感知能力、整合能力和重构能力在管理资源获取与集群创新之间的中介效应

变量		集群创新								
		模型7	模型8	模型9	模型10	模型11	模型12	模型13	模型14	模型15
控制变量	企业成立年限	−0.037	−0.047	−0.053	−0.049	−0.036	−0.053	−0.039	−0.037	−0.039
	企业性质	0.045	0.060	0.050	0.049	0.061^{+}	0.044	0.056^{+}	0.054^{+}	0.052
	企业所属行业	0.005	−0.006	0.008	−0.019	−0.030	0.000	−0.022	−0.037	−0.027
	企业员工人数	0.039	0.073	0.059	0.080^{+}	0.057^{+}	0.064	0.051	0.061^{+}	0.054^{+}
自变量	管理资源获取		0.302^{***}	0.227^{***}	0.276^{***}	0.112^{***}	0.218^{***}	0.085^{**}	0.099^{**}	0.079^{*}
中介变量	感知能力			0.304^{***}			0.284^{***}	0.149^{***}		0.135^{***}
	整合能力				0.151^{***}		0.082^{+}		0.089^{**}	0.059^{+}
	重构能力					0.703^{***}		0.668^{***}	0.695^{***}	0.666^{***}
	F值	0.437	6.836^{***}	14.427^{***}	7.309^{***}	94.346^{***}	15.521^{***}	90.140^{***}	85.809^{***}	76.712^{***}
	F值的变化	0.437	44.260^{***}	50.292^{***}	11.582^{***}	484.901^{***}	24.042^{***}	262.753^{***}	250.015^{***}	174.897^{***}
	R^2值	0.004	0.094	0.180	0.115	0.551	0.186	0.571	0.559	0.574
	R^2值的变化	0.004	0.090	0.087	0.022	0.458	0.093	0.477	0.465	0.480

注：+表示 $p<0.10$；*表示 $p<0.05$；**表示 $p<0.01$；***表示 $p<0.001$

另外，从表4–40还可以看出，在分别两两加入或全部加入中介变量感知能力、整合能力和重构能力后，企业管理资源获取对集群创新的影响显著下降（模型12~模型15中系数显著下降），而加入的中介变量对集群创新有显著影响。因此，企业能力在管理资源获取与集群创新之间起着部分中介作用。

4.9.5　配置服务资源获取、感知能力、整合能力和重构能力与产业集群发展绩效分量的关系

（1）配置服务资源获取、感知能力、整合能力和重构能力与产业关联的关系。

配置服务资源获取、感知能力、整合能力和重构能力与产业关联关系的概念模型见图4–18。由表4–41可知，控制变量企业成立年限、企业性质、企业所属行业和企业员工人数对感知能力、整合能力和重构能力没有显著影响（见模型1、模型3和模型5）。配置服务资源获取对感知能力有显著的正向影响（见模型2，$\beta=0.223$，$p<0.001$），配置服务资源获取对整合能力有显著的正向影响（见模型4，$\beta=0.100$，$p<0.05$），配置服务资源获取对重构能力有显著的正向影响（见模型6，$\beta=0.183$，$p<0.001$）。

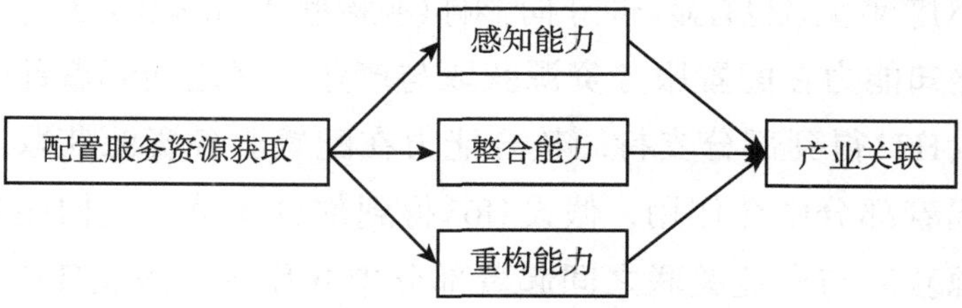

图4–18　配置服务资源获取、感知能力、整合能力和重构能力与产业关联关系的概念模型

表 4-41　配置服务资源获取对感知能力、整合能力和重构能力的影响

变量		感知能力		整合能力		重构能力	
		模型 1	模型 2	模型 3	模型 4	模型 5	模型 6
控制变量	企业成立年限	0.026	0.019	0.015	0.012	−0.007	−0.012
	企业性质	0.022	0.028	0.070	0.072	−0.015	−0.011
	企业所属行业	−0.036	−0.017	0.092*	0.101*	0.043	0.058
	企业员工人数	0.017	0.032	−0.063	−0.056	−0.007	0.005
自变量	配置服务资源获取		0.223***		0.100*		0.183***
	F 值	0.301	5.181***	2.679*	2.124**	0.227	2.448**
	F 值的变化	0.301	24.644***	2.679*	4.820*	0.227	12.304***
	R^2 值	0.003	0.052	0.022	0.032	0.002	0.035
	R^2 值的变化	0.003	0.049	0.022	0.010	0.002	0.033

注：+ 表示 p<0.10；* 表示 p<0.05；** 表示 p<0.01；*** 表示 p<0.001

由表 4-42 可知，配置服务资源获取对产业关联有显著的正向影响（见模型 8，$\beta=0.244$，$p<0.001$），假设 H1a3 得到支持。在分别加入中介变量感知能力、整合能力和重构能力后，配置服务资源获取对产业关联的影响显著下降（模型 9~模型 11 中系数显著下降），且感知能力对产业关联也有显著的正向影响（见模型 9，$\beta=0.763$，$p<0.001$），整合能力对产业关联也有显著的正向影响（见模型 10，$\beta=0.147$，$p<0.001$），重构能力对产业关联也有显著的正向影响（见模型 11，$\beta=0.313$，$p<0.001$）。由此，感知能力在配置服务资源获取与产业关联之间起着部分中介作用，假设 H33 得到部分支持；整合能力在配置服务资源获取与产业关联之间起着部分中介作用，假设 H63 得到部分支持；重构能力在配置服务资源获取与产业关联之间起着部分中介作用，假设 H93 得到部分支持。

表 4-42　　感知能力、整合能力和重构能力在配置服务资源获取与产业关联之间的中介效应

变量		产业关联								
		模型 7	模型 8	模型 9	模型 10	模型 11	模型 12	模型 13	模型 14	模型 15
控制变量	企业成立年限	0.023	0.016	0.001	0.014	0.020	0.002	0.003	0.018	0.004
	企业性质	−0.021	−0.015	−0.036	−0.025	−0.011	−0.033	−0.034	−0.020	−0.030
	企业所属行业	0.007	0.028	0.041	0.013	0.009	0.046	0.033	−0.001	0.039
	企业员工人数	−0.043	−0.027	-0.051^{+}	−0.018	−0.028	−0.055	-0.051^{+}	−0.022	-0.055^{+}
自变量	配置服务资源获取		0.244^{***}	0.073^{*}	0.229^{***}	0.186^{***}	0.076^{*}	0.057^{*}	0.177^{***}	0.059^{*}
中介变量	感知能力			0.763^{***}			0.777^{***}	0.730^{***}		0.745^{***}
	整合能力				0.147^{***}		-0.052^{+}		0.113^{**}	-0.059^{*}
	重构能力					0.313^{***}		0.128^{***}	0.300^{***}	0.132^{***}
	F 值	0.230	2.134^{***}	125.549^{***}	4.024^{***}	14.534^{***}	105.494^{***}	114.393^{***}	12.597^{***}	101.226^{***}
	F 值的变化	0.230	22.691^{***}	675.948^{***}	7.843^{***}	52.175^{***}	342.398^{***}	361.795^{***}	30.364^{***}	244.053^{***}
	R^2 值	0.002	0.061	0.613	0.081	0.155	0.616	0.628	0.167	0.631
	R^2 值的变化	0.002	0.059	0.553	0.021	0.095	0.555	0.568	0.107	0.571

注：+ 表示 $p<0.10$；* 表示 $p<0.05$；** 表示 $p<0.01$；*** 表示 $p<0.001$

另外，从表4–42还可以看出，在分别两两加入或全部加入中介变量感知能力、整合能力和重构能力后，配置服务资源获取对产业关联的影响显著下降（模型12~模型15中系数显著下降），而加入的中介变量对产业关联有显著影响，因此，企业能力在配置服务资源获取与产业关联之间起着部分中介作用。

（2）配置服务资源获取、感知能力、整合能力和重构能力与主体交互的关系。

配置服务资源获取、感知能力、整合能力和重构能力与主体交互关系的概念模型见图4–19。由表4–43可知，配置服务资源获取对主体交互有显著的正向影响（见模型8，$\beta=0.182$，$p<0.001$），假设H1b3得到支持。在分别加入中介变量感知能力、整合能力和重构能力后，配置服务资源获取对主体交互的影响显著下降（模型9~模型11中系数显著下降），且感知能力对主体交互也有显著的正向影响（见模型9，$\beta=0.341$，$p<0.001$），整合能力对主体交互也有显著的正向影响（见模型10，$\beta=0.585$，$p<0.001$），重构能力对主体交互也有显著的正向影响（见模型11，$\beta=0.265$，$p<0.001$）。由此，感知能力在配置服务资源获取与主体交互之间起着部分中介作用，假设H43得到部分支持；整合能力在配置服务资源获取与主体交互之间起着部分中介作用，假设H73得到部分支持；重构能力在配置服务资源获取与主体交互之间起着部分中介作用，假设H103得到部分支持。

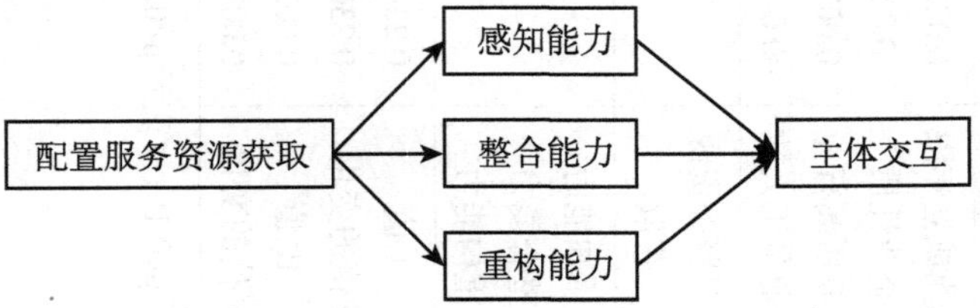

图4–19　配置服务资源获取、感知能力、整合能力和重构能力与主体交互关系的概念模型

表 4-43 感知能力、整合能力和重构能力在配置服务资源获取与主体交互之间的中介效应

变量		主体交互								
		模型 7	模型 8	模型 9	模型 10	模型 11	模型 12	模型 13	模型 14	模型 15
控制变量	企业成立年限	−0.038	−0.043	−0.050	−0.050	−0.040	−0.053	−0.046	−0.048	−0.051
	企业性质	0.058	0.062	0.053	0.020	0.065^{+}	0.018	0.056	0.024	0.021
	企业所属行业	0.083^{+}	0.098^{*}	0.104^{*}	0.040	0.083	0.048	0.092^{*}	0.030	0.039
	企业员工人数	−0.054	−0.042	−0.053	−0.009	−0.043	−0.019	−0.052	−0.011	−0.019
自变量	配置服务资源获取		0.182^{***}	0.106^{*}	0.124^{***}	0.134^{**}	0.084^{*}	0.082^{+}	0.090^{*}	0.064^{+}
中介变量	感知能力			0.341^{***}			0.201^{***}	0.291^{***}		0.161^{***}
	整合能力				0.585^{***}		0.533^{***}		0.562^{***}	0.525^{***}
	重构能力					0.265^{***}		0.192^{***}	0.200^{***}	0.164^{***}
	F 值	2.459^{***}	5.335^{***}	15.434^{***}	46.408^{***}	7.895^{***}	46.057^{***}	12.536^{***}	46.537^{***}	44.264^{***}
	F 值的变化	2.459^{***}	12.519^{***}	62.484^{***}	255.511^{***}	32.696^{***}	150.011^{***}	42.228^{***}	151.604^{***}	17.983^{***}
	R^2 值	0.020	0.053	0.163	0.384	0.121	0.420	0.196	0.422	0.444
	R^2 值的变化	0.020	0.033	0.110	0.331	0.068	0.367	0.143	0.369	0.391

注：+表示 $p<0.10$；*表示 $p<0.05$；**表示 $p<0.01$；***表示 $p<0.001$

另外，从表4–43还可以看出，在分别两两加入或全部加入中介变量感知能力、整合能力和重构能力后，配置服务资源获取对主体交互的影响显著下降（模型12~模型15中系数显著下降），而加入的中介变量对主体交互有显著影响，因此，企业能力在配置服务资源获取与主体交互之间起着部分中介作用。

（3）配置服务资源获取、感知能力、整合能力和重构能力与集群创新的关系。

配置服务资源获取、感知能力、整合能力和重构能力与集群创新关系的概念模型见图4–20。由表4–44可知，配置服务资源获取对集群创新有显著的正向影响（见模型8，$\beta=0.227$，$p<0.001$），假设H1c3得到支持。在分别加入中介变量感知能力、整合能力和重构能力后，配置服务资源获取对集群创新的影响显著下降（模型9~模型11中系数显著下降），且感知能力对集群创新也有显著的正向影响（见模型9，$\beta=0.326$，$p<0.001$），整合能力对集群创新也有显著的正向影响（见模型10，$\beta=0.177$，$p<0.001$），重构能力对集群创新也有显著的正向影响（见模型11，$\beta=0.716$，$p<0.001$）。由此，感知能力在配置服务资源获取与集群创新之间起着部分中介作用，假设H53得到部分支持；整合能力在配置服务资源获取与集群创新之间起着部分中介作用，假设H83得到部分支持；重构能力在配置服务资源获取与集群创新之间起着部分中介作用，假设H113得到部分支持。

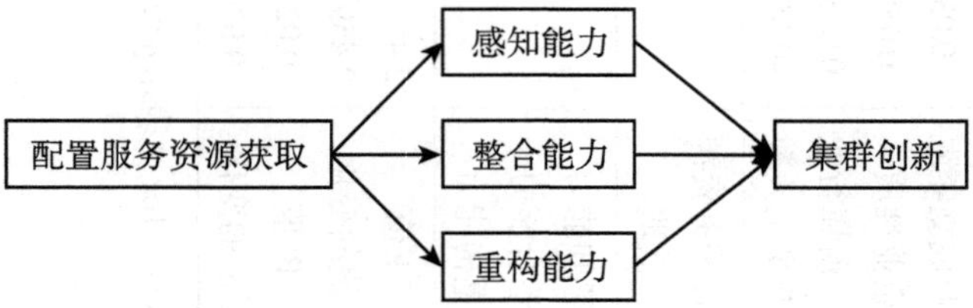

图4–20　配置服务资源获取、感知能力、整合能力和重构能力与集群创新关系的概念模型

表4-44　　感知能力、整合能力和重构能力在配置服务资源获取与集群创新之间的中介效应

变量		集群创新								
		模型7	模型8	模型9	模型10	模型11	模型12	模型13	模型14	模型15
控制变量	企业成立年限	−0.037	−0.043	−0.050	−0.046	−0.035	−0.050	−0.038	−0.036	−0.039
	企业性质	0.045	0.050	0.041	0.038	0.058^{+}	0.035	0.054^{+}	0.051	0.049
	企业所属行业	0.005	0.024	0.029	0.006	−0.018	0.019	−0.013	−0.027	−0.020
	企业员工人数	0.039	0.055	0.044	0.065	0.051	0.051	0.046	0.056^{+}	0.051
自变量	配置服务资源获取		0.227^{***}	0.154^{***}	0.209^{***}	0.096^{**}	0.150^{***}	0.069^{*}	0.089^{**}	0.067^{*}
中介变量	感知能力			0.326^{***}			0.299^{***}	0.151^{***}		0.135^{***}
	整合能力				0.177^{***}		0.100^{*}		0.096^{**}	0.064^{*}
	重构能力					0.716^{***}		0.677^{***}	0.705^{***}	0.674^{***}
	F值	0.437	5.496^{***}	14.533^{***}	4.340^{***}	92.279^{***}	12.299^{***}	86.422^{***}	85.314^{***}	76.282^{***}
	F值的变化	0.437	25.639^{***}	52.516^{***}	15.710^{***}	520.222^{***}	31.072^{***}	282.959^{***}	266.368^{***}	191.276^{***}
	R^2值	0.004	0.055	0.155	0.085	0.549	0.164	0.569	0.558	0.573
	R^2值的变化	0.004	0.051	0.101	0.030	0.494	0.110	0.514	0.503	0.518

注：+表示 $p<0.10$；*表示 $p<0.05$；**表示 $p<0.01$；***表示 $p<0.001$

另外，从表4–44还可以看出，在分别两两加入或全部加入中介变量感知能力、整合能力和重构能力后，配置服务资源获取对集群创新的影响显著下降（模型12~模型15中系数显著下降），而加入的中介变量对集群创新有显著影响，因此，企业能力在配置服务资源获取与集群创新之间起着部分中介作用。

4.9.6 资金资源获取、感知能力、整合能力和重构能力与产业集群发展绩效分量的关系

（1）资金资源获取、感知能力、整合能力和重构能力与产业关联的关系。

资金资源获取、感知能力、整合能力和重构能力与产业关联关系的概念模型见图4–21。由表4–45可知，控制变量企业成立年限、企业性质、企业所属行业和企业员工人数对感知能力、整合能力和重构能力没有显著影响（见模型1、模型3和模型5）。资金资源获取对感知能力有显著的正向影响（见模型2，$\beta = 0.138$，$p < 0.01$），资金资源获取对整合能力有正向影响（见模型4，$\beta = 0.083$，$p < 0.10$），资金资源获取对重构能力有显著的正向影响（见模型6，$\beta = 0.145$，$p < 0.001$）。

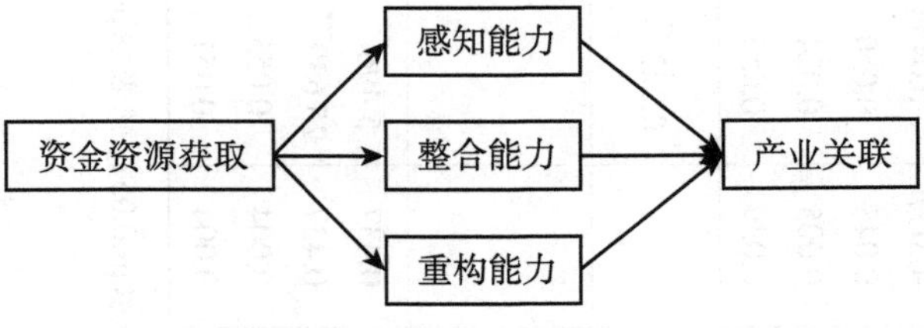

图4–21　资金资源获取、感知能力、整合能力和重构能力与产业关联关系的概念模型

表 4-45　　资金资源获取对感知能力、整合能力和重构能力的影响

变量		感知能力		整合能力		重构能力	
		模型1	模型2	模型3	模型4	模型5	模型6
控制变量	企业成立年限	0.026	0.026	0.015	0.015	−0.007	−0.007
	企业性质	0.022	0.018	0.070	0.067	−0.015	−0.020
	企业所属行业	−0.036	−0.044	0.092*	0.087+	0.043	0.034
	企业员工人数	0.017	0.023	−0.063	−0.059	−0.007	0.000
自变量	资金资源获取		0.138**		0.083+		0.145***
	F值	0.301	2.096+	2.679*	2.821*	0.227	2.217*
	F值的变化	0.301	6.254**	2.679*	2.336+	0.227	7.163**
	R^2值	0.003	0.022	0.022	0.029	0.002	0.023
	R^2值的变化	0.003	0.019	0.022	0.007	0.002	0.021

注：+表示 $p<0.10$；*表示 $p<0.05$；**表示 $p<0.01$；***表示 $p<0.001$

由表4-46可知，资金资源获取对产业关联有显著的正向影响（见模型8，$\beta=0.118$，$p<0.01$），假设H1a4得到支持。在分别加入中介变量感知能力和重构能力后，资金资源获取对产业关联的影响不显著（见模型9和模型11），在加入中介变量整合能力后，在0.05的显著性水平上，资金资源获取对产业关联的影响显著，但系数减少（见模型10）。且感知能力对产业关联也有显著的正向影响（见模型9，$\beta=0.778$，$p<0.001$），整合能力对产业关联也有显著的正向影响（见模型10，$\beta=0.161$，$p<0.01$），重构能力对产业关联也有显著的正向影响（见模型11，$\beta=0.337$，$p<0.001$）。由此，感知能力在资金资源获取与产业关联之间起着完全中介作用，假设H34得到支持；整合能力在资金资源获取与产业关联之间起着部分中介作用，假设H64得到部分支持；重构能力在资金资源获取与产业关联之间起着完全中介作用，假设H94得到支持。

另外，从表4-46还可以看出，在分别两两加入或全部加入中介变量感知能力、整合能力和重构能力后，资金资源获取对产业关联没有影响，而加入的中介变量对产业关联有显著影响（模型12~模型15），因此，企业能力在资金资源获取与产业关联之间起着完全中介作用。

表 4-46　感知能力、整合能力和重构能力在资金资源获取与产业关联之间的中介效应

变量		产业关联								
		模型7	模型8	模型9	模型10	模型11	模型12	模型13	模型14	模型15
控制变量	企业成立年限	0.023	0.023	0.003	0.020	0.025	0.003	0.005	0.023	0.005
	企业性质	−0.021	−0.024	−0.038	−0.035	−0.018	−0.035	−0.035	−0.026	−0.031
	企业所属行业	0.007	0.000	0.035	−0.014	−0.012	0.039	0.028	−0.022	0.034
	企业员工人数	−0.043	−0.038	−0.056^{+}	−0.029	−0.038	−0.059^{+}	−0.055^{+}	−0.031	−0.059*
自变量	资金资源获取		0.118**	0.010	0.105*	0.069	0.013	−0.004	0.061	−0.002
中介变量	感知能力			0.778***			0.791***			0.756***
	整合能力				0.161**		−0.049	0.741***	0.122**	−0.057^{+}
	重构能力					0.337***		0.136***	0.322***	0.139***
	F值	0.230	1.526	122.963***	2.391**	11.479***	102.147***	112.931***	11.112***	96.829***
	F值的变化	0.230	2.700**	715.637***	12.530***	60.289***	361.910***	385.279***	34.537***	256.522***
	R^2值	0.002	0.016	0.608	0.041	0.127	0.611	0.625	0.141	0.628
	R^2值的变化	0.002	0.014	0.595	0.025	0.111	0.595	0.609	0.125	0.612

注：+表示 $p<0.10$；*表示 $p<0.05$；**表示 $p<0.01$；***表示 $p<0.001$

（2）资金资源获取、感知能力、整合能力和重构能力与主体交互的影响。

资金资源获取、感知能力、整合能力和重构能力与主体交互关系的概念模型见图4-22。由表4-47可知，资金资源获取对主体交互没有显著的正向影响（见模型8，$\beta = 0.053$，$p > 0.1$），假设H1b4没有得到支持。在分别加入中介变量感知能力、整合能力和重构能力后，资金资源获取对主体交互仍没有显著影响（模型9~模型11），但感知能力对主体交互有显著的正向影响（模型9，$\beta = 0.364$，$p < 0.001$），整合能力对主体交互有显著的正向影响（见模型10，$\beta = 0.597$，$p < 0.001$），重构能力对主体交互有显著的正向影响（见模型11，$\beta = 0.288$，$p < 0.001$）。由此，感知能力在资金资源获取与主体交互之间没有起中介作用，假设H44得不到支持；整合能力在资金资源获取与主体交互之间没有起中介作用，假设H74得不到支持；重构能力在资金资源获取与主体交互之间没有起中介作用，假设H104得不到支持。因此，企业能力在资金资源获取与主体交互之间没有中介效应。

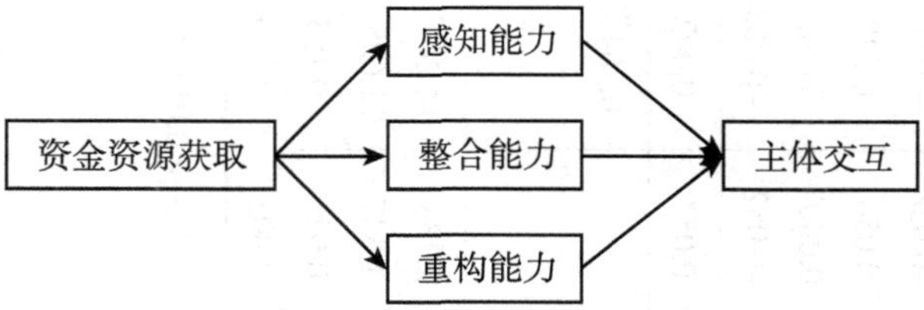

图4-22　资金资源获取、感知能力、整合能力和重构能力与主体交互关系的概念模型

表 4-47　感知能力、整合能力和重构能力在资金资源获取与主体交互之间的中介效应

变量		主体交互								
		模型7	模型8	模型9	模型10	模型11	模型12	模型13	模型14	模型15
控制变量	企业成立年限	−0.380	−0.038	−0.047	−0.047	−0.036	−0.052	−0.044	−0.045	−0.049
	企业性质	0.058	0.056	0.049	0.016	0.062	0.016	0.054	0.022	0.021
	企业所属行业	0.083^{+}	0.080^{+}	0.096*	0.028	0.070	0.043	0.087*	0.023	0.036
	企业员工人数	−0.054	−0.052	−0.060	−0.017	−0.052	−0.025	−0.059	−0.018	−0.025
自变量	资金资源获取		0.053	0.002	0.003	0.011	−0.022	−0.020	−0.026	−0.041
中介变量	感知能力			0.364***			0.222***	0.309***		0.176***
	整合能力				0.597***		0.538***		0.571***	0.529***
	重构能力					0.288***		0.204***	0.219***	0.177***
	F值	2.459*	2.238*	14.247***	42.339***	6.187***	44.824***	15.922***	45.136***	42.848***
	F值的变化	2.459*	1.347	72.608***	260.739***	42.944***	155.096***	46.003***	156.164***	115.436***
	R^2值	0.020	0.023	0.153	0.369	0.104	0.414	0.190	0.416	0.442
	R^2值的变化	0.020	0.003	0.130	0.346	0.081	0.391	0.167	0.393	0.419

注：+表示 $p<0.10$；*表示 $p<0.05$；**表示 $p<0.01$；***表示 $p<0.001$

另外，从表4–47还可以看出，在分别两两加入或全部加入中介变量感知能力、整合能力和重构能力后，资金资源获取对主体交互没有影响，而加入的中介变量对主体交互有显著影响（模型12~模型15），因此，企业能力在资金资源获取与主体交互之间起着完全中介作用。

（3）资金资源获取、感知能力、整合能力和重构能力与集群创新的关系。

资金资源获取、感知能力、整合能力和重构能力与集群创新关系的概念模型见图4–23。由表4–48可知，资金资源获取对集群创新有显著的正向影响（见模型8，$\beta = 0.128$，$p < 0.001$），假设H1c4得到支持。在0.10的显著性水平上，在分别加入中介变量感知能力和整合能力后，资金资源获取对集群创新的影响显著下降（模型9和模型10中系数显著下降），在加入中介变量重构能力后，资金资源获取对集群创新的影响不显著（见模型11），且感知能力对集群创新也有显著的正向影响（见模型9，$\beta = 0.349$，$p < 0.001$），整合能力对集群创新也有显著的正向影响（见模型10，$\beta = 0.188$，$p < 0.001$），重构能力对集群创新也有显著的正向影响（见模型11，$\beta = 0.730$，$p < 0.001$）。由此，感知能力在资金资源获取与集群创新之间起着部分中介作用，假设H54得到部分支持；整合能力在资金资源获取与集群创新之间起着部分中介作用，假设H84得到部分支持；重构能力在资金资源获取与集群创新之间起着完全中介作用，假设H114得到支持。

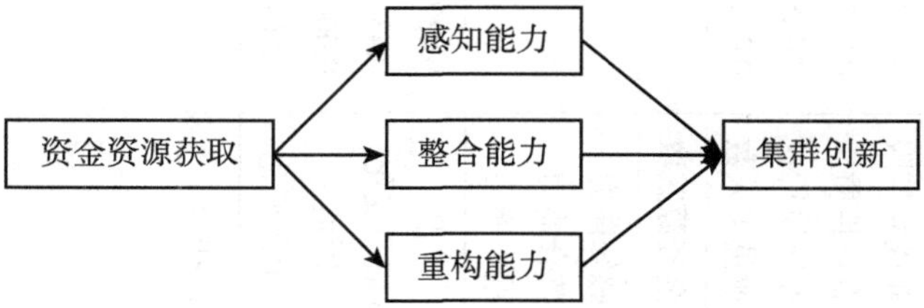

图4–23　资金资源获取、感知能力、整合能力和重构能力与集群创新关系的概念模型

表 4-48　　感知能力、整合能力和重构能力在资金资源获取与集群创新之间的中介效应

变量		集群创新								
		模型 7	模型 8	模型 9	模型 10	模型 11	模型 12	模型 13	模型 14	模型 15
控制变量	企业成立年限	−0.037	−0.037	−0.046	−0.040	−0.032	−0.047	−0.036	−0.034	−0.037
	企业性质	0.045	0.041	0.035	0.028	0.055^{+}	0.028	0.052	0.048	0.047
	企业所属行业	0.005	−0.003	0.012	−0.019	−0.028	0.002	−0.019	−0.037	−0.026
	企业员工人数	0.039	0.045	0.037	0.056	0.046	0.044	0.042	0.052	0.046
自变量	资金资源获取		0.128^{**}	0.080^{+}	0.113^{*}	0.023	0.075^{+}	0.006	0.016	0.004
中介变量	感知能力			0.349^{***}			0.321^{***}	0.163^{***}		0.147^{***}
	整合能力				0.188^{***}		0.103^{*}		0.101^{***}	0.067^{*}
	重构能力					0.730^{***}		0.686^{***}	0.718^{***}	0.682^{***}
	F 值	0.437	1.942^{+}	12.774^{***}	4.561^{***}	92.096^{***}	11.808^{***}	84.829^{***}	82.859^{***}	74.950^{***}
	F 值的变化	0.437	4.937^{**}	65.612^{***}	14.320^{***}	534.911^{***}	35.761^{***}	292.514^{***}	276.469^{***}	200.558^{***}
	R^2 值	0.004	0.020	0.139	0.054	0.540	0.148	0.565	0.550	0.569
	R^2 值的变化	0.004	0.016	0.119	0.034	0.520	0.128	0.545	0.530	0.549

注：+表示 $p<0.10$；*表示 $p<0.05$；**表示 $p<0.01$；***表示 $p<0.001$

另外，从表4–48还可以看出，在0.05的显著性水平上，若分别两两加入或全部加入中介变量感知能力、整合能力和重构能力后，资金资源获取对集群创新没有影响（见模型12~模型15），而加入的中介变量对集群创新有显著影响，因此，企业能力在资金资源获取与集群创新之间起着完全中介作用。

4.9.7　政策资源获取、感知能力、整合能力和重构能力与产业集群发展绩效分量的关系

（1）政策资源获取、感知能力、整合能力和重构能力与产业关联的关系。

政策资源获取、感知能力、整合能力和重构能力与产业关联关系的概念模型见图4–24。由表4–49可知，控制变量企业成立年限、企业性质和企业员工人数对感知能力、整合能力和重构能力没有显著影响（见模型1、模型3和模型5）。而控制变量企业所属行业对感知能力和重构能力没有显著影响（见模型1和模型5），对整合能力有显著影响（见模型3）。政策资源获取对感知能力有显著正向影响（见模型2，$\beta = 0.260$，$p < 0.001$），政策资源获取对整合能力有显著正向影响（见模型4，$\beta = 0.195$，$p < 0.001$），政策资源获取对重构能力有显著正向影响（见模型6，$\beta = 0.298$，$p < 0.001$）。

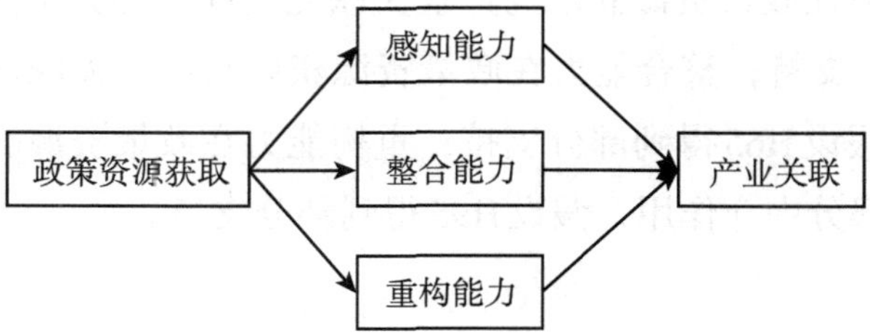

图4–24　政策资源获取、感知能力、整合能力和重构能力与产业关联关系的概念模型

表4-49　政策资源获取对感知能力、整合能力和重构能力的影响

变量		感知能力		整合能力		重构能力	
		模型1	模型2	模型3	模型4	模型5	模型6
控制变量	企业成立年限	0.026	0.031	0.015	0.019	-0.007	0.000
	企业性质	0.022	0.016	0.070	0.065	-0.015	-0.023
	企业所属行业	-0.036	-0.053	0.092*	0.079+	0.043	0.023
	企业员工人数	0.017	0.035	-0.063	-0.049	-0.007	0.013
自变量	政策资源获取		0.260***		0.195***		0.298***
	F值	0.301	4.089***	2.679**	2.024***	0.227	6.337***
	F值的变化	0.301	34.160***	2.679**	16.002***	0.227	45.693***
	R^2值	0.003	0.069	0.022	0.060	0.002	0.089
	R^2值的变化	0.003	0.067	0.022	0.038	0.002	0.087

注：+表示p<0.10；*表示p<0.05；**表示p<0.01；***表示p<0.001

由表4-50可知，政策资源获取对产业关联有显著的正向影响（见模型8，$\beta = 0.309$，$p < 0.001$），假设H1a5得到支持。在分别加入中介变量感知能力、整合能力和重构能力后，政策资源获取对产业关联的影响显著下降（模型9~模型11中系数显著下降），且感知能力对产业关联也有显著的正向影响（见模型9，$\beta = 0.750$，$p < 0.001$），整合能力对产业关联也有显著的正向影响（见模型10，$\beta = 0.114$，$p < 0.05$），重构能力对产业关联也有显著的正向影响（见模型11，$\beta = 0.280$，$p < 0.001$）。由此，感知能力在政策资源获取与产业关联之间起着部分中介作用，假设H35得到部分支持；整合能力在政策资源获取与产业关联之间起着部分中介作用，假设H65得到部分支持；重构能力在政策资源获取与产业关联之间起着部分中介作用，假设H95得到部分支持。

表 4-50　　感知能力、整合能力和重构能力在政策资源获取与产业关联之间的中介效应

变量		产业关联								
		模型 7	模型 8	模型 9	模型 10	模型 11	模型 12	模型 13	模型 14	模型 15
控制变量	企业成立年限	0.023	0.030	0.006	0.028	0.030	0.007	0.007	0.028	0.008
	企业性质	–0.021	–0.029	–0.040	–0.036	–0.022	–0.036	–0.037	–0.028	–0.033
	企业所属行业	0.007	–0.013	0.027	–0.022	–0.020	0.033	0.023	–0.027	0.029
	企业员工人数	–0.043	–0.022	–0.048	–0.016	–0.026	-0.052^{+}	–0.049	–0.021	–0.053
自变量	政策资源获取		0.309^{***}	0.114^{***}	0.287^{***}	0.226^{***}	0.123^{***}	0.087^{**}	0.210^{***}	0.095^{**}
中介变量	感知能力			0.750^{***}			0.766^{***}	0.725^{***}		0.740^{***}
	整合能力				0.114^{*}		-0.065^{*}		0.093^{*}	-0.068^{*}
	重构能力					0.280^{***}		0.115^{***}	0.273^{***}	0.117^{***}
	F 值	0.230	7.147^{***}	126.285^{***}	6.633^{***}	15.973^{***}	112.380^{***}	112.110^{***}	14.456^{***}	102.210^{***}
	F 值的变化	0.230	46.722^{***}	655.241^{***}	2.476^{*}	40.853^{***}	332.614^{***}	344.413^{***}	22.893^{***}	232.530^{***}
	R^2 值	0.002	0.096	0.620	0.108	0.168	0.624	0.632	0.176	0.636
	R^2 值的变化	0.002	0.094	0.524	0.012	0.072	0.528	0.535	0.080	0.539

注：+表示 $p<0.10$；*表示 $p<0.05$；**表示 $p<0.01$；***表示 $p<0.001$

另外，从表4–50还可以看出，若分别两两加入或全部加入中介变量感知能力、整合能力和重构能力后，政策资源获取对产业关联的影响显著下降（模型12~模型15中系数显著下降），而加入的中介变量对产业关联有显著影响，因此，企业能力在政策资源获取与产业关联之间起着部分中介作用。

（2）政策资源获取、感知能力、整合能力和重构能力与主体交互的关系。

政策资源获取、感知能力、整合能力和重构能力与主体交互关系的概念模型见图4–25。由表4–51可知，政策资源获取对主体交互有显著的正向影响（见模型8，$\beta=0.205$，$p<0.001$），假设H1b5得到支持。在分别加入中介变量感知能力、整合能力和重构能力后，政策资源获取对主体交互的影响显著下降（见模型9~模型11），且感知能力对主体交互也有显著的正向影响（见模型9，$\beta=0.334$，$p<0.001$），整合能力对主体交互也有显著的正向影响（见模型10，$\beta=0.579$，$p<0.001$），重构能力对主体交互也有显著的正向影响（见模型11，$\beta=0.251$，$p<0.001$）。由此，感知能力在政策资源获取与主体交互之间起着部分中介作用，假设H45得到部分支持；整合能力在政策资源获取与主体交互之间起着部分中介作用，假设H75得到部分支持；重构能力在政策资源获取与主体交互之间起着部分中介作用，假设H105得到部分支持。

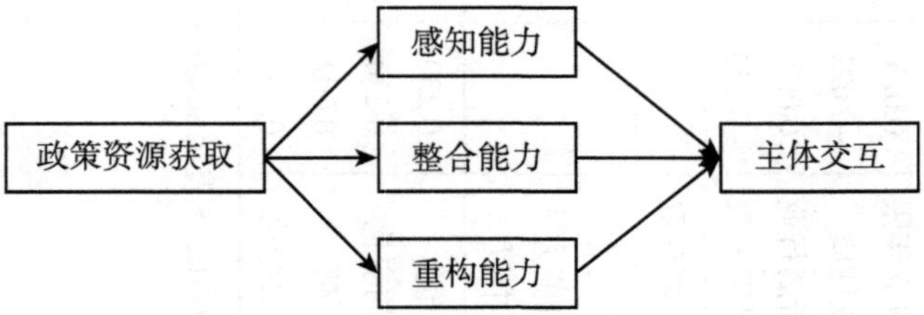

图4–25　政策资源获取、感知能力、整合能力和重构能力与主体交互关系的概念模型

表 4-51　　感知能力、整合能力和重构能力在政策资源获取与主体交互之间的中介效应

变量		主体交互								
		模型 7	模型 8	模型 9	模型 10	模型 11	模型 12	模型 13	模型 14	模型 15
控制变量	企业成立年限	−0.038	−0.033	−0.044	−0.044	−0.033	−0.050	−0.042	−0.044	−0.049
	企业性质	0.058	0.052	0.047	0.015	0.058	0.015	0.052	0.021	0.019
	企业所属行业	0.083^{+}	0.069	0.087	0.024	0.064	0.039	0.081^{+}	0.020	0.033
	企业员工人数	−0.054	−0.040	−0.052	−0.012	−0.043	−0.021	−0.053	−0.015	−0.023
自变量	政策资源获取		0.205^{***}	0.119^{**}	0.092^{*}	0.131^{**}	0.048	0.074^{+}	0.034	0.008
中介变量	感知能力			0.334^{***}			0.208^{***}	0.293^{***}		0.171^{***}
	整合能力				0.579^{***}		0.530^{***}		0.563^{***}	0.526^{***}
	重构能力					0.251^{***}		0.184^{***}	0.206^{***}	0.170^{***}
	F 值	2.459^{*}	2.275^{***}	15.696^{***}	44.971^{***}	7.717^{***}	45.134^{***}	12.383^{***}	45.206^{***}	42.551^{***}
	F 值的变化	2.459^{*}	21.122^{***}	55.979^{***}	240.656^{***}	30.955^{***}	142.397^{***}	36.140^{***}	142.634^{***}	102.710
	R^2 值	0.020	0.062	0.165	0.377	0.119	0.415	0.195	0.416	0.441
	R^2 值的变化	0.020	0.042	0.104	0.315	0.057	0.354	0.133	0.354	0.379

注：+ 表示 $p<0.10$；* 表示 $p<0.05$；** 表示 $p<0.01$；*** 表示 $p<0.001$

另外，从表4–51还可以看出，在0.05的显著性水平上，若分别两两加入或全部加入中介变量感知能力、整合能力和重构能力后，政策资源获取对主体交互没有影响（见模型12~模型15），而加入的中介变量对主体交互有显著影响，因此，企业能力在政策资源获取与主体交互之间起着完全中介作用。

（3）政策资源获取、感知能力、整合能力和重构能力与集群创新的影响。

政策资源获取、感知能力、整合能力和重构能力与集群创新关系的概念模型见图4–26。由表4–52可知，政策资源获取对集群创新有显著的正向影响（见模型8，$\beta = 0.309$，$p < 0.001$），假设H1c5得到支持。在加入中介变量感知能力、整合能力和重构能力后，政策资源获取对集群创新的影响显著下降（模型9~模型15中系数显著下降），且感知能力对集群创新也有显著的正向影响（见模型9，$\beta = 0.300$，$p < 0.001$），整合能力对集群创新也有显著的正向影响（见模型10，$\beta = 0.143$，$p < 0.001$），重构能力对集群创新也有显著的正向影响（见模型11，$\beta = 0.704$，$p < 0.001$）。由此，感知能力在政策资源获取与集群创新之间起着部分中介作用，假设H55得到部分支持；整合能力在政策资源获取与集群创新之间起着部分中介作用，假设H85得到部分支持；重构能力在政策资源获取与集群创新之间起着部分中介作用，假设H115得到部分支持。

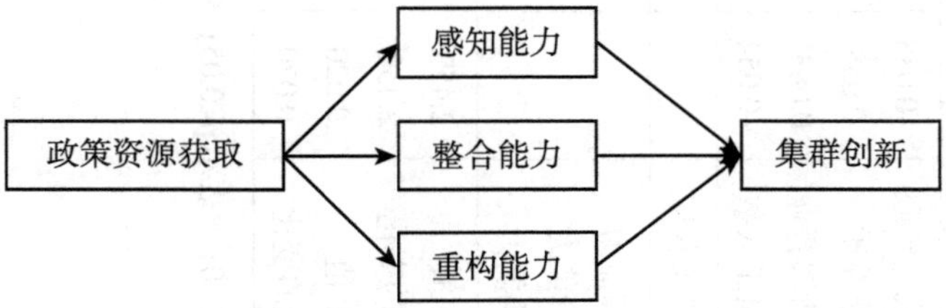

图4–26　政策资源获取、感知能力、整合能力和重构能力与集群创新关系的概念模型

表4-52　　感知能力、整合能力和重构能力在政策资源获取与集群创新之间的中介效应

变量		集群创新								
		模型7	模型8	模型9	模型10	模型11	模型12	模型13	模型14	模型15
控制变量	企业成立年限	−0.037	−0.030	−0.039	−0.033	−0.030	−0.040	−0.035	−0.032	−0.035
	企业性质	0.045	0.037	0.032	0.028	0.053	0.028	0.050	0.047	0.046
	企业所属行业	0.005	−0.016	0.000	−0.027	−0.032	−0.007	−0.023	−0.039	−0.029
	企业员工人数	0.039	0.061	0.050	0.068	0.051	0.055	0.046	0.056^{+}	0.050
自变量	政策资源获取		0.309^{***}	0.230^{***}	0.281^{***}	0.099^{**}	0.220^{***}	0.070^{*}	0.084^{*}	0.062^{+}
中介变量	感知能力			0.300^{***}			0.282^{***}	0.151^{***}		0.137^{***}
	整合能力				0.143^{***}		0.077^{+}		0.089^{**}	0.059^{+}
	重构能力					0.704^{***}		0.669^{***}	0.697^{***}	0.668^{***}
	F值	0.437	7.294^{***}	14.562^{***}	7.461^{***}	92.278^{***}	15.553^{***}	86.349^{***}	84.860^{***}	76.014^{***}
	F值的变化	0.437	46.543^{***}	45.739^{***}	7.291^{***}	474.950^{***}	25.996^{***}	256.080^{***}	244.900^{***}	174.758^{***}
	R^2值	0.004	0.098	0.182	0.117	0.549	0.187	0.569	0.556	0.572
	R^2值的变化	0.004	0.094	0.084	0.019	0.451	0.089	0.471	0.459	0.474

注：+表示 $p<0.10$；*表示 $p<0.05$；**表示 $p<0.01$；***表示 $p<0.001$

另外，从表4–52还可以看出，若分别两两加入中介变量感知能力、整合能力和重构能力后，政策资源获取对集群创新的影响显著下降（模型12~模型14中系数显著下降），而加入的中介变量对集群创新有显著影响，由此，感知能力、整合能力和重构能力两两组合后，在政策资源获取与集群创新之间起着部分中介作用。若同时加入中介变量感知能力、整合能力和重构能力后，在0.05的显著性水平上，政策资源获取对集群创新没有显著影响（见模型15），而加入的中介变量对集群创新有显著影响，因此，企业能力在政策资源获取与集群创新之间起着完全中介作用。

4.9.8 技术资源获取、感知能力、整合能力和重构能力与产业集群发展绩效分量的关系

（1）技术资源获取、感知能力、整合能力和重构能力与产业关联的关系。

技术资源获取、感知能力、整合能力和重构能力与产业关联关系的概念模型见图4–27。由表4–53可知，控制变量企业成立年限、企业性质、企业所属行业和企业员工人数对感知能力、整合能力和重构能力没有显著影响（见模型1、模型3和模型5）。技术资源获取对感知能力有显著正向影响（见模型2，$\beta=0.167$，$p<0.001$），技术资源获取对整合能力有显著正向影响（见模型4，$\beta=0.091$，$p<0.05$），技术资源获取对重构能力有显著正向影响（见模型6，$\beta=0.173$，$p<0.001$）。

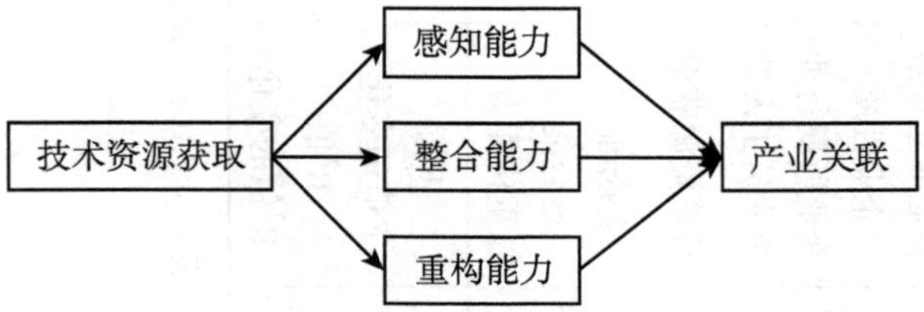

图4–27 技术资源获取、感知能力、整合能力和重构能力与产业关联关系的概念模型

表 4-53　　技术资源获取对感知能力、整合能力和重构能力的影响

变量		感知能力		整合能力		重构能力	
		模型 1	模型 2	模型 3	模型 4	模型 5	模型 6
控制变量	企业成立年限	0.026	0.026	0.015	0.015	−0.007	−0.007
	企业性质	0.022	0.002	0.070	0.059	−0.015	−0.036
	企业所属行业	−0.036	−0.032	0.052	0.094	0.043	0.047
	企业员工人数	0.017	0.024	−0.062	−0.059	−0.007	0.000
自变量	技术资源获取		0.167***		0.091*		0.173***
	F 值	0.301	2.932*	2.679	2.952*	0.227	2.060**
	F 值的变化	0.301	12.426***	2.679	2.978*	0.227	14.369***
	R^2 值	0.003	0.030	0.014	0.020	0.002	0.031
	R^2 值的变化	0.003	0.027	0.022	0.008	0.002	0.029

注：+ 表示 p<0.10；* 表示 p<0.05；** 表示 p<0.01；*** 表示 p<0.001

由表 4–54 可知，技术资源获取对产业关联有显著的正向影响（见模型 8，$\beta = 0.194$，$p < 0.001$），假设 H1a6 得到支持。在加入中介变量感知能力、整合能力和重构能力后，技术资源获取对产业关联的影响显著下降（模型 9~ 模型 11 中系数显著下降），且感知能力对产业关联也有显著的正向影响（见模型 9，$\beta = 0.769$，$p < 0.001$），整合能力对产业关联也有显著的正向影响（见模型 10，$\beta = 0.154$，$p < 0.01$），重构能力对产业关联也有显著的正向影响（见模型 11，$\beta = 0.323$，$p < 0.001$）。由此，感知能力在技术资源获取与产业关联之间起着部分中介作用，假设 H36 得到部分支持；整合能力在技术资源获取与产业关联之间起着部分中介作用，假设 H66 得到部分支持；重构能力在技术资源获取与产业关联之间起着部分中介作用，假设 H96 得到部分支持。

表 4-54　感知能力、整合能力和重构能力在技术资源获取与产业关联之间的中介效应

变量		产业关联								
		模型7	模型8	模型9	模型10	模型11	模型12	模型13	模型14	模型15
控制变量	企业成立年限	0.023	0.023	0.003	0.021	0.025	0.004	0.005	0.023	0.006
	企业性质	−0.021	−0.044	−0.046	−0.053	−0.033	−0.043	−0.041	−0.040	−0.038
	企业所属行业	0.007	0.012	0.036	−0.003	−0.004	0.042	0.029	−0.014	0.035
	企业员工人数	−0.043	−0.036	−0.054	−0.027	−0.036	−0.057	−0.053	−0.029	−0.057
自变量	技术资源获取		0.194^{***}	0.066^{*}	0.180^{***}	0.139^{***}	0.068^{*}	0.049^{+}	0.130^{*}	0.052^{+}
中介变量	感知能力			0.769^{***}			0.782^{***}	0.735^{***}		0.749^{***}
	整合能力				0.154^{**}		-0.052^{+}		0.117^{*}	-0.059^{*}
	重构能力					0.323^{***}		0.129^{***}	0.309^{***}	0.132^{***}
	F值	0.230	2.865^{**}	125.077^{***}	5.227^{***}	12.915^{***}	105.091^{***}	114.033^{***}	12.272^{***}	100.908^{***}
	F值的变化	0.230	15.368^{***}	702.656^{***}	11.608^{**}	55.939^{***}	354.313^{***}	374.299^{***}	32.030^{***}	252.441^{***}
	R^2值	0.002	0.039	0.612	0.062	0.140	0.615	0.627	0.153	0.631
	R^2值的变化	0.002	0.037	0.573	0.023	0.101	0.576	0.588	0.114	0.592

注：+表示 $p<0.10$；*表示 $p<0.05$；**表示 $p<0.01$；***表示 $p<0.001$

另外，从表4–54还可以看出，在分别两两加入或全部加入中介变量感知能力、整合能力和重构能力后，在0.10的显著性水平上，技术资源获取对产业关联的影响显著下降（模型12~模型15中系数显著下降），而加入的中介变量对产业关联有显著影响，因此，企业能力在技术资源获取与产业关联之间起着部分中介作用。

（2）技术资源获取、感知能力、整合能力和重构能力与主体交互的关系。

技术资源获取、感知能力、整合能力和重构能力与主体交互关系的概念模型见图4–28。由表4–55可知，技术资源获取对主体交互没有显著的正向影响（见模型8，$\beta = 0.069$，$p > 0.10$），假设H1b6没有得到支持。在分别加入中介变量感知能力、整合能力和重构能力后，技术资源获取对主体交互仍没有显著的影响（见模型9~模型11）。由此，感知能力在技术资源获取与主体交互之间并没有中介作用，假设H46没有得到支持；整合能力在技术资源获取与主体交互之间没有中介作用，假设H76 没有得到支持；重构能力在技术资源获取与主体交互之间没有中介作用，假设H106没有得到支持。因此，企业能力在技术资源获取与主体交互之间没有中介作用。

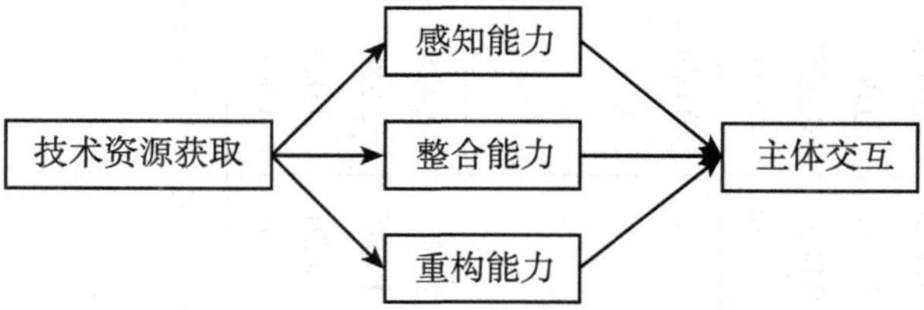

图4–28　技术资源获取、感知能力、整合能力和重构能力与主体交互关系的概念模型

表 4-55　感知能力、整合能力和重构能力在技术资源获取与主体交互之间的中介效应

变量		主体交互								
		模型7	模型8	模型9	模型10	模型11	模型12	模型13	模型14	模型15
控制变量	企业成立年限	−0.038	−0.038	−0.047	−0.047	−0.036	−0.052	−0.044	−0.045	−0.049
	企业性质	0.058	0.049	0.048	0.014	0.060	0.017	0.056	0.024	0.024
	企业所属行业	0.083^{+}	0.085^{+}	0.096^{*}	0.028	0.071	0.041	0.085	0.021	0.032
	企业员工人数	−0.054	−0.052	−0.060	−0.016	−0.051	−0.025	−0.059	−0.018	−0.025
自变量	技术资源获取		0.069	0.008	0.015	0.020	−0.017	−0.018	−0.021	−0.039
中介变量	感知能力			0.363^{***}			0.221^{***}	0.309^{***}		0.177^{***}
	整合能力				0.596^{***}		0.538^{***}		0.570^{***}	0.529^{***}
	重构能力					0.286^{***}		0.205^{***}	0.219^{***}	0.177^{***}
	F值	2.459^{*}	2.428^{*}	14.254^{***}	42.380^{***}	6.211^{***}	44.781^{***}	15.915^{***}	45.084^{***}	42.814^{***}
	F值的变化	2.459^{*}	2.280	71.580^{***}	256.540^{***}	42.077^{***}	154.178^{***}	45.421^{***}	155.214^{***}	114.811^{***}
	R^2值	0.020	0.025	0.153	0.369	0.104	0.414	0.190	0.415	0.442
	R^2值的变化	0.020	0.005	0.128	0.345	0.079	0.389	0.165	0.390	0.417

注：+表示 $p<0.10$；*表示 $p<0.05$；**表示 $p<0.01$；***表示 $p<0.001$

另外，从表4–55还可以看出，在分别两两加入或全部加入中介变量感知能力、整合能力和重构能力后，技术资源获取对主体交互没有影响，而加入的中介变量对主体交互有显著影响（模型12~模型15），因此，企业能力在技术资源获取与主体交互之间起着完全中介作用。

（3）技术资源获取、感知能力、整合能力和重构能力与集群创新的关系。

技术资源获取、感知能力、整合能力和重构能力与集群创新关系的概念模型见图4–29。由表4–56可知，技术资源获取对集群创新有显著的正向影响（见模型8，$\beta = 0.188$，$p < 0.001$），假设H1c6得到支持。在分别加入中介变量感知能力、整合能力和重构能力后，技术资源获取对集群创新的影响显著下降（见模型9~模型11），且感知能力对集群创新也有显著的正向影响（见模型9，$\beta = 0.338$，$p < 0.001$），整合能力对集群创新也有显著的正向影响（见模型10，$\beta = 0.182$，$p < 0.001$），重构能力对集群创新也有显著的正向影响（见模型11，$\beta = 0.722$，$p < 0.001$）。由此，感知能力在技术资源获取与集群创新之间起着部分中介作用，假设H56得到部分支持；整合能力在技术资源获取与集群创新之间起着部分中介作用，假设H86得到部分支持；重构能力在技术资源获取与集群创新之间起着部分中介作用，假设H116得到部分支持。

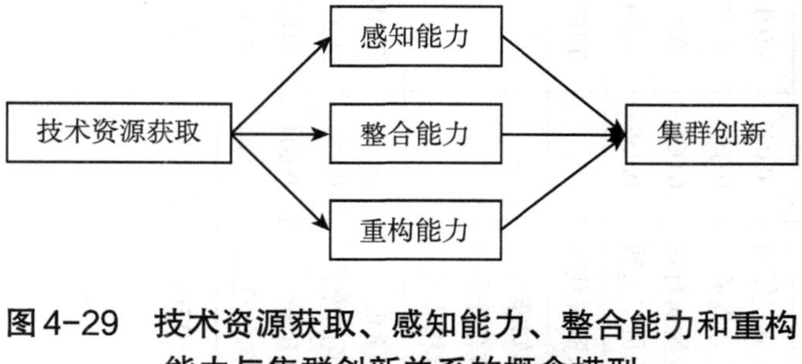

图4–29　技术资源获取、感知能力、整合能力和重构能力与集群创新关系的概念模型

表 4-56　感知能力、整合能力和重构能力在技术资源获取与集群创新之间的中介效应

变量		集群创新								
		模型7	模型8	模型9	模型10	模型11	模型12	模型13	模型14	模型15
控制变量	企业成立年限	–0.037	–0.037	–0.045	–0.040	–0.032	–0.046	–0.036	–0.034	–0.037
	企业性质	0.045	0.022	0.021	0.011	0.048	0.015	0.046	0.042	0.042
	企业所属行业	0.005	0.009	0.020	–0.008	–0.025	0.010	–0.018	–0.034	–0.024
	企业员工人数	0.039	0.047	0.039	0.058	0.047	0.045	0.043	0.053	0.048
自变量	技术资源获取		0.188***	0.132**	0.172***	0.064*	0.127**	0.044	0.057+	0.042
中介变量	感知能力			0.338***			0.312***	0.159***		0.142***
	整合能力				0.182***		0.100*		0.099**	0.065*
	重构能力					0.722***		0.680***	0.711***	0.677***
	F值	0.437	2.807**	12.893***	2.019***	94.367***	12.742***	85.478***	82.803***	75.467***
	F值的变化	0.437	14.227***	61.889***	12.461***	522.164***	32.769***	285.652***	272.918***	195.137***
	R^2值	0.004	0.038	0.149	0.071	0.544	0.158	0.566	0.553	0.570
	R^2值的变化	0.004	0.035	0.111	0.032	0.505	0.120	0.528	0.515	0.532

注：+表示 $p<0.10$；*表示 $p<0.05$；**表示 $p<0.01$；***表示 $p<0.001$

另外，从表4–56还可以看出，若同时加入中介变量感知能力和整合能力后，技术资源获取对集群创新的影响显著下降，并且感知能力和整合能力对集群创新的影响显著（见模型12），由此，感知能力和整合能力在技术资源获取与集群创新之间起着部分中介作用。若同时加入中介变量感知能力和重构能力或整合能力和重构能力或三个都加入后，在0.05的显著性水平上，技术资源获取对集群创新没有影响（见模型13~模型15），而加入的中介变量对集群创新有显著影响，因此，企业能力在技术资源获取与集群创新之间起着完全中介作用。

4.9.9　品牌资源获取、感知能力、整合能力和重构能力与产业集群发展绩效分量的关系

（1）品牌资源获取、感知能力、整合能力和重构能力与产业关联的关系。

品牌资源获取、感知能力、整合能力和重构能力与产业关联的关系概念模型见图4–30。由表4–57可知，控制变量企业成立年限、企业性质和企业员工人数对感知能力、整合能力和重构能力没有显著影响（见模型1、模型3和模型5）。而控制变量企业所属行业对感知能力和重构能力没有显著影响（见模型1和模型5），对整合能力有显著影响（见模型5）。品牌资源获取对感知能力有显著的正向影响（见模型2，$\beta = 0.132$，$p < 0.01$），品牌资源获取对整合能力有正向影响（见模型4，$\beta = 0.139$，$p < 0.01$），品牌资源获取对重构能力有显著的正向影响（见模型6，$\beta = 0.134$，$p < 0.01$）。

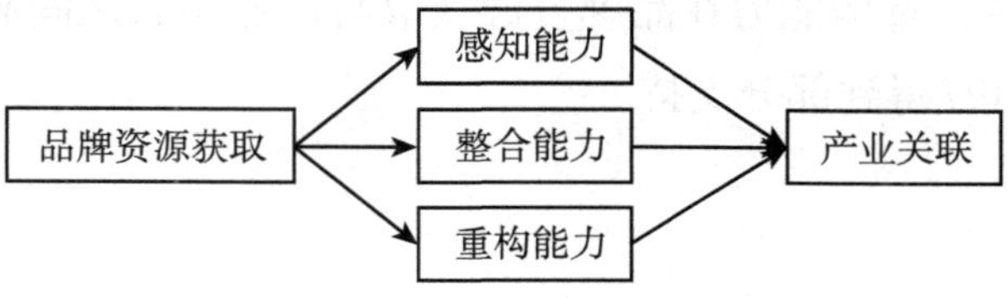

图4–30　品牌资源获取、感知能力、整合能力和重构能力与产业关联关系的概念模型

表 4-57　品牌资源获取对感知能力、整合能力和重构能力的影响

变量		感知能力		整合能力		重构能力	
		模型1	模型2	模型3	模型4	模型5	模型6
控制变量	企业成立年限	0.026	0.016	0.015	0.005	−0.007	−0.017
	企业性质	0.022	0.006	0.070	0.053	−0.015	−0.032
	企业所属行业	−0.036	−0.041	0.092*	0.087+	0.043	0.038
	企业员工人数	0.017	0.034	−0.063	−0.044	−0.007	0.010
自变量	品牌资源获取		0.132**		0.139**		0.134**
	F值	0.301	1.864+	2.679*	4.023***	0.227	1.853
	F值的变化	0.301	5.100**	2.679*	6.217**	0.227	5.346**
	R^2值	0.003	0.019	0.022	0.041	0.002	0.019
	R^2值的变化	0.003	0.017	0.022	0.019	0.002	0.017

注：+表示 p<0.10；*表示 p<0.05；**表示 p<0.01；***表示 p<0.001

由表4–58可知，品牌资源获取对产业关联有显著的正向影响（见模型8，$\beta=0.118$，$p<0.05$），假设H1a7得到支持。在加入中介变量感知能力时，品牌资源获取对产业关联没有影响，但感知能力对产业关联有显著影响（见模型9，$\beta=0.778$，$p<0.001$），由此，感知能力在品牌资源获取与产业关联之间起着完全中介作用，假设H37得到支持。在分别加入中介变量整合能力和重构能力后，品牌资源获取对产业关联的影响显著下降（模型10和模型11中系数显著下降），并且整合能力对产业关联也有显著的正向影响（见模型10，$\beta=0.157$，$p<0.001$），重构能力对产业关联也有显著的正向影响（见模型11，$\beta=0.337$，$p<0.001$）。由此，整合能力在品牌资源获取与产业之间起着部分中介作用，假设H67得到部分支持；重构能力在品牌资源获取与产业关联之间起着部分中介作用，假设H97得到部分支持。

表 4-58　　感知能力、整合能力和重构能力在品牌资源获取与产业关联之间的中介效应

变量		产业关联								
		模型 7	模型 8	模型 9	模型 10	模型 11	模型 12	模型 13	模型 14	模型 15
控制变量	企业成立年限	0.023	0.014	0.002	0.013	0.020	0.002	0.005	0.019	0.005
	企业性质	−0.021	−0.035	−0.040	−0.043	−0.024	−0.037	−0.035	−0.031	−0.032
	企业所属行业	0.007	0.003	0.035	−0.011	−0.010	0.040	0.028	−0.020	0.033
	企业员工人数	−0.043	−0.028	-0.055^{+}	−0.021	−0.031	-0.057^{+}	-0.055^{+}	−0.026	-0.058^{+}
自变量	品牌资源获取		0.118^{*}	0.016	0.096^{*}	0.073^{+}	0.021	0.002	0.058	0.008
中介变量	感知能力			0.778^{***}			0.791^{***}	0.741^{***}		0.755^{***}
	整合能力				0.157^{***}		-0.051^{+}		0.119^{**}	-0.058^{+}
	重构能力					0.337^{***}		0.136^{***}	0.324^{***}	0.138^{***}
	F 值	0.230	1.482	122.027^{***}	2.212^{**}	11.516^{***}	102.260^{***}	112.925^{***}	11.067^{***}	96.854^{***}
	F 值的变化	0.230	2.479^{*}	716.566^{***}	11.695^{***}	60.754^{***}	362.576^{***}	385.545^{***}	34.507^{***}	256.779^{***}
	R^2 值	0.002	0.015	0.608	0.039	0.127	0.611	0.625	0.140	0.628
	R^2 值的变化	0.002	0.013	0.593	0.024	0.112	0.595	0.610	0.125	0.613

注：+ 表示 $p<0.10$；* 表示 $p<0.05$；** 表示 $p<0.01$；*** 表示 $p<0.001$

另外，从表4–58还可以看出，在分别两两加入或全部加入中介变量感知能力、整合能力和重构能力后，品牌资源获取对产业关联没有影响，而加入的中介变量对产业关联有显著的正向影响（见模型12~模型15），因此，企业能力在品牌资源获取与产业关联之间起着完全中介作用。

（2）品牌资源获取、感知能力、整合能力和重构能力与主体交互的关系。

品牌资源获取、感知能力、整合能力和重构能力与主体交互关系的概念模型见图4–31。由表4–59可知，品牌资源获取对主体交互有正向影响（见模型8，$\beta=0.153$，$p<0.001$），假设H1b7得到支持。在分别加入中介变量感知能力、整合能力和重构能力后，品牌资源获取对主体交互的影响显著下降（模型9~模型11中系数显著下降），且感知能力对主体交互也有显著的正向影响（见模型9，$\beta=0.351$，$p<0.001$），整合能力对主体交互也有显著的正向影响（见模型10，$\beta=0.588$，$p<0.001$），重构能力对主体交互也有显著的正向影响（见模型11，$\beta=0.275$，$p<0.001$）。由此，感知能力在品牌资源获取与主体交互之间起着部分中介作用，假设H47得到支持；整合能力在品牌资源获取与主体交互之间起着部分中介作用，假设H77得到支持；重构能力在品牌资源获取与主体交互之间起着部分中介作用，假设H107得到支持。

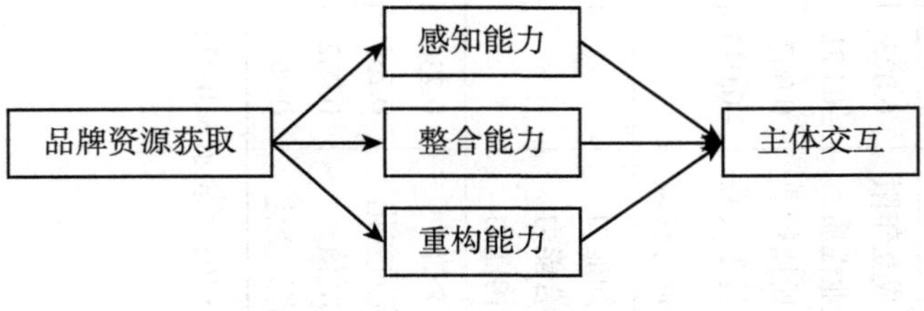

图4–31 品牌资源获取、感知能力、整合能力和重构能力与主体交互关系的概念模型

表 4-59　　感知能力、整合能力和重构能力在品牌资源获取与主体交互之间的中介效应

变量		主体交互								
		模型 7	模型 8	模型 9	模型 10	模型 11	模型 12	模型 13	模型 14	模型 15
控制变量	企业成立年限	−0.038	−0.049	−0.055	−0.052	−0.045	−0.055	−0.051	−0.048	−0.052
	企业性质	0.058	0.039	0.037	0.008	0.048	0.010	0.043	0.016	0.016
	企业所属行业	0.083^{+}	0.078^{+}	0.092^{*}	0.026	0.067	0.040	0.082	0.020	0.032
	企业员工人数	−0.054	−0.034	−0.046	−0.008	−0.037	−0.018	−0.047	−0.011	−0.019
自变量	品牌资源获取		0.153^{***}	0.107^{*}	0.071^{+}	0.116^{**}	0.051	0.088^{*}	0.046	0.035
中介变量	感知能力			0.351^{***}			0.214^{***}	0.298^{***}		0.170^{***}
	整合能力				0.588^{***}		0.531^{***}		0.563^{***}	0.523^{***}
	重构能力					0.275^{***}		0.193^{***}	0.210^{***}	0.169^{***}
	F 值	2.459^{*}	4.236^{***}	15.442^{***}	44.289^{***}	7.445^{***}	45.200^{***}	12.630^{***}	45.399^{***}	42.756^{***}
	F 值的变化	2.459^{*}	11.137^{***}	65.467^{***}	251.407^{***}	36.761^{***}	151.415^{***}	45.629^{***}	152.081^{***}	112.652^{***}
	R^2 值	0.020	0.043	0.163	0.374	0.117	0.416	0.197	0.417	0.442
	R^2 值的变化	0.020	0.022	0.121	0.331	0.074	0.373	0.155	0.374	0.399

注：+ 表示 $p<0.10$；* 表示 $p<0.05$；** 表示 $p<0.01$；*** 表示 $p<0.001$

另外，从表4–59还可以看出，在同时加入中介变量感知能力和重构能力后，在0.05的显著性水平上，品牌资源获取对主体交互的影响显著下降，并且感知能力和重构能力对主体交互的影响显著（见模型13），由此，感知能力和重构能力在品牌资源获取与主体交互之间起着部分中介作用。若同时加入中介变量感知能力和整合能力或整合能力和重构能力或三个中介变量都加入后，品牌资源获取对主体交互没有影响（见模型12、模型14和模型15），而加入的中介变量对主体交互有显著影响，因此，企业能力在企业品牌资源获取与主体交互之间起着完全中介作用。

（3）品牌资源获取、感知能力、整合能力和重构能力与集群创新的关系。

品牌资源获取、感知能力、整合能力和重构能力与集群创新关系的概念模型见图4–32。由表4–60可知，品牌资源获取对集群创新有正向影响（见模型8，$\beta=0.196$，$p<0.001$），假设H1c7得到支持。在加入中介变量感知能力、整合能力和重构能力后，品牌资源获取对集群创新的影响显著下降（模型9~模型11中系数显著下降），且感知能力对集群创新也有显著的正向影响（见模型9，$\beta=0.341$，$p<0.001$），整合能力对集群创新也有显著的正向影响（见模型10，$\beta=0.174$，$p<0.001$），重构能力对集群创新也有显著的正向影响（见模型11，$\beta=0.720$，$p<0.001$）。由此，感知能力在品牌资源获取与集群创新之间起着部分中介作用，假设H57得到支持；整合能力在品牌资源获取与集群创新之间起着部分中介作用，假设H87得到支持；重构能力在品牌资源获取与集群创新之间起着部分中介作用，假设H117得到支持。

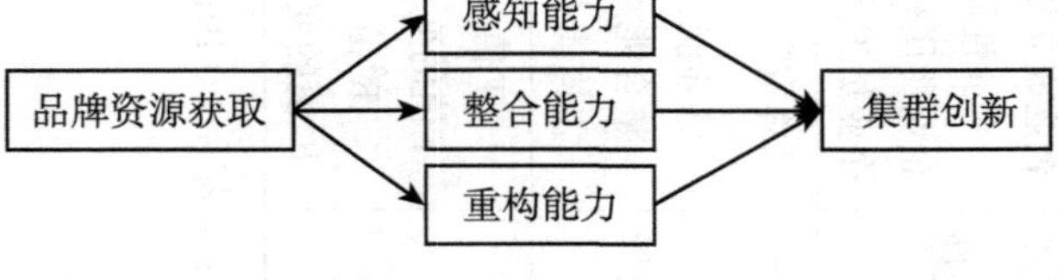

图4–32　品牌资源获取、感知能力、整合能力和重构能力与集群创新关系的概念模型

表4-60 感知能力、整合能力和重构能力在品牌资源获取与集群创新之间的中介效应

变量		集群创新								
		模型7	模型8	模型9	模型10	模型11	模型12	模型13	模型14	模型15
控制变量	企业成立年限	−0.037	−0.052	−0.057	−0.053	−0.040	−0.057	−0.043	−0.040	−0.043
	企业性质	0.045	0.021	0.019	0.012	0.044	0.014	0.042	0.039	0.038
	企业所属行业	0.005	−0.002	0.012	−0.017	−0.030	0.003	−0.022	−0.037	−0.027
	企业员工人数	0.039	0.065	0.053	0.073	0.057^{+}	0.058	0.053	0.062^{+}	0.056^{+}
自变量	品牌资源获取		0.196^{***}	0.151^{***}	0.172^{***}	0.100^{**}	0.142^{***}	0.085^{**}	0.088^{**}	0.079^{*}
中介变量	感知能力			0.341^{***}			0.317^{***}	0.156^{***}		0.141^{***}
	整合能力				0.174^{***}		0.091^{*}		0.092^{**}	0.059^{+}
	重构能力					0.720^{***}		0.678^{***}	0.710^{***}	0.675^{***}
	F值	0.437	4.022^{***}	14.438^{***}	5.934^{***}	92.486^{***}	12.058^{***}	90.250^{***}	85.236^{***}	76.798^{***}
	F值的变化	0.437	15.296^{***}	62.866^{***}	14.906^{***}	532.196^{***}	34.244^{***}	292.466^{***}	272.629^{***}	194.778^{***}
	R^2值	0.004	0.041	0.154	0.070	0.549	0.162	0.571	0.557	0.574
	R^2值的变化	0.004	0.037	0.114	0.029	0.509	0.121	0.531	0.517	0.534

注：+表示 $p<0.10$；表示 $p<0.05$；**表示 $p<0.01$；***表示 $p<0.001$

另外，从表4-60还可以看出，在分别两两加入或全部加入中介变量感知能力、整合能力和重构能力后，品牌资源获取对集群创新的影响显著下降，而加入的中介变量对集群创新有显著影响（见模型12~模型15），因此，企业能力在品牌资源获取与集群创新之间起着部分中介作用。

4.10 结论及启示

4.10.1 结论

通过对中部地区产业集群的调查，收集到的482份问卷数据，本章采用结构方程模型分析方法和层次回归分析方法，讨论了企业资源获取、企业能力和产业集群发展绩效的关系。从整体和各具体方面分别分析了企业资源获取对产业集群发展绩效的影响，以及企业能力在企业资源获取与产业集群发展绩效之间的中介效应。得到以下结论。

（1）企业资源获取对产业集群发展绩效有显著的正向影响。企业资源获取对产业关联具有正向影响。企业资源获取对主体交互具有正向影响。企业资源获取对集群创新具有正向影响。

（2）感知能力分别对产业关联、主体交互和集群创新有显著的正向影响。整合能力分别对产业关联、主体交互和集群创新有显著的正向影响。重构能力分别对产业关联、主体交互和集群创新有显著的正向影响。

（3）企业能力分别在企业资源获取与产业集群发展绩效之间、企业资源获取与产业关联之间、企业资源获取与集群创新之间起着部分中介作用。企业能力在企业资源获取与主体交互之间起着完全中介作用。感知能力分别在企业资源获取与产业集群发展绩效之间、企业资源获取与产业关联之间、企业资源获取与主体交互之间、企业资源获取与集群创新之间起着部分中介作用；整合能力在企业资源获取与产业集群发展绩效之间、企业资源获取与产业关联之间、企业资源获取与主体交互之间、企业资源获取与集群创新之间起着部分中介作用；重构能力在企业资源获取与产业集群发展绩效之间、企业资源获取与产业关联之间、企业资源获取与主体交互之间、企业资源获取与集群创新之间起着部分中介作用。

（4）企业人才资源获取对产业集群发展绩效具有正向影响。①人才资源获取对产业关联有显著的正向影响；感知能力在人才资源获取与产业关联之间起着完全中介作用；整合能力、重构能力分别在人才资源获取与产业关联之间起着部分中介作用；感知能力和整合能力或者感知能力和重构能力在人才资源获取与产业关联之间起着完全中介作用；整合能力和重构能力在人才资源获取与产业关联之间起着部分中介作用；企业能力在人才资源获取与产业关联之间起着完全中介作用。②人才资源获取对主体交互有正向影响；感知能力、整合能力和重构能力分别在人才资源获取与主体交互之间起着完全中介作用；感知能力和整合能力或者感知能力和重构能力或者整合能力和重构能力分别在人才资源获取与产业关联之间起着完全中介作用；企业能力在人才资源获取与产业关联之间起着完全中介作用。③人才资源获取对集群创新有正向影响；感知能力、整合能力和重构能力分别在人才资源获取与集群创新之间起着部分中介作用；感知能力和整合能力或者感知能力和重构能力或者整合能力和重构能力分别在人才资源获取与集群创新之间起着部分中介作用；企业能力在人才资源获取与集群创新之间起着部分中介作用。

（5）企业管理资源获取对产业集群发展绩效具有正向影响。①管理资源获取对产业关联有显著的正向影响；感知能力、整合能力和重构能力分别在管理资源获取与产业关联之间起着部分中介作用；感知能力和整合能力或者感知能力和重构能力或者整合能力和重构能力分别在管理资源获取与产业关联之间起着部分中介作用；企业能力在管理资源获取与产业关联之间起着部分中介作用。②管理资源获取对主体交互有显著的正向影响；感知能力、整合能力和重构能力分别在管理资源获取与主体交互之间起着部分中介作用；感知能力和整合能力或者感知能力和重构能力或者整合能力和重构能力分别在管理资源获取与主体交互之间起着完全中介作用；企业能力在管理资源获取与主体交互之间起着完全中介作用。③管理资源获取对集群创新有显著的正向影响；感知能力、整合能力和重构能力分别在管理资源获取与集群创新之间起着部分中介作用；感知能力和整合能力或者感知能力和重构能力或者整合能力和重构能力分别在管理资源获取与集群创新之间起着部分中介作用；企业能力在管理资源获取与集群创新之间起着部分中介作用。

（6）企业配置服务资源获取对产业集群发展绩效具有正向影响。①配置服务资源获取对产业关联有显著的正向影响；感知能力、整合能力和重构能力分别在配置服务资源获取与产业关联之间起着部分中介作用；感知能力和整合能力或者感知能力和重构能力或者整合能力和重构能力分别在配置服务资源获取与产业关联之间起着部分中介作用；企业能力在配置服务资源获取与产业关联之间起着部分中介作用。②配置服务资源获取对主体交互有显著的正向影响；感知能力、整合能力和重构能力分别在配置服务资源获取与主体交互之间起着部分中介作用；感知能力和整合能力或者感知能力和重构能力或者整合能力和重构能力分别在配置服务资源获取与主体交互之间起着部分中介作用；企业能力在配置服务资源获取与主体交互之间起着部分中介作用。③企业配置服务资源获取对集群创新有显著的正向影响；感知能力、整合能力和重构能力分别在配置服务资源获取与集群创新之间起着部分中介作用；感知能力和整合能力或者感知能力和重构能力或者整合能力和重构能力分别在配置服务资源获取与集群创新之间起着部分中介作用；企业能力在配置服务资源获取与集群创新之间起着部分中介作用。

（7）企业资金资源获取对产业集群发展绩效具有正向影响。①资金资源获取对产业关联有显著的正向影响；感知能力和重构能力分别在企业资金资源获取与产业关联之间起着完全中介作用；整合能力在企业资金资源获取与产业关联之间起着部分中介作用；感知能力和整合能力或者感知能力和重构能力或者整合能力和重构能力分别在资金资源获取与产业关联之间起着完全中介作用；企业能力在资金资源获取与产业关联之间起着完全中介作用。②资金资源获取对主体交互没有显著的正向影响；感知能力、整合能力和重构能力分别在资金资源获取与主体交互之间没有中介作用。③资金资源获取对集群创新有显著的正向影响；感知能力、整合能力和重构能力分别在资金资源获取与集群创新之间起着部分中介作用；感知能力和整合能力或者感知能力和重构能力或者整合能力和重构能力分别在资金资源获取与集群创新之间起着完全中介作用；企业能力在资金资源获取与集群创新之间起着完全中介作用。

（8）企业政策资源获取对产业集群发展绩效具有正向影响。①政策资源获取对产业关联有显著的正向影响；感知能力、整合能力和重构能力分别在政策资源获取与产业关联之间起着部分中介作用；感知能力和整合能力或者感知能力和重构能力或者整合能力和重构能力分别在政策资源获取与产业关联之间起着部分中介作用；企业能力在政策资源获取与产业关联之间起着部分中介作用。②政策资源获取对主体交互有显著的正向影响；感知能力、整合能力和重构能力分别在政策资源获取与主体交互之间起着部分中介作用；感知能力和整合能力或者感知能力和重构能力或者整合能力和重构能力分别在政策资源获取与主体交互之间起着完全中介作用；企业能力在政策资源获取与主体交互之间起着完全中介作用。③政策资源获取对集群创新有显著的正向影响；感知能力、整合能力和重构能力分别在政策资源获取与集群创新之间起着部分中介作用；感知能力和整合能力或者感知能力和重构能力或者整合能力和重构能力分别在政策资源获取与集群创新之间起着部分中介作用；企业能力在政策资源获取与集群创新之间起着完全中介作用。

（9）企业技术资源获取对产业集群发展绩效具有正向影响。①企业技术资源获取对产业关联有显著的正向影响；感知能力、整合能力和重构能力分别在技术资源获取与产业关联之间起着部分中介作用；感知能力和整合能力或者感知能力和重构能力或者整合能力和重构能力分别在技术资源获取与产业关联之间起着部分中介作用；企业能力在技术资源获取与产业关联之间起着部分中介作用。②技术资源获取对主体交互没有显著的正向影响；感知能力、整合能力和重构能力分别在技术资源获取与主体交互之间没有中介作用。③技术资源获取对集群创新有显著的正向影响；感知能力、整合能力和重构能力分别在技术资源获取与集群创新之间起着部分中介作用；感知能力和整合能力在技术资源获取对集群创新之间起着部分中介作用，感知能力和重构能力或整合能力和重构能力在技术资源获取对集群创新之间起着完全中介作用，企业能力在技术资源获取与集群创新之间起着完全中介作用。

（10）企业品牌资源获取对产业集群发展绩效具有正向影响。①企业品牌资源获取对产业关联有正向影响；感知能力、整合能力和重构能力分别在品牌资源获取与产业关联之间起着部分中介作用；感知能力在品牌资源获取与产业关联之间起着完全中介作用；整合能力和重构能力分别在品牌资源获取与产业关联之间起着部分中介作用；感知能力和重构能力或整合能力和重构能力在品牌资源获取对产业关联之间起着完全中介作用；企业能力在品牌资源获取对产业关联之间起着完全中介作用。②企业品牌资源获取对主体交互没有显著的正向影响；感知能力、整合能力和重构能力分别在品牌资源获取与主体交互之间起着部分中介作用；感知能力和重构能力在企业品牌资源获取对主体交互之间起着部分中介作用；感知能力和整合能力或整合能力和重构能力在企业品牌资源获取对主体交互之间起着完全中介作用；企业能力在企业品牌资源获取对主体交互之间起着完全中介作用。③企业品牌资源获取对集群创新有正向影响；感知能力、整合能力和重构能力分别在品牌资源获取与集群创新之间起着部分中介作用；感知能力和整合能力或者感知能力和重构能力或者整合能力和重构能力分别在品牌资源获取与集群创新之间起着部分中介作用；企业能力在品牌资源获取与集群创新之间起着部分中介作用。

研究结果显示，在产业集群的复杂生态系统内，产业集群内企业资源获取、企业能力对产业集群发展绩效直接效应、间接效应和总效应的具有显著性关系。具体而言，从直接效应的视角来看，企业资源获取的便捷性、丰富度以及企业能力的水平，能够直接对产业集群发展绩效产生正向推动作用。从间接效应的维度分析，企业资源获取并非孤立地作用于产业集群发展绩效，而是会通过企业能力这一中介变量产生影响，例如企业对关键资源的获取可能会先提升其自身的感知、整合以及重构能力，进而借助这些能力的辐射作用带动整个产业集群在技术升级、市场份额扩大等方面的绩效提升。而总效应则是直接效应与间接效应的综合叠加结果，全面反映了企业资源获取与企业能力在产业集群发展绩效塑造过程中的整体影响力。

鉴于此，在产业集群的竞争格局中，其内部企业之间表面上呈现出的多样化竞争形式，实质上可归结为对集群内资源的竞争或者说对资源占有程度的较量。这是因为集群内资源在数量上的多寡、质量上的优劣以及分布的均衡性等特征，从根本上制约着产业集群的整体发展态势与演进路径。进一步深入剖析，企业在资源获取过程中所展现出的获取能力，涉及对稀缺资源的搜寻、筛选与获取策略制定等；企业对资源的整合能力则关乎如何将分散的资源进行优化配置、协同增效；感知能力体现为对外部资源动态变化、市场资源需求波动等方面的敏锐洞察力；而重构能力则聚焦于企业依据产业集群发展战略调整与外部竞争环境变化，对已获取资源进行重新组合和优化结构的能力。这些企业能力维度共同作用，深刻影响着产业集群在创新驱动、规模扩张和竞争力提升等多方面的发展绩效，构成了产业集群发展的微观动力基础与核心影响因素体系，为深入理解产业集群的运行逻辑与制定针对性的发展策略提供了关键的理论依据与实践指导方向。

4.10.2　启示

因此，实证分析所得到的研究结论揭示了企业资源获取、企业能力与产业集群发展绩效之间的深层次逻辑关系和规律，并由此得出了以下启示。

（1）资源获取是起点，能力转化是关键，价值创造是目标。资源获取能力不仅是企业个体发展的关键，更是提升产业集群发展绩效、强化产业关联、促进主体交互以及推动集群创新的核心驱动力。企业应将资源获取纳入战略核心，将其与动态能力进行协同部署，通过感知能力精准识别资源价值与市场需求，以整合能力优化资源配置与跨主体协作，以重构能力推动资源向技术突破与产业链升级转化。同时，企业需注重“内部能力建设”与“外部生态协同”双轨并行，将外部资源转化为产业链协同效率、主体间深度合作及创新潜能；通过开放型资源共享平台和产学研协同网络，弥补部分中介路径的不足。政府应通过搭建资源对接平台和设立产业集群基金等政策引导，结合知识产权保护和利益分配机制等制度保障，降低资源流通壁垒，最终实现产业集群的规模效应与创新突破的协同发展。

（2）动态能力是推动产业集群产业关联、主体交互与集群创新的核心引擎。企业应全面提升感知、整合和重构三种能力：通过感知能力捕捉市场机遇，优化产业关联与主体交互；借助整合能力实现资源协同，促进集群创新与跨组织合作；依靠重构能力增强战略灵活性，支持产业链升级与技术突破。此外，企业还需注重“感知能力+整合能力”在优化资源配置中的作用，以及“整合能力+重构能力”在加速创新迭代中的协同效应。政府应通过感知培训计划、整合平台建设和重构激励基金等能力导向政策，以及风险共担和知识共享网络等生态机制，为企业能力的落地提供支撑，并为企业能力的应用创造适宜环境，从而实现产业集群的韧性发展与竞争力提升。

（3）企业资源的获取需通过动态能力的中介作用转化为产业集群发展的多维价值。在主体交互中，企业能力是资源效应传递的关键中介变量，这表明企业必须优先提升感知外部合作需求、整合跨主体资源以及重构协作模式等能力，以激活产学研等深度互动。而在产业关联和集群创新等维度上，动态能力的部分中介作用提示企业需同步强化能力建设，通过“感知能力+整合能力”来捕捉机遇，通过“重构能力+整合能力”来优化资源配置，以及增强政策适配性和创新网络的开放性等外部生态协同，以弥补剩余路径的不足。政府应通过知识共享平台和动态能力诊断工具等能力导向政策，以及利益协调机制，降低资源与能力错配的风险，建立起“资源获取→能力培育→价值创造”的增强反馈回路。

（4）企业人才资源的获取通过动态能力在产业集群发展中发挥着中介作用，其作用路径存在显著差异：在产业关联与主体交互过程中，感知能力作为核心完全中介变量，提示企业应优先强化市场洞察与需求识别功能；而整合与重构能力则通过部分中介或协同组合来补充和优化资源配置。在集群创新领域，这三种能力仅发挥部分中介作用，表明企业在提升自身能力的同时，还需同步完善开放合作网络与知识共享机制等外部创新生态。因此，企业应围绕“优先发展感知能力、协同推进整合能力与重构能力”的战略，构建人才资源向产业链协同、主体互动及创新突破转化的能力体系；政府则应通过感知导向的产学研平台及重构激励基金等政策引导，建立风险共担机制等生态支撑，以实现产业集群的韧性增长。

（5）企业管理资源的获取通过动态能力在推动产业集群发展中发挥了中介作用，其作用路径呈现出差异化特征：在主体交互过程中，动态能力的组合发挥了完全中介作用，这表明企业需要通过跨主体的需求识别和协作模式重构等能力的协同，将管理资源转化为深度合作；而在产业关联与集群创新中，单一能力或其组合仅能以部分中介的方式传递资源效应，这提示企业在强化“整合能力+重构能力”以优化资源配置等能力建设的同时，还需完善外部政策的适配性和知识共享网络等生态支撑，以弥补剩余路径。因此，企业应以管理资源为基础，以动态能力的协同为纽带，优先通过能力组合激活主体交互的效能，并通过“内部能力优化+外部生态协同”的双轮驱动，实现产业链的升级与创新突破；政府则应聚焦于整合型平台的搭建和重构激励机制等能力导向政策，同时设计风险共担机制，从而推动产业集群从资源规模优势向管理效能优势的跃迁。

（6）企业服务资源的价值密度不仅依赖于其技术含量，更受到企业将其转化为产业关联、主体互动和集群创新能力的影响。企业在配置服务资源时，通过动态能力的中介作用，驱动产业集群的发展。然而，这一作用路径以部分中介为主，表明企业资源向价值的转化需依赖于能力的协同与外部生态的补充。因此，企业应以“感知能力+整合能力”来优化服务匹配，以“重构能力+整合能力”来提升资源效率，将这两种动态能力的组合作为核心手段，强化服务资源在产业关联、主体交互和集群创新中的协同效应。同时，由于动态能力仅能部分传递资源效应，企业需通过跨主体的知识共享等开放创新网络，以及服务资源整合平台等政策适配措施，以弥补剩余路径的缺口。政府应围绕重构激励机制和以感知为导向的产学研协作等能力协同需求，设计风险共担与利益分配等生态机制，从而实现服务资源配置效能与产业集群竞争力的系统性提升。

（7）企业资金资源获取对产业集群发展的驱动路径呈现显著差异。在产业关联与集群创新的背景下，资金通过感知与重构能力的完全中介实现价值转化，形成“资金投入→能力跃迁→系统升级”的刚性路径。这表明企业需优先强化市场洞察与战略灵活性，以精准匹配资金投向，例如将资金投入产业链升级与技术研发。相反，当资金对主体间的交互没有直接作用且能力中介失效时，这提示主体间的合作需依赖信任机制和协作规则等非资金要素。因此，企业应围绕“感知能力+重构能力”构建资金配置策略，聚焦于产业链的优化与创新突破。同时，政府应通过重构能力培育基金和感知导向的产学研对接等政策引导，设计风险共担和信用体系等生态机制，以弥补资金在主体交互中的局限性，推动产业集群从“资本驱动”向“能力驱动”的发展范式转型。

（8）企业政策资源的获取通过动态能力的中介作用驱动产业集群发展，其作用路径呈现出差异化特征。在主体交互过程中，动态能力的组合发挥了完全的中介作用，表明企业需优先通过政策需求识别和跨主体资源协调等能力的协同，将政策资源转化为深度合作；而在产业关联与集群创新中，单一或组合能力仅以部分中介的方式传递政策效应，提示企业在“整合能力+重构能力”方面需优化政策适配性等能力建设，同时借助创新网络的开放与利益共享机制等外部生态支持，弥补剩余路径。政策红利向创新成果的转化必须经过企业动态能力体系的“三重过滤”。这要求政策制定实现三大转变：从“资源直达”转向“能力传导”，从“普惠投放”转向“精准滴灌”，从“静态供给”转向“动态适配”。因此，企业应以政策资源为杠杆，以动态能力协同为核心，通过“能力组合优先激活产业集群主体交互、企业能力与生态双轮驱动产业关联与集群创新”的策略，最大化政策红利；政府则应聚焦于感知能力的培训和重构激励基金等能力导向政策，设计政策资源整合平台和风险共担协议等生态机制，通过制度创新，确保政策投入能够有效提升企业对环境的感知精度、资源整合效率以及组织重构的敏捷性，从而推动企业可持续发展和产业集群升级。

（9）企业技术资源获取对产业集群发展的驱动路径存在显著差异。在集群创新中，动态能力组合及企业能力发挥起到完全中介作用，这提示企业需要通过技术趋势的洞察、技术迭代的适配以及跨领域资源的重组等战略灵活性协同，将技术资源转化为创新突破。而在产业关联方面，单一或组合能力仅能部分中介传导技术效应，表明这需要外部生态的支持，例如产业链协同机制和知识共享网络。主体间的交互不受技术资源的直接影响，且能力中介作用失效，提示我们主体间的合作需依赖于信任机制和利益协同等非技术因素。因此，企业应以“能力组合优先驱动集群创新、生态协同补足产业关联”为核心策略，聚焦于技术资源的动态配置；政府则应通过重构能力培育基金和感知导向的技术转化平台等政策引导，设计技术风险共担和专利共享规则等生态机制，从而实现产业集群的技术创新。

（10）企业品牌资源的获取通过动态能力的中介作用驱动产业集群

的发展，其路径呈现出显著的差异化特征：在产业关联中，感知能力作为核心完全中介，表明企业需优先通过品牌价值识别与市场洞察，精准定位产业链需求，从而将品牌资源转化为关联效能；而在主体交互中，品牌资源仅通过“感知能力+整合能力”或“整合能力+重构能力”的能力组合来实现完全中介效应，这提示产业集群主体合作需依赖于品牌信任的强化及跨主体资源适配等能力的协同作用。集群创新则需要以部分中介能力为基础，结合品牌知识溢出网络以及协同创新机制等外部生态，以弥补转化中的缺口。因此，企业应以品牌资源为支点，采取“感知能力优先、组合能力协同”的策略，通过“感知能力+重构能力”优化品牌技术转化，通过“整合能力+重构能力”激活品牌生态，从而提升产业链及创新效能；政府应通过品牌价值共享平台、品牌感知培训和重构激励基金等能力导向政策，以及信任机制的设计，以推动产业集群从品牌驱动向协同创新的升级。

第5章 案例分析

本章选取河南省安阳市汤阴县产业集聚区作为典型案例进行分析，重点探讨汤阴县产业集聚区的发展过程、已形成的结构层次和特色产业，核心企业在产业集聚区发展中的作用，以及产业集聚区的发展演化路径，从而验证企业与产业集聚区之间协同进化与共同发展的关系。

5.1 汤阴县产业集聚区发展过程

汤阴县地理位置优越，处于晋、冀、鲁和豫四省交界区域，北邻安阳，南近郑州，107国道、京广铁路、中华路、京港澳高速公路与京广高铁纵贯南北，晋冀鲁铁路通道与302省道横穿东区，公路、铁路和航空交通便利，是豫北地区重要的交通枢纽和最大的物流中心，区位优势明显。

汤阴县委、县政府根据地域特点，发挥自身优势，以科学发展观为统领，坚持“四集一转”，招商引资和基础设施项目建设不动摇，强化科技创新和配套服务，依托“一区三园”，围绕食品、生物医药等主导产业，以及高端制造、新型材料等战略性新兴产业，谋划大格局。突出龙头企业的带动作用，延伸产业链条，形成品牌资源。汤阴县连续多年被中国食品工业协会命名为“全国食品工业强县”。强力推进新型工业化发展战略，为给集聚区企业搭建服务平台，汤阴县集聚区管委会（见图5–1）筹建了五大中心：农产品展览交易中心、农产品技术研发中心、农产品检验检测中心、培训中心和信息发布中心，实现了经济快速可持续的发展。集聚区致力于发展成为“三基地一中心”，即“河南省级现代食品制造基地”“豫北区域商贸物流服务基地”“安阳市级生态医药制造基地”“汤阴县级城市生活服务中心”，为入驻集聚区内的企业提供优惠的政策，宽松的环境，完善的设施和优良的服务。

图5-1　汤阴县产业集聚区管委会

汤阴县产业集聚区不仅是河南省首批省级产业集聚区中的佼佼者，更是区域经济发展的重要引擎和转型升级的示范窗口。其地理位置优越，地处县城东部和南部（见图5-2）。依托便捷的交通网络和丰富的资源条件，规划面积达到23.36平方公里，而建成区面积已达16.5平方公里，展现出了强劲的发展势头和广阔的发展空间。

图5-2　汤阴县产业集聚区

在产业布局方面，汤阴县产业集聚区精准定位，形成了以食品和生物医药为核心的双轮驱动特色产业集群。产业集聚区内设有健康食品、生物医药、精品钢及深加工等专业园区，通过发展特色“园中园”模式，实现了大、小园区之间的互动联合与集群发展。

从入驻企业的情况来看，汤阴县产业集聚区汇聚了众多优质企业，现已入驻企业超过260家，其中包括26家高新技术企业和15家“专精特新”企业。此外，省级以上的创新平台、载体和机构共计32家，形成了多元化的企业生态。规模以上企业达到92家，预计2024年规模以上工业总产值将完成227.6亿元。这些企业在行业内享有较高的知名度和影响力，为产业集聚区的经济增长提供了强有力的支持。同时，年产值在百万元左右的小企业也超过30家，它们以灵活多变的经营模式，为市场注入了更多的活力和创新元素。

汤阴县产业集聚区还成功吸引了众多国内外知名企业入驻，包括益海嘉里、华润雪花、美国杜邦、嘉士利和今麦郎食品等25家世界500强和国家级龙头企业，以及8家省级重点龙头企业和16家市级重点龙头企业。这些企业的入驻不仅提升了产业集聚区的品牌形象，还引入了先进的技术和管理经验，促进了产业的升级与转型。这些企业在各自领域内深耕细作、不断创新，为产业集聚区的经济增长与产业升级作出了重要贡献。

5.2 汤阴县产业集聚区的结构层次

汤阴县政府为加快推进主导产业集群发展，先后建设了以食品产业园、生物科技医药产业园和高端装备制造产业园三个产业园区。

5.2.1 食品产业园（企业种群）

汤阴县的食品产业园已经成为产业集群的一个企业种群。该县充分利用其优越的地理位置和丰富的农产品资源，积极实施工业强县战略，大力招商引资，发展以农产品为原料的食品工业，规划建设了12.5平方公里的食品产业园区。2023年以来，汤阴县签约引进食品产业项目17个，总投资94.4亿元，形成了以永达食品、益海嘉里、今麦郎食品、安井食品和嘉士利食品等为龙头的食品产业园。截至2024年底，已落户食品加工企业130家，年产值超过120亿元。

经过几年时间的发展，食品业已经成为汤阴县产业集聚区的第一支柱产业，同时也是汤阴县实现以工促农、承接产业转移的重要行业。为进一步延长产业链条，集聚区通过优化产业结构，加大招商引资，加快发展方式转变，扩大食品产业集聚发展效应，引进了一大批产业链长、关联度高和带动能力强的项目，使食品产业发展更具竞争力和特色。培育发展了大豆、玉米、小麦、肉鸡、生猪、肉奶牛、中药材、食用菌和蔬菜等10条产业链，形成了年加工5 000万只的“永达”肉鸡、年产40万吨的“奥利福”食用油、年产10万吨的“众品”冷鲜肉、年产15万吨的健丰“江顺”饼干、年产2万吨的杜邦丹尼斯克木糖醇和年产15万吨的今麦郎“甲家”面粉等26个中国驰名商标及598个系列名牌产品。产品涵盖小麦及面制品加工、油脂类加工、畜禽肉制品加工、啤酒饮品、调味料和食品添加剂、休闲食品和绿色有机食品多个领域，并且在不断地做大做强，部分产品已经走出国门，积极开拓海外市场，例如永达食品向日本、韩国出口大量熟食产品。目前，汤阴县食品产业园已呈现出“服务功能全、集聚程度高、产业特色明、带动效应强”的鲜明特点。截至2024年底，汤阴县已连续七届荣获“全国食品工业强县”，是全国唯一的食品工业县。这些荣誉充分证明了汤阴县在食品工业领域的强劲实力和卓越贡献。汤阴县的食品产业园现已成功发展为以“健康”为特色的百亿级食品产业集群。

5.2.2 生物科技医药产业园（企业种群）

汤阴县的生物科技医药产业园已经成为产业集群的第二个企业种群。汤阴县依托本地深厚的医药文化底蕴、独特的区位交通优势和丰富的医药原材料资源，抢抓医药企业退城进郊和产业转移的战略机遇，强力打造全国医药名县，在产业集聚区规划建设了10平方公里的生物科技医药产业园。产业园积极承接国际、国内产业转移，重点谋划和引进科技含量高、附加值大、成长性好和带动力强的大项目，力争将其打造成为全国重要的医药生产和物流基地，形成集医药材料、研发、生产、贸易和临床“五位一体”的大健康产业格局，是“河南省战略新兴产业示范园区”。

生物科技医药产业园“七通一平”等基础设施完善，包括十字形主干道、工纵三街主干道、园区铁路专用线、自来水管道、天然气管道、污水处理厂（日处理污水能力达2万吨）和110KV双回路变电站等。配套设施齐全，建设有标准化厂房、星级宾馆和园区物流中心等配套设施，投资环境不断得到优化，为企业的入驻和发展提供了全方位的支持，产业园成功吸引一大批国内外制药企业和生物科技研发企业入驻。生物科技医药产业园已有40家大型医药企业落户，建成医药类科技创新平台20个，省级科技创新平台9个，市级科技创新平台11个；拥有医药批号449个、医药品种规格612个。形成以科伦药业、东泰生物制药、创新药业、九州药业、鲲华生物、福鑫威尔药业和诺利如一等为龙头的生物科技医药产业园。园区内企业拥有强大的生产能力，如河南诺美药业有限公司的药制剂车间拥有多条现代化生产线，年综合产能片剂可达10亿片、胶囊10亿粒、丸剂10亿粒等。

2012年1月，汤阴县产业集聚区生物医药产业园被省科技厅评为“河南省高新技术特色产业基地”；2012年4月，被河南省发改委评为“河南省战略新兴产业示范园区”。2024年，金百合生物科技股份有限公司荣获“河南省制造业单项冠军企业”。在2024年度河南省科学技术奖授奖建议项目中，汤阴县生物科技医药产业园内的多家企业及其项目上榜。其中，金百合生物的安全高效型猪发酵配合饲料产业化关键技术项目获得二等奖；功能性饲料用微生物资源综合挖掘与开发利用项目获得三等奖；安阳九头仙艾业有限公司、河南省亚临界生物技术有限公司以及汤阴县产品质量检验检测中心联合申报的北艾有效部位提取关键技术创建及药效机制应用项目获得二等奖。

5.2.3 高端装备制造产业园（企业种群）

汤阴县的高端装备制造产业园已成为产业集群中的第三个企业种群。汤阴县依托优越的区位条件、便利的交通和良好的产业基础，积极转变经济发展方式，重点支持和培育精品钢及其深加工和高端装备制造产业，加快新型工业化发展步伐，促进县域经济的转型升级。汤阴县立足于“专、精、特、新”的发展道路，瞄准高科技、高产出、低能耗及无污染行业，战略性地发展高端装备制造业，推进特钢的引进与发展，开发绿色低碳、节能环保的钢材及装备制造业，以及航空航天领域的高性能特钢材料。同时，大力发展特钢废钢回收体系等特钢配套产业。

产业园规划面积为14.89平方公里，已引进北方铁路器材有限公司（投资5亿元）、安阳安华电梯有限公司（投资4亿元）、河南德安奇人防设备有限公司（投资2.8亿元）等35家知名企业。初步形成了以亚新钢铁和北方铁路公路器材为龙头的特种钢材加工产业，以华兴机械和永祥机械为龙头的机械加工制造产业，以及以华北工程塑料、景翔耐磨和鼎元塑料为龙头的高分子工程塑料产业，形成了链条完整、配套健全、服务完善的特色产业集群。

5.3 汤阴县产业集聚区内的核心企业

本研究选择两家核心企业情况介绍如下。

5.3.1 河南永达清真食品有限公司

河南永达清真食品有限公司（以下简称“公司”）成立于2005年3月，位于汤阴县产业集聚区汤上公路与京珠高速公路交叉口东侧路南，注册资金5 000万元（原为16 159万元，于2024年9月20日减少）。公司是汤阴县本土发展起来的一家较为成熟的企业，是一家鸡肉种鸡繁育、饲料生产、商品鸡养殖、屠宰加工、熟制品生产、鸡骨素调味品生产、农产品质量安全检测、冷藏配送、商业连锁和国际贸易为一体的鸡肉产业化大型农牧清真食品企业①，员工规模3 000余人。2024年10月，公司投资人从“河南永达清真食品有限公司”变更为“河南省淇县永达食业有限公司”。公司拥有“农业产业化国家重点龙头企业”“全国食品工业百强企业”“农业产业化国家重点龙头企业”“国家扶贫龙头企业”“中国肉类食品行业五十强企业”、首批“国家农业综合开发财政投资经营试点项目企业”、中西部地区唯一一家“出口食品农产品免检企业”、国家级“农业标准化国家级肉鸡养殖示范区企业”“全国农产品加工业出口示范企业”“全国农产品加工业示范企业”“全国首批良好农业规范试点企业”“全国畜牧行业优秀龙头企业”等多项荣誉。

公司大力推进标准化建设，成立了标准化管理推进委员会；从养殖源头抓起，切实做好养殖基地的建设；与国际接轨，建立了疫病防治体系、药品监控体系和质量保障体系等食品安全保障体系；建立了从种鸡、鸡苗到毛鸡质量追溯体系、药品追溯体系和冷链运输追溯体系，实现了产品质量安全“全程控制，质量溯源”②。先后通过了HACCP、ISO 9001、ISO14001、QS及无公害农产品等国际国内产品质量保证和环境保护体系认证。公司产品出口先后实现了对马来西亚、日本、韩国和智利等国家的注册认证，有效保证了产品质量安全，公司生产的“永达”牌清真鸡肉冷冻、冰鲜、调理和熟制品等系列产品，先后荣获“中国名牌产品”“中国出口食品农产品免验产品”“中国名牌农产品”“河南出口名牌产品”等系列荣誉称号，“永达”商标被认定为“中国驰名商标”，企业技术中心是“国家认定企业技术中心”。公司产品包括各种肉类食品及速冻调理品，通过线上和线下渠道进行销售，畅销国内30个省、

---

① 河南永达清真食品有限公司.http：//www.gongdafood.net.

② 食品质量追溯：永达食业好样的！http：//blog.sina.com.cn/s/blog_4be0482c0100gaok.html.

市、自治区以及香港特别行政区，并出口到日本、南非、中东、东南亚等国家和地区。

5.3.2 河南创新药业有限公司

河南创新药业有限公司（以下简称“创新药业”）成立于2004年9月，位于汤阴县产业集聚区中兴大道，占地100亩，注册资金1亿元，是一家集中药材提取、中西药生产（以中成药为主）、销售、科研开发和中药材示范种植为一体的现代化医药生产企业。企业秉承“质量求生存，创新求发展”的经营宗旨，以“精诚做人，中药做细”为核心原则，致力于打造中国植物药第一品牌。

创新药业最初是由村干部带头筹办的村办企业，因为效益不好，交由民营企业，因为产业园集聚效应的吸引，2009年创新药业在园区筹备建设，至2012年正式入驻园区。入园后，由于政府大力支持，管委会管理较到位，可利用的公共资源较之以前更为完善，创新药业在新平台上有了较快的发展。企业拥有72个国药准字批号，27个食字保健品批号，已通过国家药品GWP认证，具有年产成药品80亿片（粒）、加工提取中药材6 000吨的生产能力，公司产品主要有片剂、丸剂、胶囊和原料药四个剂型100多个品种。创新药业建有“省级企业技术中心”“河南省特色中药材开发工程技术研究中心”“安阳市中药创新工程技术研究中心”“河南省博士后研发基地”。创新药业可承担50多个项目的检测鉴定，具有较强的科研开发能力，其生产的“金海龙”胶囊在首届和第二届中国医药博览会上两次获得金奖；“枸橼酸锌”原料药获国家新药；“夷舒康蜂胶片”荣获河南省高新技术产品。公司先后被安阳市人民政府授予“重合同守信用企业”荣誉称号，被河南省人民政府授予“农业产业化重点龙头企业”，被河南省科学技术协会授予“河南省农村科普示范基地”，被省药监局评定为“河南省医药行业前50强”，被省质监局授予“质量信得过企业”。创新药业注册的“精忠”商标，被评为“河南省著名商标”，被授予“河南省十大医药品牌”荣誉称号。

5.4 汤阴县产业集聚区发展演化路径

5.4.1 提升高附加值企业比重，以龙头企业带动集群发展

为了加速产业结构的优化升级，汤阴县产业集聚区积极实施战略转型，着重提升高附加值企业的比重，旨在通过引进并培育一批实力雄厚的龙头企业，以其为核心驱动力，全面带动整个产业集群的蓬勃发展。这一战略部署在2013年就开始实施，当年，集聚区成功签约并引进了包括投资规模高达30亿元的上海观山月医药产业园项目、总投资18亿元的宇豪食用菌生产及深加工项目，以及斥资10亿元建设的四川漾杰集团六粮非油炸方便面生产线等28个具有重大影响力的投资项目。这些项目不仅涵盖了食品产业（共计11个项目）和医药产业（5个项目）两个核心领域，还涉及了12个关键的产业配套项目，累计签约资金总额高达124.13亿元，为集聚区的未来发展注入了强大的活力与动能。经过数十年的精耕细作，这些重大项目的落地生根已显著改变了集聚区的产业格局。截至2024年底，主导产业的企业数量已攀升至127家，其中主导产业中食品企业有76家，医药企业有31家；而且有3家享誉全球的世界500强企业，8家被国家认定为农业产业化重点龙头的企业，8家省级重点龙头企业，以及16家市级重点龙头企业，这些企业的存在极大地丰富了集聚区的产业生态。主导产业在营业收入上的占比高达92.3%，充分展现了其作为经济增长核心引擎的重要地位，主导产业固定资产投资占比达到85.3%，彰显了集聚区在产业升级和基础设施建设上的巨大投入，带动了整个产业集聚区的发展。通过这一系列卓有成效的努力，汤阴县产业集聚区不仅成功实现了产业结构的优化升级，更为其长远发展奠定了坚实的基础，有力推动了整个区域的持续快速发展。

5.4.2 加强基础设施建设，实施产城互动

2010年以来，产业集聚区开工了总长150公里的62条道路和6座桥梁，2.5公里铁路专用线等基础设施建设工程，总投资达28.3亿元。城区道路建设提前10年完成了规划任务，为产业集聚区的快速发展提供了有力的交通保障。2019年，投资48.3亿元实施产业集聚区基础配套设施建设。在配套建设上，投资45亿元建设万庄国际铁路口岸；投资2.5亿元建成14.5公里铁路专用线；投资4亿元建成50万平方标准化厂房；投资3.6亿元建成11.7万平方的创业大厦和创业公寓；投资1.8亿元新建城东、城南污水处理厂；投资1.5亿元推动集聚区电网连接安阳500千伏洹安电力实现双回路；投资1.5亿元连接昆仑燃气“西气东输”主干线建成65公里供气管网①。产业集聚区内天然气工程、通讯线路等基础设施不断完善，确保了入驻企业的正常生产和运营。变电站、标准化厂房等基础设施的建成，进一步提升了产业集聚区的供电能力和生产效率。产业集聚区内严格落实三级联保企业项目兜底服务机制，建成全省第一家设在产业集聚区的企业服务中心，实现审批“一站通”；还建设了展览中心、质检中心、研发中心、培训中心、信息化中心和投融资服务中心等9大公共服务平台，为入驻企业提供全方位的服务支持。其中，质检中心是河南省首家入驻产业集聚区的质量检测机构，投融资平台融资能力达到5亿元，为企业的快速发展提供了有力的保障。2024年启动精品钢制造产业园项目，此项目的建设将有助于推动安阳市钢铁行业的整合提升和产业集聚。通过引进先进的生产设备和技术以及提升产品质量和附加值，产业园致力打造全国重要的千亿级现代钢铁生产基地。2024年投资389.7万元，启动扁鹊中医药传承保护利用项目。该项目的实施有助于保护和传承扁鹊中医药文化；促进中医药产业的发展，为当地创造更多的就业机会和税收收入；将提升汤阴县乃至安阳市的知名度和影响力。

① 安阳市商务局.汤阴县产业集聚区主导产业发展概况.2019-09-24.

5.4.3 加强品牌建设，优化集群发展环境

（1）汤阴县产业集聚区注重品牌建设，扩大集群知名度。

①集聚区成功举办了“中国（汤阴）扁鹊生物医药发展论坛”，组织承办“首届全国食品工业强县论坛”“中国汤阴（扁鹊）生物医药产业论坛”，举办了“食品安全年会‘双安双创’经验交流暨民生责任论坛”。通过此类活动，汤阴县提升了区域品牌的知名度和影响力。

②集聚区组织引导企业参加高端行业会展，通过举办产品推介会等方式，积极打造特色农产品品牌，如“北艾”获评国家地理标志，品牌的建设不仅提升了农产品的附加值，还提升了企业和产品的知名度和影响力，也促进了集聚区品牌形象的塑造，带动了整个产业的升级和发展。

③集聚区邀请中国食品工业协会到集聚区指导食品工业发展，多次组织企业参加全国性食品医药产业会展，促进园区内企业对外交流合作，着力提升汤阴县食品和医药产业在业内的地位及知名度和汤阴品牌的影响力和吸引力。集聚区利用展览交易中心、农产品技术研发中心等平台，积极推广本地企业和产品。

④集聚区通过招商引资，成功吸引了益海嘉里、中粮集团、今麦郎、嘉士利、安井食品、甘源食品和源香食品等一批国内外500强企业、央企、上市公司和行业龙头企业入驻。这些企业的入驻不仅提升了集聚区的整体品牌形象，还带动了其他企业的发展。

（2）汤阴县产业集聚区优化集群发展环境方面，取得显著成效。

①完善基础设施建设。集聚区在基础设施方面大量投入，包括建设道路、桥梁、铁路专用线、污水管网、通讯线路和天然气工程等。通过加快第二水厂扩建、第三水厂投产运行等措施，提高了供水保障能力。同时，还加快了华能热电厂的投入运行和雨污分流体系改造等工程，提升了产业集聚区的整体环境质量和承载能力。这些基础设施的完善为入驻企业提供了良好的生产和生活环境，降低了企业的运营成本。此外，

为了提升仓储物流等配套服务水平，集聚区重点推进了一系列项目建设，包括万吨级货运编组站、豫北现代物流基地、国家粮库粮食现代物流园、河南万庄农资物流产业园以及众品国际冷链物流基地等。这些项目的实施，旨在打造覆盖豫北板块、辐射中部地区的交通物流枢纽。

②提升政务服务能力。集聚区还倾力打造了展览中心、质检中心和研发中心等9大公共服务平台，以提升政务服务能力作为优化营商环境的重要发力点，持续深化“一网通办”前提下的“放管服”改革。通过精简审批事项、压缩审批周期和持续优化流程等措施，降低了企业的行政成本和时间成本，形成了高效的政务服务体系，为产业集聚区内的企业提供了便捷、高效的政务服务。

③注重产业协同发展。通过规划建设食品产业园和医药产业园，吸引了一大批关联度高、产业链长和协作性强的企业入驻。这些企业形成了紧密的产业链关系，实现了资源共享和优势互补。

④推动科技创新。集聚区积极鼓励企业加大研发投入，支持企业与高等院校、科研院所开展产学研合作。通过建立技术创新中心、实验室等平台，推动企业进行技术创新和成果转化。积极鼓励企业走产、学、研相结合的路，与科研院所联姻进行自主创新和技术革新。目前，产业集聚区内超过80%的规模以上企业组建了技术研发机构、技术创新中心和实验室等平台，推动企业进行技术创新和成果转化，并获得了多项国家级、省部级科技进步奖和专利。

⑤集聚区管委会还开展了“智慧助老”志愿服务活动，帮助老年人解决智能手机使用等问题。此类活动不仅提升了老年人的生活质量，也展示了集聚区良好的社会责任感和人文关怀精神。汤阴县集聚区这些活动不仅提升了集聚区的整体品牌形象和竞争力，还为入驻企业提供了良好的发展环境和机遇。

5.4.4 建立投融资平台，增强融资服务能力

汤阴县产业集聚区整合和优化资源配置，搭建政府投融资平台。这

些平台为产业集聚区内的企业提供了便捷、高效的投融资服务。

（1）政策引导与支持。

自2019年以来，汤阴县人民政府出台了一系列政策文件，如《汤阴县人民政府办公室关于进一步深化民营企业金融服务的意见》，以指导产业集聚区的投融资平台建设和融资服务提升。该意见提出了加强民营企业纾困帮扶、发挥债委会作用、服务对接民营企业、降低融资成本和建立大数据金融服务开放平台等多项具体措施。

（2）投融资平台建设与转型。

产业集聚区通过搭建政府投融资平台，整合优化资源配置，形成了功能强大的综合性投融资服务体系。统筹运作建投、文投和弘达等5家金融平台，筹集资金7.8亿元，为企业项目提供资金支持3.5亿元，这些平台不仅为区内企业提供了高效便捷的投融资服务，还推动了县级投融资平台公司的转型与发展。在完善国资监管和投融资服务各项制度的同时，通过国有资产重组配置的优化，实现了新旧动能的顺利转换，从而大幅提升了平台的投融资能力和服务水平。集聚区投融资平台的融资能力已达到5亿元，累计为企业项目融资2.5亿元。其中，1.5亿元的投资已用于完成15万平方米的标准化厂房建设工程，并成功引进河南万通高科技创业孵化园项目。同时，投资5.6亿元新建了15万平方米的标准化厂房和科技孵化中心，这些设施专项服务于中小企业的发展。

（3）融资方式多元化。

产业集聚区内的小微企业可以通过集合贷款的方式，共同向金融机构申请贷款。这种方式能够降低单个企业的融资门槛和融资成本，提高融资效率。产业集聚区积极引入社会资本，通过股权投资基金等方式，为产业集聚区内的企业提供更多的融资渠道。同时，与知名管理团队和机构投资者合作，开展社会资本合作，围绕民营企业融资、产业转型升级等重点领域扩大投资。鼓励和支持产业集聚区内的企业通过发行债券等方式进行融资，拓宽企业的融资渠道和融资规模。

（4）金融服务创新。

产业集聚区加强金融服务体系建设，提升金融服务的质量和效率。通过优化贷款流程、减少融资中间环节、推广循环贷款和年审制贷款等方式，降低企业的融资成本和时间成本。加强产业集聚区内企业的信用体系建设，通过建立企业信用评价机制和信用信息共享平台，提高企业的信用意识和信用水平。同时，将小微企业的信用与主要负责人的信用评价绑定在一起，加强对小微企业信贷资金的监管。

（5）加强合作与联动。

产业集聚区加强与政府、银行和企业的合作与联动，形成合力推动投融资平台的建设和发展。通过政银企合作，共同解决企业融资难题，促进产业集聚区的健康发展。加强跨部门的协作与配合，形成工作合力。通过建立金融协调机制、加强政策传导落实等方式，推动投融资平台的建设和融资服务的提升。鼓励引导新东方食品、贞德农业等36家公司在“新三板”上市挂牌。汤阴县产业集聚区因此荣获“第九届中国食品产业成长之星”称号，被评为全国优质服务园区。

5.4.5 完善领导责任制，创新服务保障体系

（1）完善领导责任制。

集聚区健全完善领导分包、局委负责制，成立以党委常务副书记为组长的领导小组，明确党委常务副书记为第一责任人，分管领导为直接责任人，形成了层次清晰、责任明确的领导体系。将各项任务和责任分解到具体部门和责任人，明确工作目标和时间节点，确保各项任务按时完成。通过定期召开会议、听取汇报和检查进度等方式，加强对各项工作的监督和考核，确保责任制的落实。促进创新药业、上海安丁和澡吉六粮方便面等35个在建项目尽快建成投产，确保新上项目建设顺利进行。建成并启用创业大厦、22万伏变电站和城南污水处理厂，启动产业集聚区第二批公租房建设，进一步完善道路、绿化亮化和污水管网等配套设施建设。

（2）创新服务保障体系。

①优化服务流程。产业集聚区在项目服务代办中实行“两不接触”“四级分包”“四化”模式。其中，“两不接触”是指项目落地后，企业办手续可不与职能部门发生接触，可不与当地群众发生接触，一切由代办员承揽办理；“四级分包”是指项目签约后，纳入县领导、分包局委、落地乡镇和代办员四重服务保障，全方位服务好企业发展；“四化”是指代办服务全程代办化、代办专业化、流程极简化和审批最优化，并实施容缺办理，最大限度减少环节，服务好项目落地。

②搭建服务平台。产业集聚区在全市率先建成“企业之家”，以“万人助万企”活动为抓手，构建政企交流平台、银企服务平台、校企对接平台、村企助农平台和企企“产供销”内循环平台五大平台，为企业提供全方位的服务支持。通过这些平台，产业集聚区能够及时了解企业的需求和困难，为企业提供政策咨询、融资支持、人才引进和市场开拓等方面的帮助。

③强化政策支持。产业集聚区制定了一系列政策措施，支持企业的发展和壮大。例如，设立专项扶持资金，对符合条件的企业给予资金补贴和税收优惠；加强知识产权保护，提高企业的创新能力和市场竞争力；推动产学研合作，促进科技成果转化和产业升级。

④加强人才保障。产业集聚区注重人才引进和培养，通过举办招聘会、开展技能培训等方式，为企业提供高素质的人才支持。同时，产业集聚区还积极与高校和科研机构合作，建立人才培养基地和实训基地，为企业培养更多的专业人才和技术工人。

总之，汤阴县产业集聚区通过完善领导责任制和创新服务保障体系，为企业的发展提供了有力的支持和保障。这些措施的实施，不仅提高了产业集聚区的整体竞争力，也促进了县域经济的持续健康发展。

5.5 案例分析启示

通过对汤阴县产业集聚区的深入研究，我们发现企业与产业集群之间的协同进化互动系统呈现出一种多层次、多维度的复杂结构。

企业与产业集群协同进化互动系统的结构框架，是一个由微观、中观与宏观三个层级构成的复杂系统（如图5-3所示）。每一层级都承载着不同的协同互动机制，共同推动着企业与产业集群的协同进化和发展。通过对这一结构框架的深入研究和理解，我们可以更好地把握企业与产业集群协同进化的规律，为制定科学合理的产业发展政策提供有力支持。

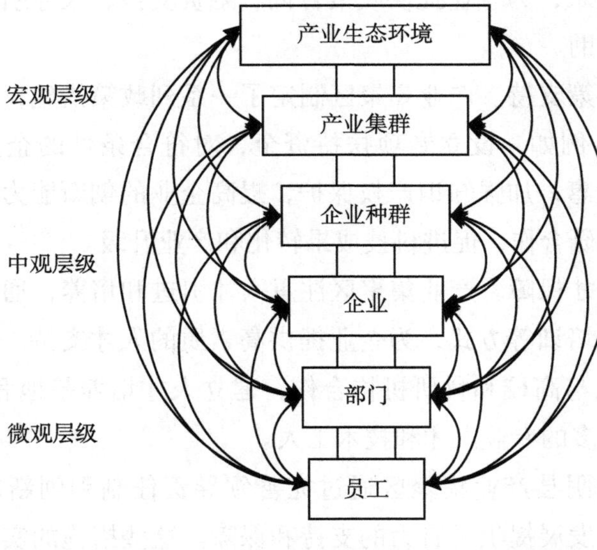

图5-3 企业、企业种群、产业集群层级之间的相互作用

5.5.1 微观层级

微观层级是协同进化互动系统的最基础层面，主要指企业内部成员之间、内部各层级之间以及其与外部环境之间的协同互动。在这一层级，从基层员工到高层管理，从生产部门到研发部门，企业内部各部门、各团队以及个体员工之间通过有效的沟通与协作，每一个环节都在不断地优化与进化，形成了强大的内部合力，以适应市场的变化和企业的战略需求，共同推动企业目标的实现。同时，企业还需密切关注外部环境的变化，包括市场需求、政策法规和技术进步等，及时调整战略方向，确保企业能够适应外部环境的变化，实现可持续发展。企业与外部环境之间的协同互动，不仅体现在对外部信息的敏锐捕捉和快速响应上，还体现在企业如何利用外部资源（如合作伙伴、供应商和客户等），来增强自身的竞争力。

5.5.2 中观层级

中观层级主要是单个企业与所在企业种群之间的协同互动。在产业集聚区内，众多企业围绕某一主导产业或相关产业链聚集，形成了特定的企业种群。单个企业与企业种群之间的协同互动，主要体现在资源共享与分配、技术交流与创新和市场开拓等方面，共同推动着企业种群的演化。企业种群内部的企业，通过共享基础设施、技术平台和市场信息等资源，可以降低运营成本，提高生产效率，而且通过相互学习与借鉴，不断提升自身的竞争力。企业间的技术合作和协同创新，有助于推动整个产业的技术进步和产业升级。同时，企业种群内的企业还可以通过联合营销、品牌共建等方式，共同开拓国内外市场，提升整个产业集群的知名度和影响力。此外，它们也通过与外部环境的互动，不断调整自身的战略方向，以适应市场的变化。

5.5.3 宏观层级

宏观层级是企业与产业集群协同进化互动系统的最高层级，主要关注企业种群与产业集群相互之间的协同互动。在这一层级，企业种群作为产业集群的基本单元，通过相互竞争、相互合作的方式，共同推动产业集群的发展。企业种群间的协同互动，不仅体现在产业链上下游的紧密衔接和协同发展上，还体现在不同企业种群间的跨界融合和创新合作上。产业集群作为一个复杂的系统，其内部各组成部分之间的相互作用与反馈机制，推动着整个系统向更高层次的有序状态演化。这种演化不仅体现在产业集群的规模扩张、技术创新和品牌提升等方面，更体现在产业集群内部企业间、企业与相关机构间的有效联结与互动上。通过构建完善的产业生态体系，产业集群能够形成强大的产业集聚效应和协同创新效应，推动整个区域经济的转型升级和高质量发展。产业集群的兴起与衰落，不仅受到企业内部演化的影响，更受到外部宏观经济环境、政策导向和市场需求等多方面的制约与引导。这种宏观层面的演化，对微观层面的企业演化产生了深远的影响。

企业与产业集群协同进化过程中呈现出企业员工、企业部门、企业、企业种群和产业集群（群落）等嵌套式的层级结构（如图5-4所示），这些不同层次的演化交互嵌套、彼此渗透，形成了难以截然划分的复杂系统。企业内部层级、企业、企业种群和产业集群内部和层级之间在一些特定方面都存在着相互协作、相互依存、相互适应和相互影响，都处于不断地进化之中，多个微观行为主体的自身进化常常相互影响与促进，形成一个相互作用的正反馈循环互动系统，会产生宏观上的效果，推动系统向更高一个层次演化，最终导致产业集群系统不断向前发展，走向更高级的有序状态。同时宏观层面的演化也会对微观层面的演化产生影响，产业集群能力的提高，会促进产业集群系统内企业间以及同其他相关机构之间有效地适度联结，达到互动、合作、竞争和共生，促进资源的使用效率，使得企业等微观主体系统的自组织能力和有序性得到提高，从而保证了集群生态系统的协调稳定性。企业与产业集群是微观、中观和宏观三个层级相互适应、相互依存和相互作用的协同进化过程，当各层级之间多重交叉、互联互通产生协同互动效应时，才能实现企业和产业集群整体意义上的可持续发展。

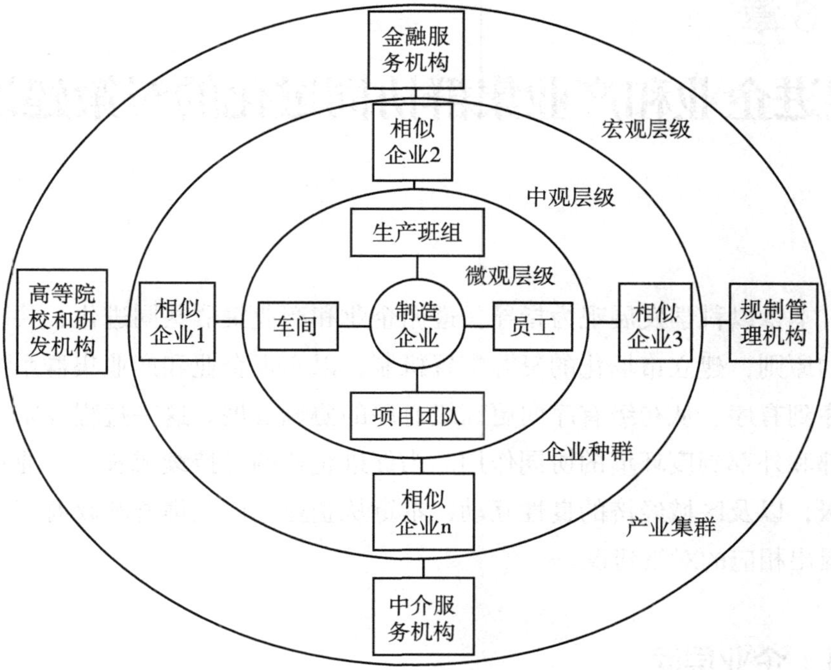

图5-4 企业、企业种群和产业集群层级结构

第6章 促进企业和产业集群协同进化的对策建议

本章以科学发展观为指导，遵循企业和产业集群共同进化、共同繁荣的原则，建立市场化的资源配置机制，以实现企业和产业集群系统从无序到有序、从初级有序向更高级有序的协调发展。这一过程要求集群内部和外部制度环境的协同作用。为促进企业的可持续成长、产业集群升级，以及区域经济的良性互动，本章从企业、产业集群和政府三个层面提出相应的对策建议。

6.1 企业层面

6.1.1 提升企业技术创新能力

集群内企业要充分利用产业集群技术溢出效应，大力引进与培养研发机构、具有前瞻视野的企业家、高技能人才、尖端技术、前沿知识以及高质量教育体系等专业要素和高级要素，与顶尖的研究机构和高等院校建立深度合作关系，共同搭建产学研一体化的合作平台或产业技术创新联盟。通过这些平台，企业能够更有效地引进高校和研究机构的前沿科研成果，快速将其转化为实际生产力，从而显著增强企业产品的市场竞争力。同时，借助高校和研究机构丰富的人才资源，企业可以大幅提升自身的研发能力，促进企业技术创新。以产学研的合作不断深化为基础，促进企业研发能力的迭代升级，从而提升企业的技术资源，使产业集群走向产品价值链的高端，加速科技成果的产业化进程，促进科技与经济的深度融合。积极建设基于人工智能和互联网的高效的信息共享、技术咨询和成果转化等涵盖多个方面的社会化科技性服务体系。建立高水平的技术创新平台，吸引更多知名的优秀企业入驻，促进产业链的延伸和产业核心竞争力的提高。使产业集群从传统的成本型转向适应科技发展趋势的创新型。

6.1.2　加大企业研发经费的投入

企业的创新能力来源于企业研发经费的持续且增量性的投入。企业要不断加大创新投资力度，将更多的资源倾斜于研发领域，确保技术创新活动拥有充足的资金支持。企业应积极寻求与科研院所和高等院校的深度合作，共同成立产业研发中心。这些中心将成为连接学术界与产业界的桥梁，促进理论知识与实践应用的紧密结合。通过整合双方的资源和技术优势，共同攻克行业技术难题，推动产业技术的升级换代。企业还需不断完善产学研内部的利益分配机制，确保各方在合作过程中能够公平合理地分享创新成果带来的收益。鼓励技术人员参与企业经营，通过技术入股的方式，吸引更多的技术人才加入，增强企业与科研院所、高等院校之间的合作黏性。在政府的大力支持与引导下，企业应加强对共性技术、关键技术的研究与攻关，通过集中力量突破，企业不仅能够抢占技术制高点，还能在激烈的市场竞争中占据有利地位。此外，企业还可以通过战略联盟、技术合作等方式，与其他企业或机构共同开展创新活动。这种合作不仅能够实现资源共享和优势互补，还能降低创新风险，提高创新效率。

6.1.3　建立利益共享的合作竞争关系

集群内企业间的交流与合作不仅促进了交易机制的公信力建设，还构建了资源共享、合作紧密及信息传播的高效机制。这些机制确保了企业间信息的畅通无阻，使得在技术开发、产品设计、市场营销、技术培训、金融服务和出口与分配等多个维度上，能够实现全方位、多层次的高效互动与合作。这种合作不仅促进了企业间的知识外溢和非正式学习，还催生了积极的合作竞争关系，推动了信息共享、观念交流、利益共赢和资源高效利用。从而企业的创新能力和市场应变能力得到了显著提升，增强了面对外部环境变化时的抗风险能力。集群内企业竞争双方，通过规模经济效应、外部效益、精细分工和专业化协作等途径，共同降低了交易成本，提高了工作效率，推动了技术的联合研发与创新条件的优化，促使竞争双方对共享资源在时间和空间上进行更为合理的配置与划分，实现了资源的高效整合与利用，从而实现利益共享的合作竞争。

6.1.4 核心企业要提升集群内配套企业的能力

产业集群内上下游企业之间存在较大的依附性，这种关系如同生态系统中的食物链，环环相扣，彼此依存。配套企业作为产业链中的重要一环，对核心企业的发展起着不可或缺的促进和推动作用。核心企业在不断提升自身竞争力的同时，也必须高度重视并致力于提升配套企业的能力，形成协同发展的良好态势。核心企业应积极引领配套企业的技术进步，通过提供扶持培养、技术支持等方式，帮助配套企业提升生产能力和技术水平。如果配套企业的技术水平无法满足核心企业的需求，就会对核心企业的发展构成严重制约。一方面，技术水平的不足可能导致产品质量不达标，影响核心企业的市场声誉和品牌形象；另一方面，为了满足更高的技术要求，核心企业可能需要付出额外的成本，如采购更昂贵的原材料、进行更复杂的生产工艺等，这将直接增加核心企业的运营成本。因此，核心企业与配套企业应建立长期稳定的合作关系，共同致力于技术进步和产业升级，以实现双方的共同发展和共同进步。

6.2 产业集群层面

6.2.1 加强产业集群自主创新

产业集群的本质在于集成资源与创新驱动。集成资源，意味着将各类生产要素、技术资源和市场信息等进行高效整合，形成规模效应和协同效应；而创新驱动，则是维持产业集群乃至整个国家持续、健康发展的根本源泉和核心竞争力所在。特别是在近年来，随着人工智能、区块链级互联网技术的迅猛发展和广泛应用，一系列新兴产业如雨后春笋般涌现，这不仅极大地丰富了产业生态，也进一步凸显了自主创新在推动产业集群转型升级中的极端重要性。无论是传统行业产业集群，还是依托于前沿科技的高科技领域产业集群，都必须实行创新驱动发展，加速实现产业升级和技术革新，通过持续的自主创新，向全球价值链高端产业移动。这样，才能摆脱对国外先进技术的依赖甚至限制，提高企业自有知识产权产品比例，逐步降低对外部技术和市场的依赖，稳步提高产业的核心竞争能力，保证产业集群的长盛不衰。以安阳市内黄县产业集聚区为例，该区域围绕“中原瓷都”的定位，紧密跟踪国际国内陶瓷产业的最新发展动态，积极引进和应用3D喷墨打印、微晶、全抛釉陶瓷等高端产品和技术，成功实现了从生产中低档陶瓷产品向高档、精品陶瓷的转变。这一转型不仅提升了产品的附加值和市场竞争力，也为整个产业集群的持续发展注入了新的活力和动力。

6.2.2　建立健全产业集群发展的支撑体系

产业集群的支撑体系是一个全方位、多层次的外延系统，旨在为产业集群提供必要的技术支持、资金保障、先进管理、优秀人才及全面服务。这一体系包括科研院所、金融机构、风险投资公司、规划管理机构以及各类中介服务机构等，它们共同构成了产业集群升级和持续发展的坚实后盾。建立健全产业集群发展支撑体系，需要采取一系列有力措施。首先，需要大力建设产业集群的公共服务平台，包括但不限于网络信息服务系统、市场开拓咨询服务、金融服务、技术咨询服务以及创新创业服务等关键公共平台。这些平台将为企业提供便捷的信息获取渠道、广阔的市场拓展空间、充足的资金支持、专业的技术咨询以及充满活力的创新创业环境。其次，强化技术培训平台的建设，为集群内的企业和人才提供持续的知识更新、管理提升和技术创新支持。这将有助于提升整个产业集群的竞争力，推动其向更高层次发展。最后，完善区域诚信体系，建立企业信用制度，鼓励金融机构对中小企业信用贷款等等，营造公平、公正、透明的市场环境，促进产业集群的健康发展。以安阳市产业集聚区为例，该区域在主城区与产业集群区接合部，通过优化市政服务设施布局，将产业集聚区的金融网点、公交线路、物流网点和超市商场等与主城区紧密衔接，从而满足了产业集聚区内就业人员的基本生活需求。这一举措不仅有助于农村转移人口在城镇实现稳定就业、拥有固定住所，还能让他们享受到基本的公共服务设施。同时，根据产业集聚区发展的实际需求，安阳市还不断调整市区公交路线布局，全方位服务产业集聚区的发展。安阳市已为产业集聚区新开通公交路线36条，设立金融服务网点37个，建立物流服务网点25家，这些措施极大地提升了产业集聚区的吸引力和竞争力。

6.2.3 利用区域比较优势发展特色产业集群

区域的核心竞争力主要体现在大量相关企业在特定空间内聚集所形成的本地化、差异化且难以复制的具有鲜明地方特色的产业集群上。这些产业集群不仅是区域经济活力的源泉，更是推动区域持续发展和提升国际竞争力的关键所在。因此，要提升产业集群的整体发展水平与核心竞争力，就要发挥企业的比较优势，着力培育具有地方特色的优势产业集群。地方特色资源不仅仅局限于当地独有的特殊矿产资源、农产品等物质资源，更涵盖了深厚的历史传承、丰富的文化遗产、得天独厚的地理优势以及独特的民俗风情等广泛的社会资源。这些资源共同构成了区域发展的独特底蕴，为产业集群的差异化发展提供了无限可能。围绕区域的特色资源，精心规划产业布局，以特色资源为依托，发展特色产业；同时，充分利用特色文化资源，激发产业集群的创新活力与文化内涵，使产业集群在传承与创新中焕发出新的生机。通过强化区域专业市场与特色产业的配套服务，不仅可以进一步巩固和放大区域的比较优势，还能让特色文化成为产业集群的独特标识，增强其在全球产业链中的辨识度和影响力。以汤阴县产业集聚区为例，该区域充分发挥农业资源丰富的优势，因地制宜，精准定位小麦和大豆加工为主导产业，通过科技引领和产业链延伸，成功培育出超百亿级的绿色健康食品产业集群，并在此基础上进一步拓展至医药领域，形成了食品和医药双轮驱动的特色产业集群。汤阴县产业集聚区不仅实现了产业的专业化和规模化，更在全球食品和医药产业领域内树立了独特的品牌形象，显著提升了产业集群的知名度和竞争力，为区域经济的高质量发展注入了强劲动力。

6.2.4 保持产业集群的适度规模

产业集群的集聚效应受产业集群规模的影响，因此，要保持产业集群的适度规模，以保证集群持续稳定发展的活力。对于自组织形成的产业集群，当集群规模超过一定限度时，通过技术创新、政府干预、政府调控和政策驱动，创造条件维持企业在技术、产品和市场等方面的动态多样性，利用“虚拟生态位”和区块链、大数据技术等构建知识共享平台、技术转移网络等方式，丰富集群内的知识生态资源，扩大技术和管理理念的梯度转移效果。这不仅可以提高集群内企业的专业化协作水平，减少过度竞争带来的负面影响，还能有效改善生存竞争环境，实现生态位的差异化发展，降低集群内生态位的重叠度。政府还可以引导部分非核心或冗余企业迁出，确保产业集群主体定位不受影响，达到有效地适度控制产业集群规模。对于各类工业园区，在集群形成之前，政府更应做好充分的市场调查和合理规划，明确园区的功能定位和发展方向，合理控制园区的规模，以避免盲目扩张带来的资源浪费和效率低下，确保集群能够高效、持续地推动区域经济发展。

6.3 政府层面

6.3.1 着力培育核心企业

核心企业在产业集群的生态演进中是不可或缺的系统动力，它具有主导性、衍生性和偶然性，这些核心企业以其强大的影响力和创新能力，引领着整个产业集群的发展方向。政府要采取支持性措施着力培植集群区的生态关联度、协作性和植根性，营造有利于核心企业生成和发展的环境，通过为核心企业提供必要的政策扶持、资金支持、人才引进和资源配置，强化核心企业的生态衍生功能。促进核心企业的生成与作用发挥，增强核心企业创新主体的引领与示范作用，有意识地选择、扩大、重构、维持核心企业战略网络，促进技术扩散，为核心企业提供技术配套、产品配套和服务配套，帮助它们实现技术的快速应用和市场的有效拓展，从而带动整个产业集群的均衡发展。以安阳市为例，该市政府制定了《关于加快工业主导产业培育计划的指导意见》，明确提出实施"4+3"主导产业发展行动计划。着力改造冶金建材、装备制造、食品医药和煤化工4大主导产业，培育壮大电子信息、纺织服装和新能源3大基础优势产业，打造4个主营业务收入超千亿元的主导产业和3个超500亿元的产业集群。通过优化规划布局，推动各集群区按照主导产业定位，广泛开展招商引资，承接产业转移，直接引进重点核心企业。这些核心企业的入驻，不仅带来了先进的技术和管理经验，还带动了一批配套企业的入驻，形成了完整的产业链和生态圈。此外，安阳市还注重提升产业集群的根植性，通过加强与本地企业的合作与交流，推动产业集群与本地经济的深度融合。

6.3.2　强化政府在产业生态调整中的主导作用

实现企业与产业集群的协同进化，需要集群内部和外部制度环境的共同作用。内部治理可以借助行业协会或企业联盟以及第三方机构推行集群企业共同认可的制度规范来实现。外部治理则更多地依赖于政府的政策引导和调控。政府应制定投资导向政策和资源利用法规等激励措施，为集群内的企业提供公平、公正的交易环境，同时建立区域诚信体系，提升整个集群的信誉度。鼓励集群内企业在区域外发展分支与合作机构，引导企业开展经营与技术合作。政府应该通过积极颁布集聚区产业发展规划，对企业间差异化发展进行引导，引导企业根据市场需要开发新产品，引导企业在所在产业链各环节的合理布局，疏通集聚区内流通链与价值链，吸引核心企业入驻集聚区，形成良好的产业生态。集群所属地方政府应适度地、科学地进行行政引导和调控干预，抑制企业间的生态位交叉重叠带来的恶性竞争，引导产业集群建立一个有利于发展和竞争的内部环境，并倾向于催生若干个核心企业产生，从而引导核心企业间展开适度竞争，这样可以打破单个核心企业在市场上的垄断局面，更有利于产业集群内部的知识扩散，使企业在竞争中发展壮大，从而使核心企业真正拉动整个集群的繁荣发展。

6.3.3　发挥政府对知识的引导力

在产业集群这一复杂而充满活力的经济生态系统中，政府的知识引导力是驱动集群持续发展与创新的关键因素。一方面，面对国内外经济环境的瞬息万变，政府首先需要具备高度的前瞻性和战略眼光，紧密跟踪全球经济趋势与行业动态，深入研究国内外市场的细微变化，从而科学合理地制定产业集群的中长期发展规划。这一发展规划凝聚集群企业共识、形成共同发展愿景。政府应鼓励企业之间建立紧密的合作关系，通过搭建孵化器、加速器和技术研发中心等创新载体和平台，促进知识、技术和人才的流动与共享，引导集群内的知识创新与产业升级，避免企业在新的环境条件下陷入依赖于已有知识和经验的创新陷阱。另一方面，对知识产权的保护，政府应扮演起规则的制定者与执行者的双重角色，建立健全知识产权保护体系，明确界定知识产权的权属与利益分配机制，严厉打击侵犯知识产权的行为。对于那些利用不正当手段如散布虚假信息损害竞争对手商誉、恶意垄断原材料供应和同类产品恶意降价等扰乱市场秩序的行为，政府需及时采取法律或经济手段进行调控，坚决予以制止，甚至实施经济惩罚与行政问责，以此营造公平、透明和有序的竞争环境。鼓励和支持集群企业加大研发投入，推动技术创新，逐步建立起具有自主知识产权的产品体系，实现从“制造”向“智造”的跨越，真正走出低水平恶性竞争的泥潭。同时，识别企业发展中的瓶颈问题，积极努力解决这些难题，主动为企业提供服务，以增强产业集群的发展保障。如安阳市在推动产业集聚区建设的过程中，规划、金融、土地、供电和环保等部门紧密配合，形成了强大的服务合力，为企业发展提供了强有力的支撑。在土地保障方面，安阳市遵循“有保有压、确定重点”的原则，优先保障产业集聚区的用地需求，通过统筹规划与科学调配，确保每个产业集聚区都能获得不少于300亩的用地计划指标，为企业的落地生根、发展壮大提供了坚实的物质基础。更为灵活的是，对于产业集聚区内已列入规划的项目，安阳市还实行了分批次用地报批政策，打破了传统批次限制，大大提高了土地供应的灵活性和效率，为产业集聚区的快速发展注入了强劲动力。

6.3.4 通过政策引导与扶持实现产业集群升级

产业集群的升级与结构调整，政府的主管部门肩负着不可推卸的责任，必须在政府规划、政策引导与扶持方面发挥关键性作用。产业集群的产业提升和结构调整离不开外企与外资的加盟，政府应充分认识到外资在促进产业集群转型升级中的独特价值，通过设计与实施税收减免、土地使用优惠、融资便利等一系列优惠政策，为外资企业入驻创造良好的营商环境。通过精心筛选和引进具有先进技术和管理经验的外资企业，政府可以引导它们与本土企业建立紧密的合作关系，共同开展技术研发、人才培养和市场开拓等活动，实现互利共赢。外资企业的加盟，不仅能为产业集群带来新的资金和技术，还能通过技术外溢、知识外溢、人才外溢和管理外溢等效应，为集群内的本土企业提供宝贵的学习机会和成长空间。通过这一系列外溢效应，产业集群的整体技术水平、人才素质和生产管理工艺均能实现质的飞跃，内部行业知识体系得以丰富，外部市场技术与信息的获取能力显著增强。随着外资企业的深入参与，产业集群将有望进入全球高端价值链体系，这不仅意味着产品品质的换代升级，更包括工艺流程的优化升级、跨产业的融合升级以及产业功能的全面升级。产品品质的升级将提升集群内产品的附加值和市场竞争力；工艺流程的优化将提高生产效率和资源利用率；跨产业的融合升级将促进产业链上下游的紧密协作和协同发展；产业功能的升级则将推动产业集群从单一的生产加工向研发设计、品牌营销等高端环节延伸，形成更加完整的产业生态体系。最终，通过政府的科学规划和政策引导，以及外企与外资的积极参与，产业集群将实现市场竞争力的全面升级，成为推动地方乃至国家经济高质量发展的强大引擎。这不仅能够提升产业集群在全球产业链中的地位和影响力，还将为集群内的企业带来更加广阔的发展空间和更加丰厚的经济回报。值得注意的是，产业升级并非一蹴而就，而是一个持续演进的过程。政府在此过程中应扮演好“引导者”和“服务者”的角色，既要确保政策的连续性和稳定性，又要根据产业发展实际情况适时调整优化政策组合，形成有利于产业升级和结构调整的良好政策环境。同时，还需加强与国际市场的对接与合作，拓宽国际视野，为产业集群的开放发展和国际化进程提供有力支撑。

6.3.5　大力扶持地方行业协会的建设与发展

在推动地方经济发展的过程中，地方行业协会作为政府与企业之间的桥梁和纽带，扮演着至关重要的角色。一方面，政府应当为地方行业协会提供必要的政策支持和资金扶持，协助其建立健全组织架构和运行机制，确保协会能够稳定、有序地开展工作。通过政策引导和资金支持，政府可以鼓励更多的企业和专家加入行业协会，提升协会的专业水平和影响力。另一方面，政府要充分发挥行业协会在人才引进、技术咨询与培训、技术服务、信息提供、行业自律以及行业交流平台等方面的优势。（1）行业协会可以通过举办招聘会、人才交流会等活动，吸引更多的优秀人才加入本地企业，为地方经济发展注入新的活力。（2）行业协会可以邀请行业专家和企业代表进行技术讲座和研讨会，分享最新的技术成果和行业经验。通过技术培训和技术服务，协会可以帮助企业解决技术难题，提升企业的技术水平和创新能力。（3）行业协会还可以通过建立信息共享平台，为企业提供产品信息、资源信息等重要资讯。这些信息不仅有助于企业了解市场动态和行业趋势，还能够为企业制定更加科学合理的经营策略提供有力支持。（4）行业协会可以制定行业规范和标准，引导企业遵守法律法规和职业道德，维护良好的市场秩序。同时，协会还可以建立投诉和调解机制，及时处理企业之间的纠纷和矛盾，保障企业的合法权益。（5）行业协会还可以搭建行业交流平台，为企业提供一个展示自身实力、拓展市场渠道和扩大知名度的机会。通过组织行业展览、商务洽谈等活动，行业协会可以促进企业之间的交流与合作，推动产业链上下游的协同发展。总之，通过政府与行业协会的共同努力，为企业提供更加全面、专业的服务支持，帮助企业改善产品质量、优化经营策略、拓展市场渠道和扩大知名度，为地方经济的持续健康发展贡献力量。

参考文献

白孝忠，廖良美. 创新型产业集群绩效评价体系构建研究. 现代商贸工业，2015，(10)：7–8.

蔡彬清，陈国宏. 链式产业集群网络关系、组织学习与创新绩效研究. 研究与发展管理，2013，(4)：126–133.

陈国权. 复杂变化环境下人的学习能力：概念、模型、测量及影响. 中国管理科学，2008，16(1)：147–157.

陈红涛. 企业家精神、动态能力与组织绩效关系研究（硕士论文）. 浙江理工大学，2013.

陈怀超，侯佳雯，艾迪欧. 制度支持对集群企业创新绩效的影响研究——文化相似性的调节作用和技术能力的中介作用. 中央财经大学学报，2020，(11)：99–110.

陈伟丽，王雪原. 产业集群网络结构与创新资源配置效率关系分析. 科技与管理，2009，11(3)：63–66.

陈学光. 网络能力、创新网络及创新绩效关系研究——以浙江高新技术企业为例（D/OL）. 浙江大学，2007.

程李梅，王哲. 产业链内核心企业价值评价研究. 中国科技论坛，2011，(4)：67–73.

丁彬，张晶晶，杨保军. 网络嵌入、技术创新能力与企业成长绩效研究——基于吸收能力视角. 商业会计，2022，(19)：22–28.

丁明磊，刘秉镰. 基于复杂系统观的区域物流协同创新与演化. 科技管理研究，2010，30(4)：176–178.

董莹. 吉林省中小企业成长相关要素实证研究（硕士论文）. 吉林大学，2013.

窦红宾，王正斌. 产业集群内社会网络对知识资源获取的影响——

基于西安光电子产业集群的实证研究. 中国科技论坛, 2011, (5): 43–49.

窦红宾, 王正斌. 网络结构、知识资源获取对企业成长绩效的影响——以西安光电子产业集群为例. 研究与发展管理, 2012, 24 (1): 44–51.

杜晶晶, 胡美琳, 郝喜玲, 王涛. 借势生财还是深度共创? 创业生态系统中新创企业成长绩效组态研究. 科技进步与对称, 2024, 41 (22): 109–118.

杜慕群. IT制造业企业核心能力的实证研究. 南方经济, 2004, (7): 39–41, 6.

方永恒, 李文静. 文化产业集群的社会网络嵌入性研究. 科技管理研究, 2013, 3 (3): 171–174.

方永恒. 区域产业集群绩效评价研究——以陕西装备制造业集群为例. 科技管理研究, 2010, (12): 169–171.

冯军政. 环境动荡性、动态能力对企业不连续创新的影响作用研究(博士论文). 浙江大学, 2012.

冯文娜. 网络能力、网络机构对企业成长的影响——以济南中小软件企业为例. 中央财经大学学报, 2010, (8): 59–63.

傅首清. 区域创新网络与科技产业生态环境互动机制研究——以中关村海淀科技园区为例. 管理世界, 2010, (6): 8–13, 27.

高晶, 赵春江, 关涛. 基于协同效应的企业集团竞争战略研究. 学术交流, 2007, (10): 90–92.

高宇, 高山行, 沈灏. 合作方技术获取对企业绩效的作用机制研究. 科研管理, 2011, 32 (9): 108–116.

葛宝山, 董保宝. 动态环境下创业者管理才能对新创企业资源获取的影响研究. 研究与发展管理, 2009, (4): 20–27.

谷盟, 张晓洁, 王栋晗. 创业团队行业经验异质性、治理模式与创业企业成长绩效关系研究. 科技进步与对策, 2021, 38 (6): 11–19.

郭永辉．产业集群创新的知识产权治理研究．技术经济与管理研究，2013，（8）：35-40．

郭元源，池仁勇，段姗．科技中介功能、网络位置与产业集群绩效——基于浙江省典型产业集群的实证研究．科学学研究，2014，6（32）：841-851．

韩玉刚，金娇，叶雷．产业链治理、区域文化与集群绩效——以宁国市汽车零部件产业集群为例．经济地理，2021，41（4）：93-99．

何小兰．基于集群知识网络的集群企业成长研究（博士论文）．江西财经大学，2014．

何毅．互联网企业成长的关键影响因素研究——以B2C电商企业为例．现代管理科学，2015，（4）：39-41．

贺正楚，李玉洁，白明君，潘为华．核心企业对数智化创新生态系统的构建——华为汽车的案例．财经理论与实践，2024，45（4）：100-108．

黄林，朱芳阳．基于交互作用视角下的集群企业双重网络、网络能力与集群企业升级研究．经济体制改革，2018，（4）：108-115．

简真强．产业集群内创业社会网络对创业企业成长的影响研究（博士论文）．武汉大学，2013．

姜照君，吴志斌，张苏缘．多重网络嵌入对集群文化企业创新能力的影响——基于国家级广告产业园的实证分析．江西社会科学，2019，39（6）：72-81．

蒋军锋，王宇佩．企业与技术视角下的技术创新网络．管理学报，2015，12（10）：1511-1518．

杰弗里·菲佛，杰勒尔德·R．萨兰基克．组织的外部控制——对组织资源依赖的分析．东方出版社，2006．

解雪梅，左蕾蕾．企业协同创新网络特征与创新绩效：基于知识吸收能力的中介效应研究．南开管理评论，2013，16（3）：47-56．

康健．集群企业双重关系嵌入、动态能力及创新绩效关系研究（博士论文）. 浙江工商大学，2015.

赖红波，吴泗宗，王建玲. 产业集群的自我否定与跨网络学习——以浙江温州低压电器产业集群为例. 华东经济管理，2011，（2）：13–20.

李爱玲，冯佺光. 网络零售企业成长路径依赖影响因素与突破途径——基于企业生命周期理论视角. 商业经济研究，2018，（19）：72–75.

李彬，杨圣勤. 社会网络中心性对产业集群内信息资源传递的影响分析. 对外经贸，2014，（7）：56–57.

李玲，党兴华. 基于权力依赖的技术创新网络核心企业的识别研究. 软科学，2009，23（5）：72–76.

李维安，李勇建，石丹. 供应链治理理论研究：概念、内涵与规范性分析框架. 南开管理评论，2016，19（1）：4–15.

李武威，刘洋豪. CEO开放性、动态能力与创业企业成长绩效. 财会月刊，2024，45（8）：42–49.

李延喜，巴雪冰，薛光. 企业成长性综合评价方法的实证研究. 大连理工大学学报（社会科学版），2006，27（3）：1–6.

梁嘉骅，李常洪，宫丽华. 现代企业危机的本质. 中国软科学，2004，（9）：67–69.

梁林，刘兵. 科技型中小企业如何在恰当时间获得匹配人才？——基于"聚集+培育"双轮驱动视角. 科学学与科学技术管理，2015，36（7）：167–180.

凌婧. 基于平衡计分卡模型的我国汽车产业集群绩效评价研究. 企业论坛，2015，（211）：124–125.

刘军. 管理研究方法原理与应用. 中国人民大学出版社，2008.

刘燕，胡晓真，于桂兰. 组织内社会网络中心性对工作绩效的影响机理研究. 统计与决策，2013，（8）：86–89.

刘友金，李彬，刘天琦. 产业集群式转移行为的实证研究. 中国软科学，2015，（4）：131–141.

刘媛华．感知反应视角下的企业集群创新系统动态探析．企业经济，2011，（11）：121–123．

陆鹏飞，贺红权．工业产业集群品牌生态系统协同机理及运行机制研究．工业技术经济，2016，35（11）：102–108．

栾春娟．网络中心性指标在技术测度中的应用．科技进步与对策，2013，（3）：16–19．

罗利华，高小惠．知识资本视域下瞪羚企业成长力评价与影响因素研究．科技管理研究，2021，41（12）：49–56．

骆建艳，丁颖．论集群品牌的建设与运作：以嵊州领带为例．特区经济，2007，（1）：268–269．

马庆国．管理统计：数据获取、统计原理与工具与应用研究．科学出版社，2002．

马小雅．基于商业模式的中小物流企业成长影响因素研究（博士论文）．云南大学，2018．

毛才盛．基于DEA方法的服务外包产业集群创新绩效评价研究．科技管理研究，2013，（11）：69–73．

毛斯丽，肖明，李格．供应链关系与企业数字化转型——基于动机与能力双重视角的分析．经济与管理研究，2024，45（2）：98–124．

毛雁征．技术创新战略联盟核心企业领导力对联盟绩效影响研究（硕士论文）．西安电子科技大学，2012．

慕静，韩文秀，李全生．基于主成分分析法的中小企业成长性评价模型及其应用．系统工程理论方法应用，2005，14（4）：369–371．

裴政，罗守贵．人力资本要素与企业创新绩效——基于上海科技企业的实证研究．研究与发展管理，2020，32（4）：136–148．

彭新敏．企业网络对技术创新绩效的作用机制研究：利用性—探索性学习的中介效应（博士论文）．浙江大学，2009．

丘海雄，徐建牛．产业集群技术创新中的地方政府行为．管理世界，2004，（10）：36–45．

屈燕妮，孙晓光．新创企业成长要素分析及启示．商业时代，2012，（4）：76–77．

申军强．网络嵌入性与物流企业成长绩效的关系——基于吸收能力的中介作用．商业经济研究，2021，（22）：113–116．

宋华，张松波．服务化战略对关系资本、关系绩效的影响机制研究——来自中国工业企业的实证．当代财经，2013，（4）：73–84．

宋克勤，刘国强．高科技创业企业成长要素与战略选择研究．技术经济与管理研究，2012，（12）：35–40．

宋竹芳．就会资本对中小旅游企业转型升级及成长绩效的影响研究（博士论文）．西北大学，2019．

孙冰，徐晓菲，苏晓．技术扩散主路径及核心企业的识别研究——以手机芯片专利引文网络为例．情报学报，2019，38（2）：201–208．

孙丽辉．区域品牌形成与效应机理研究．人民出版社，2010．

田卫东．区域优势产业集群发展中政府作用的评价研究（博士论文）．天津大学，2010．

王程．基于核心企业的产业集群演化机理分析．当代经济科学，2005，（6）：102–103．

王达明．知识员工激励机制对人力资本贬值的影响研究：基于员工学习和胜任素质的视角（硕士论文）．华东理工大学，2014．

王慧灵，朱亚莉．我国中小企业品牌建设存在的问题及解决对策．企业经济，2011，（1）：69–72．

王缉慈．创新的空间—企业集群与区域发展．北京大学出版社，2001．

王坤．企业企业股权投资对成长绩效的影响．管理科学，2021，34（2）：30–43．

王生年，赵爽．社会信任、供应商关系与企业创新．中南财经政法大学学报，2020，（6）：25–34．

王晓辉．企业社会资本、动态能力对企业成长影响研究（博士论文）. 辽宁大学，2013.

王晓娟．知识网络与集群竞争优势研究（博士论文）. 浙江大学，2007.

王晓娟．知识网络与集群企业创新绩效——浙江黄岩模具产业集群的实证研究．科学学研究，2008，26（4）：874–867.

王晓明，邱瑶，张均强．网络外部性、能力组合配置与互联网企业成长绩效．电子科技大学学报（社科版），2022，24（4）：10–17.

王彦勇，苏奕婷．企业家对中小型科技企业成长的影响评价比较研究．山东社会科学，2013，（8）：182–187.

王志亮，贾宇虹．社会资本、企业能力对产业集群竞争力的影响研究——以内蒙古资源型产业集群为例．南京财经大学学报，2019，（5）：66–74.

魏华飞，尹兴科．我国中小企业成长诸要素集成关系研究．科技管理研究，2013，（16）：228–232.

邬爱其，贾生华．企业成长机制理论研究综述．科研管理，2007，（2）：53–58 .

邬爱其，魏江．集群企业成功创新的网络模式及其动态匹配：浙江省的实证考察．中大管理研究，2007，2（4）：73–92.

邬爱其．集群企业网络化成长机制研究——对浙江三个产业集群的实证研究（博士论文）. 浙江大学，2004.

邬爱其．企业创新网络构建与演进的影响因素实证分析．科学学研究，2006，24（1）：141–149.

吴保林，龙海军．成长期企业成长：影响因素、成长路径与未来展望．财会月刊，2023，44（19）：143–152.

吴波，杨菊萍．区域龙头企业的知识溢出与本地中小企业成长——基于浙江省三个产业集群中小企业调查的实证研究，科学学研究，2008，（2）：134–140.

吴荻．社会网络视角下产业集群关系主体的互动机制研究．湖北社会科学，2013，3（4）：85–87.

吴家曦．中小企业成长影响因素研究——以浙江为例．浙江社会科学，2015，（11）：145–151，155，161.

吴俊杰，盛亚．网络强度、网络开放度对产业集群绩效的影响机制研究——以浙江产业集群为例．经济地理，2011，11（31）：1867–1873.

吴琨，顾阳．持续创新的企业技术联盟特征及形成原因——基于企业生态理论．南京工业大学学报（社会科学版），2010，9（1）：33–37.

吴玉凤．基于产业集群的企业成长的研究（硕士论文）．西安电子科技大学，2010.

吴志玲．员工组织认同感、员工学习与创新行为的关系研究（硕士论文）．华南理工大学，2022.

向鲜花．集群中企业竞争优势培育研究（硕士论文）．广西大学，2008.

项保华．企业资源与能力辨析．企业管理，2003，（2）：79.

项枫．基于核心企业网络构建的产业集群升级研究．浙江学刊，2012，（5）：174–178.

项国鹏，周洪仕，罗兴武．核心企业主导型创业生态系统构成与运行机制：以杭州云栖小镇为例．科技进步与对策，2019，36（22）：10–19.

项后军．产业集群、核心企业与战略网络．当代财经，2007，（7）：86–89.

肖玉明．基于资源观点的供应链核心企业识别分析．科技管理研究，2015，35（6）：202–205.

谢洪明，张颖，程聪，陈盈．网络嵌入对技术创新绩效的影响：学习能力的视角．科研管理，2014，35（12）：1–8.

熊文明，沙勇．创业型科学家角色协同对学术衍生企业成长绩效的影响研究．南京邮电大学学报（社会科学版），2023，25（5）：85–97.

项玉卿．企业创新能力影响机制研究——基于河北省高新技术产业集群创新网络的实证分析．河北经贸大学学报，2015，36（4）：68–71．

徐业坤，郑秀峰．品牌的价值：品牌资本与企业盈余管理．当代财经，2024，（9）：98–110．

闫华飞，胡蓓．产业集群内涵式发展的量表开发与信效度检验．统计与决策，2015，（13）：47–50．

闫华飞．创业行为、创业知识溢出与产业集群发展绩效．科学学研究，2015，33（1）：98–105，153．

严广乐，王浣尘．边界沉思．管理科学学报，2000，3（1）：79–86．

杨保军．网络嵌入、双元能力与老字号企业成长绩效研究．北方民族大学学报，2020，（4）：56–62．

杨菊萍，贾生华．知识扩散路径、吸收能力与区域中小企业创新．科研管理，2009，（9）：19–26，48．

杨永峰．社会网络与市场信息对技术创业企业战略柔性的驱动机制研究（博士论文）．南开大学，2014．

杨中华，涂静，庄芳丽．基于核心企业的产业集群外部知识获取研究．情报杂志，2009，28（5）：126–129，146．

余绍忠．创业资源对创业绩效的影响机制研究——基于环境动态性的调节作用．科学学与科学技术管理，2013，36（6）：131–139．

张爱民，王有远，刘加夫．区域发展战略视域下产业集群绩效评价研究——以江西省汽车零部件产业集群发展为例．内蒙古科技与经济，2022，（16）：6–11．

张焕勇．企业家能力与企业成长关系研究（博士论文）．复旦大学，2007．

张鲁秀，王鹏，刘德胜．科技型中小企业成长因素模型及实证研究．科技管理研究，2016，（1）：95–102．

张露露．高技术企业市场信号感知能力与研发柔性关系．重庆理工大学学报（社会科学），2013，27（11）：27–37．

张霞蓉．企业网络强度、组织学习能力及技术创新绩效的关系研究

（硕士论文）. 浙江工业大学，2005.

张煊，王国顺，毕小萍. 网络中心性和知识创新能力对创新绩效的影响. 经济问题，2013，（8）：92–96.

张瑶，胡仁杰，张光宇，杨诗炜. 后发企业品牌生态圈的成长路径和机制研究——基于资源行动和组织变革的协同视角. 当代财经，2024，（6）：1–15.

张羽飞，许龙，封雪韵，李伟红. 产学研联盟组合模式重复度对科技型中小企业成长绩效的影响. 中国科技论坛，2024，（9）：90–100.

赵颜渊. 产业集群与异质性视角下的企业核心能力研究. 价值工程，2020，39（22）：93–94.

周炯，杨平儿. 陕西省航空产业集群绩效评价的实证研究. 科技进步与对策，2011，12（28）：54–59.

周钟，陈智高. 产业集群网络中知识转移行为仿真分析——企业知识刚性视角. 管理科学学报，2015，18（1）：41–49.

朱嘉红，邬爱其. 基于焦点企业成长的集群演进机理与模仿失败. 外国经济与管理，2004，（2）：33–37.

朱瑞忠. 产业集群中核心企业成长研究（博士论文）. 浙江大学，2007.

朱秀梅，费宇鹏. 关系特征、资源获取与初创绩效关系实证研究. 南开商业评论，2010，13（3）：125–135.

左和平，杨建仁. 论产业集群绩效评价指标体系构建——以陶瓷产业集群为例. 江西财经大学学报，2010，（4）：33–37.

Ahuja G. Collaboration Networks，Structural Holes，and Innovation：A Longitudinal Study. Administrative Science Quarterly，2000，45（3）：425–455.

Amit R & Schoemaker P J H. Strategic Assets and Organizational Rent. Strategic Management Journal，1993，14（1）：33–46.

Arregle J L，Batjargal B，Hitt M A，Webb J W，Miller T & Tsui A

S. Family Ties in Entrepreneurs Social Networks and New Venture Growth. Entrepreneurship Theory and Practice, 2015, 39 (2): 313–344.

Balmer J M T & Podnar K. Corporate Brand Orientation: Identity, Internal Images, and Corporate Identification Matters. Journal of Business Research, 2021, 134: 729–737.

Barney J. Firm Resources and Sustained Competitive Advantage. Journal of Management, 1991, 171 (1): 99–120.

Barney J. Resource–Based Theory: Creating and Sustaining Competitive Advantage. Strategic Management Journal, 2018, 39: 1958–1989.

Baron R M & Kenny D A. The Moderator–mediator Variable Distinction in Social Psychological Research: Conceptual Strategic and Statistical Considerations. Journal of Personality and Social Psychology, 1986, 51 (6): 1173–1182.

Baum J A C & Singh J V. Evolutionary Dynamics of Organizations. New York: Oxford University Press, 1994.

Becker G. The Impact of Human Resource Management on Organizational Performance: Progress and Prospects. Academy of Management Journal, 1996, 39: 779–801.

Bekkers R, Duysters G & Verspagen B. Intellectual Property Rights, Strategic Technology Agreements and Market Structure: The case of GSM. Research Policy, 2002, 31 (7): 1141–1161.

Bell S J , Tracey P & Heide J B. The Organization of Regional Clusters. Academy of Management Review, 2009, 34 (4): 623–642.

Bourgeois III L J. Strategy and Environment: A Conceptual Integration. Academy of Management Review, 1980, 5 (1): 25–39.

Brush C G & Vanderwerf P A. A Comparison of Methods and Sources for Obtaining Estimates of New Venture Performance. Journal of Business Venturing, 2001, 7 (2): 157–170.

Burt R S. Corporate Profits and Cooptation: Networks of Market Constraints and Directorate Ties in the American Economy. New York: Academic Press Inc, 1983.

Burt R S. Structural Holes: The Social Structure of Competition. Harvard University Press, 1992.

Callois J-M. The Two Sides of Proximity in Industrial Clusters: The Trade-off Between Process and Product Innovation. Journal of Urban Economics, 2008, 63 (1): 146-162.

Caloghirou Y, Protogerou A, Spanos Y & Papagiannakis L. Industry-Versus Firm Firm-specific Effects on Performance: Contrasting SMEs and Large-sized Firms. Eurpean Management Journal, 2004, 22 (2): 231-243.

Carnovale S, Rogers D S & Yeniyurt S. Bridging Structural Holes in Global Manufacturing Equity Based Partnerships: A Network Analysis of Domestic vs International Goint Venture Formations. Journal of Purchasing and Supply Management, 2016, 22 (1): 7-17.

Carnovale S, Rogers D S & Yeniyurt S. Broadening the Perspective of Supply Chain Finance: The Performance Impacts of Network Power and Cohesion. Journal of Purchasing and Supply Management, 2019, 25 (2): 134-145.

Chandler G N & Hanks S H. An Examination of the Substitutability of Founder Human and Financial Capital in Emerging Business Ventures. Journal of Business Venturing, 1998, 13 (5): 353-370.

Coen C A & Maritan C A. Investing in Capabilities: The Dynamics of Resource Allocation. Organization Science, 2011, 22 (1): 99-117.

Cooper A C, Gimeno-Gascon F J & Woo G Y. Initial Human and Financial Capital as Predictors of New Venture Performance. Journal of Business Venturing, 1994, 9 (5): 371-395.

Coleman J S. Foundations of Social Theory. Belknap Press of Harvard University Press, 1990.

Davidsson P & Henrekson M. Determinants of the Prevalence of Start-ups and High-Growth Firms. Small Business Economics, 2002, 19 (2): 81-94.

Dodgson M. Organization leaming: A Review of Some Literature. Organization Studies, 1993, 14 (2): 375-394.

Dollinger M J. Entrepreneurship: Strategies and Resources. New York: Prentice Hall, 2003.

Doloreux D & Parto S. Regional Innovation Systems: Current Discourse and Unresolved Issues. Technology in Society, 2005, 27 (2): 133-153.

Donckels R & Lambrecht J. Networks and Small Business Growth: an Explanatory Model. Small Business Economics, 1995, 7 (4): 273-289.

Dunne P & Hughes A. Age, size, growth and survival: UK companies in the 1980s. Journal of industrial Economics, 1994, 42 (2): 115-140.

Dyer J H & Nobuko H. Knowledge Sharing and Learning in Networks. Strategic Management Journal, 2019, 40 (4): 556-578.

Dyer J H & Singh H. The Relational View: Cooperative Strategy and Sources of Interorganizational Competitive Advantage. Academy of Management Review, 1998, 23: 660-679.

Eisenhardt K & Martin J. Dynamic Capabilities: What are They? Strategic Management Journal, 2000, 21 (10): 1105-1121.

Eisingerich A B, Bell S J & Tracey P. How Can Clusters Sustain Performance? The Role of Network Strength, Network Openness, and Environmental Uncertainty. Research Policy, 2010, 39 (2): 239-253.

Eraydin A & Armatli-Köroğlu B. Innovation, Networking and the New Industrial Clusters: the Characteristics of Networks and Local Innovation Capabilities in the Turkish Industrial Clusters. Entrepreneurship & Regional

Development，2005，17：237-266.

Fleming L. Recombinant Uncertainty in Technological Search. Management Science，2001，47（1）：117-132.

Freeman C. Networks of Innovators：Synthesis of Research Issues. Research Policy，1991，20（5）：499-514.

Galaskiewicz J，Wasserman S，Rauschenbach B，Bielefeld W & Mullaney P. The Influence of Corporate Power，Social Status，and Market Position on Corporate Interlocks in a Regional Network. Social Forces，1985，64（2）：403-431.

Gilsing V，Nooteboom B，Vanhaverbeke W，Duysters G & Van den Oerd A. Network Embedded-ness and the Exploration of Novel Technologies：Technological Distance，Betweenness Centrality and Density. Research Policy，2008，37（10）：1717-1731.

Giuliani E. Regulating Global Capitalism Amid Rampant Corporate Wrongdoing Reply to Three Frames for Innovation Policy. Research Policy，2018，47（2）：379-382.

Giuliani E & Bell M. The Micro-determination of Meso-level Learning and Innovation：Evidence from a Chilean Wine Cluster. Research Policy，2005，34（1）：47-68.

Gomez P J，Lorente J C & Cabrera R V. Organizational Learning Capability：a Proposal of Measurement. Business Research，2005，58（6）：715-725.

Granovetter M. Economic Action and Social Structure：the Problem of Embeddedness. American Journal of Sociology，1985，91（3）：481-510.

Granovetter M S. The strength of weak ties. American Journal of Sociology，1973，78（6）：1360-1380.

Grant R M. The Resource-Based Theory of Competitive Advantage：Implications for Strategy Formulation. California Management Review，1991，

33 (3): 114–135.

Grant R M. A Knowledge Accessing Theory of Strategic Alliances. Journal of Management Studies, 2004, 41 (1): 61–84.

Gulati R. Does Familiarity Breed Trust? The Implications of Repeated Ties for Contractual Choice in Alliances. The Academy of Management Journal, 1995, 38 (1): 85–112.

Gulati R. Network Location and Learning: The Influence of Network Resources and Firm Capabilities on Alliance Formation. Strategic Management Journal, 1999, 20 (5): 397–420.

Gupta S, Woodside A, Dubelaar C & Bradmore D. Diffusing Knowledge-based Core Competencies for Leveraging Innovation Strategies: Modelling Outsourcing to Knowledge Process Organizations (KPOs) in Pharmaceutical Networks. Industrial Marketing Management, 2009, 38 (2): 219–227.

Håkansson H & Snehota I. Analysing Business Relationships. Understanding Business Marketing and Purchasing: An Interaction Approach, In: D. Ford, ed. 3rd ed. London: Thomson Learning, 2002, 162–183.

Helfat C E & Peteraf M A. The Dynamic Resource-based View: Capability Lifecycles. Strategy Management Journal, 2003, 24 (10): 997–1010.

Koeller C T & Lechler T G. Economic and Managerial Perspectives on New Venture Growth: An Integrated Analysis. Small Business Economics, 2006, 26 (5): 427–437.

Koka B R & Prescott J E. Designing Alliance Networks: the Influence of Network Position, Environmental Change, and Strategy on Firm Performance. Strategic Management Journal, 2008, 29 (6): 639–661.

Kiyota K & Okazaki T. Foreign Technology Acquisition Policy and Firm Performance in Japan, 1957–1970: Micro-as-pects of Industrial Policy.

International Journal of Industrial Organization, 2005, (23): 563-586.

Kreiser P M. Entrepreneurial Orientation and Organizational Learning: The Impact of Network Range and Network Closure. Entrepreneurship Theory and Practice, 2011, 35 (5): 1025-1050.

Kwon S S. The Impact of Transformational Labor Leadership on Members' Willingness to Participate in Union Activities in Korea: Exploration of Universality and Substitutability for Antagonism. International Journal of Human Resource Management, 2013, 24 (2): 265-284.

Lin J L. Interorganizational Relationship and Control: Partner Perspective on International Joint Ventures. Journal of I-Shou University, 2001 (8): 401-420.

Longhi C. Networks, Collective Learning and Technology Development in Innovative High-tech Regions the Case of Sophia-Antipolis. Regional Studies, 1999, 33: 333-342.

Ma H L, Wang Z X & Chan F T S. How Important are Supply Chain Collaborative Factors in Supply Chain Finance? A View of Financial Service Providers in China, International Journal of Production Economics, 2020, 219: 341-346.

Marsden P. Network Data and Measurement. Annual Review of Sociology, 1990, 16 (1): 435-463.

Mathews J A. Competitive Advantages of The Latecomer Firm: A Resource-based Account of Industrial Catch-up Strategies. Asia Pacific Journal of Management, 2002, 19 (4): 467-488.

Meyer-Stamer J. Path Dependence in Regional Development: Persistence and Change in Three Industrial Clusters in Santa Catarina, Brazil. World Development, 1998, 26 (8): 1495-1511.

Mitchell J C. The Concept and Use of Social Networks. Manchester: Manchester University Press, 1969.

Moore J F. Predator and Prey: A New Ecology Competition. Harvard Business Review, 1993.

Parahalad C K & Hamel G. The Core Competence of the Corporation. Harvard Business Review, 1990, 66 (May/June): 79-91.

Pavlou P A & El Sawy O A. Understanding the Elusive Black Box of Dynamic Capabilities. Decision Sciences, 2011, 42 (1): 239-273.

Jiménez P & Sarai J. The Cluster Initiative Greenbook. Sölvell Örjan. Ivory Tower Publishers, 2014.

Penrose E. The Theory of Growth of the Firm. Oxford: Blackwell, 1959.

Peteraf M A. The Cornerstones of Competitive Advantage: A Resource-based View. Strategic Management Journal, 1993, 14 (3): 179-191.

Porter M E. Competitive Advantage: Creating and Sustaining Superior Performance. Free Press, 1985.

Porter M E. Clusters and the New Economics of Competition. Harvard Business Review, 1998, 76 (6): 77-90.

Powell W W, Koput K W & Smith-Doerr L. Inter-organizational Collaboration and the Locus of Innovation: Networks of Learning in Biotechnology. Administrative Science Quarterly, 1996, 41 (1): 116-145.

Rahman M, Shimul A S & Cheah I. Corporate Industrial Brand Equity and Firm Creditworthiness: The Role of Climate Change Commercial Risks and Opportunities Recognition. Industrial Marketing Management, 2023, 115: 327-338.

Redding G. Feeling the Stones on the River Bed: Prospects and Implications for China's Entry into the World of Global Competition. Ivey Business Journal, 2005, 69 (5): 1-9.

Romanelli E & Khessina O M. Regional Industrial Identity: Cluster Configurations and Economic Development. Organization Science, 2005, 16 (4):

344–358.

Teal F. Industrial Clusters and Innovation Systems in Africa: Institutions, Markets and Policy, edited by Banji Oyelaran–Oyeyinka and Dorothy McCormick. Journal of Regional Science, 2009, 49 (1): 230–232.

Teece D J. Strategies for Managing Knowledge Assets: the Role of Firm Structure and Industrial Context. Long Range Planning, 2000, 33 (1): 35–54.

Teece D J. Explicating Dynamic Capabilities: the Nature and Microfoundations of (sustainable) Enterprise Performance. Strategic Management Journal, 2007, 28 (13): 1319–1350.

Teece D J, Pisano G & Shuen A. Dynamic Capabilities and Strategic Management. Strategic Management Journal, 1997, 18 (7): 509–533.

Teece D & Pisano G. The Dynamic Capabilities of Firms: An Introduction. Industrial and Corporate Change, 1994, 3 (3): 537–556.

Timmons J A. New Venture Creation. New York: Mc Graw–Hill, 1999.

Todo Y, Matous P & Inoue H. The Strength of Long Ties and the Weakness of Strong Ties: Knowledge Diffusion Through Supply Chain Networks. Research Policy, 2016, 45 (9): 1890–1906.

Todtling F & Trippl M. One Size Fits All? Towards a Differentiated Regional Innovation Policy Approach. Research Policy, 2005, 34 (8): 1203–1219.

Tsai W. Social Structure of "Coopetition" Within a Multiunit Organization: Coordination, Competition, and Intra Organizational Knowledge Sharing. Organization science, 2002, 13 (2): 179–190.

Uzzi B. Social Structure and Competition in Interfirm Networks: The Paradox of Embeddedness. Administrative Science Quarterly, 1997, 42 (1):

37–69.

Van Der Byl C A & Slawinski N. Embracing Tensions in Corporate Sustainability: a Review of Research from Win–wins and Trade–offs to Paradoxes and Beyond. Organization & Environment, 2015, 28 (1): 54–79.

Vu H N, Sonobe T & Otsuka K. An Inquiry into the Transformation Process of Village–based Industrial Clusters: The Case of An Iron and Steel Cluster in Northern Vietnam. Journal of Comparative Economics, 2009, 37 (4): 568–581.

Wang C C, Lin G C S & Guicai Li. Industrial Clustering and Technological Innovation in China: New Evidence From the ICT Industry in Shenzhen. Environment & Planning A, 2010, 42 (8): 1987–2010.

Wang L & Ahmaed P K. Dynamic Capabilities: A Review and Research Agenda. International Journal of Management Reviews, 2007 (1): 31–51.

Wasserman S & Faust K. Social Network Analysis: Methods and Applications. New York and Cambridge, ENG: Cambridge University Press, 1994.

Wernerfelt B A. Resource–based View of the Firm. Strategic Management Journal, 1984, 5 (2): 171–180.

Wilhelm H, Schlomer M & Maurer I. How Dynamic Capabilities Affect the Effectiveness and Efficiency of Operating Routines Under High and Low Levels of Environmental Dynamism. British Journal of Management, 2015, 42 (2): 83–96.

Wu A Q & Wei J. Effects of Geographic Search on Product Innovation in Industrial Cluster Firms in China. Management & Organization Review, 2013, 9 (3): 465–487.

Yang Y, Jia F & Xu Z. Towards an Integrated Conceptual Model of Supply Chain Learning: an Extended Resource–based View. Supply Chain

Management: An International Journal, 2019, 24 (2): 189-214.

Zahra S A. Environment, Corporate Entrepreneurship, and Financial Performance, a Taxonomic Approach. International Journal of Business Ventunhg, 1993, 8 (3): 319-340.

Zahra S A & George G. Absorptive Capacity: A Review, Reconceptualization, and Extension. Academy of Management Review, 2002, 27 (2): 185-203.

Zeng S X, Xie X M & Tam C M. Relationship Between Cooperation Networks and Innovation Performance of SMEs. Technovation, 2010, 30 (4): 193-203.

Zheng S l, Li H P & Wu X B. Network Strength and Innovation Performance: Evidence from Chinese Manufacturing Firms. Management Decision, 2013, 51 (6): 1207-1224.

后 记

在本书即将出版之际，我心中充满了感动与感激。回顾自己的学术生涯，许多珍贵的记忆和深厚的情感交织在一起。在此，我谨向所有给予我支持和帮助的人致以最诚挚的感谢。

在天津大学的学习经历是我学术生涯中的重要篇章。特别感谢我的博士生导师刘应宗教授的悉心指导，以及唐万生教授和赵瑞清博士的帮助，他们深厚的学术造诣、严谨的治学态度和对学术的不懈追求深深影响了我。同时，十分感谢在南开大学商学院做访问学者期间，导师张玉利教授的悉心指导。感谢学校的培养，感恩导师的教诲。

感谢河南财经政法大学。学校浓厚的学术氛围激励我不断探索和创新，使我的教学和科研生涯得以升华。感谢郭爱民教授和吴涛教授，他们深邃的学术思想给我带来了深刻的启发，他们严谨的治学态度和执着的科研精神成为我学习的榜样。在此期间，我有幸指导了一批充满激情与潜力的研究生——蔡春凤、李园春、赵红雨、李静、李阳萍、刘洋、戚晶晶、刘宝、陈茜、赵丹青、安欣如、石雨橙等。他们在学习和参与课题研究中，展现出的认真、勤奋和执着让我深受感动。我由衷地感谢我的学生们，正是由于他们对知识的渴望与不懈追求，促使我在教学和科研过程中不断反思和提升自我。

感谢郑州升达经贸管理学院董事会和党政领导。学校创始人王广亚博士提出的“伦理、创新、品质、绩效”的办学理念，“勤俭朴实，自力更生”的校训，“爱国爱校，宁静好学，礼让整洁”的升达精神，激励着我在教学与科研的道路上不断前行。感谢科研处和财务处的领导与工作人员对我的支持与帮助。感谢会计学院的领导和同仁对我的信任与支持。同时，感谢数智化会计研究所的同仁，每一次的分享、交流与研讨活动都是学术思想的碰撞，让我们共同进步。

在此，特别向河南省汤阴县产业集聚区管委会原主任张振清（已故）及他的同事们表示最衷心的感谢。在每一次现场调研中，他们都热情接待，并带领我们深入集聚区内的企业。正是由于他们的参与，我的研究得以更加丰富和充实。产业集聚区内每个企业成长的故事为我的研究增添了生动的细节，使理论与实践更加紧密结合。

本书撰写过程中查阅了大量文献资料，在此向这些资料的所有者或作者表示诚挚的感谢。新加坡南洋理工大学的硕士研究生乔冠博在整理资料中投入了大量精力并作出了贡献，特此表示衷心的感谢。中国财政经济出版社，尤其是郁东敏总编辑，为本书的编审和出版付出了诸多心血，在书稿即将付梓之际，谨向她们表示衷心的感谢。

最后，感谢我的先生和儿子，他们是我追寻学术理想的坚强后盾。在无数个深夜和忙碌的日子里，他们的包容与鼓励让我有勇气面对挑战。无论是在我遇到困难时给予的理解与支持，还是在我专注于研究时的默默陪伴，他们始终在我身边。他们的爱与关怀是我不断前进的动力。

本书的撰写经历了几个春秋，在写作过程中付出了大量心血。但由于水平有限，书中难免存在不足之处，恳请读者给予指正。

王　慧

2025年春节于郑州